广告策划与影视广告创意制作的创新研究

孙凤玲　薛　欢　著

H.P.H 哈尔滨出版社
HARBIN PUBLISHING HOUSE

图书在版编目（CIP）数据

广告策划与影视广告创意制作的创新研究 / 孙凤玲，薛欢著. -- 哈尔滨 : 哈尔滨出版社，2023.1
ISBN 978-7-5484-6708-3

Ⅰ. ①广… Ⅱ. ①孙… ②薛… Ⅲ. ①广告－策划－研究②影视广告－制作－研究 Ⅳ. ① F713.81 ② F713.851

中国版本图书馆 CIP 数据核字 (2022) 第 156687 号

书　　名：广告策划与影视广告创意制作的创新研究
GUANGGAO CEHUA YU YINGSHI GUANGGAO CHUANGYI ZHIZUO DE CHUANGXIN YANJIU

作　　者：孙凤玲　薛　欢　著
责任编辑：张艳鑫
封面设计：张　华

出版发行：哈尔滨出版社 (Harbin Publishing House)
社　　址：哈尔滨市香坊区泰山路 82-9 号　邮编：150090
经　　销：全国新华书店
印　　刷：河北创联印刷有限公司
网　　址：www.hrbcbs.com
E - mail：hrbcbs@yeah.net
编辑版权热线：（0451）87900271　87900272

开　　本：787mm×1092mm　1/16　印张：12　字数：232 千字
版　　次：2023 年 1 月第 1 版
印　　次：2023 年 1 月第 1 次印刷
书　　号：ISBN 978-7-5484-6708-3
定　　价：68.00 元

前　言

在 21 世纪的今天，广告无处不在，广告学也成为现在时代研究的热点话题。广告学是一门科学，广告学反映了广告活动的客观规律。符合客观规律就有科学性。在众多的广告中，尽管借助现代科技手段，运用了多种艺术表现方式，但语言文字依是广告的灵魂，是商品信息的主要载体。广告大师奥格威说过：“广告是词语的生涯。”语言作为人类最重要的交际工具，它除了协调组织生产以外，还不得不承担起促进消费、平衡生产和消费的良性循环的重任，适应这一需求的广告语言应运而生了。“在当今社会里，大部分消费者的需求都能被厂商满足，尤其是关于产品特性、售后服务等，但是一个产品如果能满足客户更深层次的需求，如视觉美的需求，那么产品将有更大的成长空间。”从这句话中不难看出视觉效果对广告宣传效果的重要性。

广告策划与创意是广告学科体系中重要的组成部分，是广告专业教学中综合技能要求最高的核心课程，也是广告学专业学生最难学习，又必须掌握的重要技能。

本书首先概述了广告策划的历史渊源、概念与作用、策划内容以及广告策划的类型与原则，然后分析了广告策略策划、广告媒体策划、广告创意策划，之后分析了影视广告概论、影视广告策划以及影视广告创意等内容。

在编写本书的过程中，参考了国内许多同类专著，吸取了其中许多精髓，在本书出版之际，谨向原著者表示衷心的感谢。在编写过程中，力图做一些积极的探索和尝试，由于水平有限，加之时间仓促，书中难免存在疏忽与不妥之处，敬请专家、同行和广大读者批评指正。

前言

目录

第一章 广告策划概述

第一节 策划的历史渊源

策划，很多人误认为是中国从西方引进的名词，其实，策划一词应是中国本土文化的一个重要方面。古人云："凡事预则立，不预则废。"预，实际上就是事先做好充分准备，并进行必要的策划。《周易》是儒家重要经典之一，通过八卦形式（象征天、地、雷、风、水、火、山、泽八种自然现象），推测自然和社会的变化。由于这本书的外在形式是一部算卦书，给其蒙上了一层神秘的色彩，但其内容十分丰富，蕴含着大量有价值的策划思想。《孙子兵法》是中国古代最早的军事名著。《孙子·计篇》指出："夫未战而庙算胜者，得算多也；未战而庙算不胜者，得算少也。多算胜，少算不胜，而况于无算乎！"意谓战前要有充分准备，策划周密，取胜的机会就大；而策划不周或根本不做策划，就不可能获胜。《史记·高祖本纪》更明确总结了策划的作用："运筹帷幄之中，决胜于千里之外。"可见高明的统帅能预见事物的发展，以智胜人。古代兵书《三十六计》最早见于《南齐书·王敬则传》，真正积累成册，约在明、清之际。该书集兵家谋略之精华，是古往今来各种竞争获胜奇术的汇编，被称为中国谋略学、策划学的渊源之一。特洛伊木马可谓古希腊军事史上的经典之作。在希腊人与特洛伊人的战争中，特洛伊城久攻不克。最后，希腊人就精心策划了"木马计"，战胜了特洛伊人，攻陷了这座城池。现代意义上的策划是什么呢？日本策划家和田创认为，策划是通过实践活动获取更佳效果的智慧，它是一种智慧创造行为。策划就是有效地组织各种策略方法来实现战略的一种系统工程，是指人们为了达成某种特定的目标，借助一定的科学方法和艺术，为决策、计划而构思、设计、制作策划方案的过程。

第二节 广告策划的概念与作用

广告策划的提出是现代广告活动科学化、规范化的标志之一，也是商品经济发展到一定阶段的必然产物。自从广告策划在美国最早实行以后，广告活动越来越重视广告策划工作，许多国家都建立了以策划为主体、以创意为中心的计划管理体系。

一、广告策划的含义

广告策划，是指广告人通过周密的市场调查和系统的分析，利用已经掌握的知识、情报和手段，合理而有效地布局广告活动的进程。

广告策划具有两方面的特征“一是事前的行为；二是行为本身具有全局性。因而，广告策划是对广告活动所进行的事前性和全局性的筹划与打算。广告策划一般有两种形式。一种是单独性的，即为一个或几个单一性的广告进行策划；另一种是系统性的，即为规模较大的、一连串的、为达到同一目标所做的各种不同的广告组合而进行的策划。单个广告策划，可以使个别的广告活动或设计增强说服力，提高广告效果。但是，要从总体上实现企业的促销目标，使企业以其产品、劳务在市场中占据应有位置，只有个别的广告策划就不够了，而需要一个系统、全面、周密的广告策划，这种广告策划也称为整体广告策划。广告策划要服从企业整体营销目标，只有站在企业整体经营的高度，从整体广告活动出发，对其进行全面、系统的规划和部署才能有效地达到广告预期目的。

从某种意义上讲，广告策划生产的不是物质产品，而是一种科学化的知识成果，它对企业具有不同程度的增值作用。在广告策划活动中，人是策划的主体。一个企业要想进行成功的广告宣传，就必须依靠各方面素质良好的广告策划人。

二、广告策划的本质

广告策划，实际上就是对广告活动过程进行的总体策划，或者叫战略决策，包括广告目标的制定、战略战术研究、经济预算等，并诉诸文字。广告策划是广告运作的主体部分，是在企业整体营销计划指导下做出的。

在对广告策划的理解和具体广告活动中，许多人把广告计划和广告策划看作一回事。这种看法虽然有一定的道理，但其中也有许多误解。从严格意义上讲，广告计划和广告策划这两个概念是不能画等号的。虽然二者有联系，有相似之处，但二者又有区别。

广告计划是实现广告目标的行动方案，它是一个行动文件，其侧重于规划与步骤；而广告策划的本质虽然也是为了实现广告目标，但它更强调的是借助于科学的手段和方法，对多个行动方案（广告计划）做出选择和决定。广告策划的全称可以看作“广告策划活动”，它是一个动态的过程，它要完成一系列的决定，包括确立广告目标、广告对象、广告战略、广告主题、广告策略、广告创意、广告媒体选择、广告评估等；

而广告计划相对来说呈现出一种静止状态，是广告策划前期成果的总和与提炼。广告策划作为一种动态的过程，还体现出其活动内容的多元化，它既要设定广告目标，寻求广告对象，又要制订广告计划、实施广告策略、检验广告活动效果。制订广告计划只是广告策划的主要任务之一。广告策划工作运转之后，才能生产广告，广告计划是广告策划后的产物，是广告策划所决定的战略、策略、方法、部署、步骤的书面体现。总之，广告策划是一系列集思广益的复杂的脑力劳动，是一系列围绕广告战略、策略而展开的研讨活动和决策活动，而广告计划是这一系列活动的归纳和体现，是广告策划所产生的一系列广告战略、广告策略的具体化。所以广告策划与广告计划既相互联系、密不可分，同时二者又有区别。

作为一种动态的过程，广告策划也是一种程序。美国哈佛企业管理丛书编纂委员会认为，“策划是一种程序。在本质上是一种运用脑力的理性行为。也就是说，策划是针对未来要发生的事情做当前的决策”。广告策划的出发点是现在，落脚点是未来，它是不静止的，是一种运动过程。

广告策划是现代商品经济的必须产物。在现代商品经济活动中，市场情况极为复杂。搞好广告策划的前提条件就是要了解各种市场情报，这就必须依赖科学的广告调查。此外，广告策划还要遵从广告客户的意图，服从于广告客户的营销计划的广告目标，不能超出广告客户的实际承受能力。广告策划的任务，是向用户提供一种全面而优质的服务。在正常的广告活动中，广告策划已经不是一个人所能完成的工作。它是一种需要集合各有关方面的人才，共同提供智慧，研讨后才能完成的工作。因此，广告策划工作常被人称为小组性工作。

三、广告策划的特征

（1）广告主的营销策略是广告策划的根本依据。广告是营销组合的重要因素，直接为广告主的市场营销服务，因此广告策划也不能脱离广告主的营销策略的指导。

（2）广告策划有其特定的程序，这种程序应该是科学、规范的，以保证广告策划不是漫无目的的凭空设想和缺乏章法的随心所欲。

（3）广告策划应该提出广告运动（活动）的总体战略，停留在具体行动计划层次上的“广告计划”并不是广告策划。

（4）广告策划以市场调查为依据和开端：虽然广告主的营销策略已经为广告策划提供了依据，但是它仅仅来自广告主的单方面，还不足以显示由消费者、产品和竞争对手所构成的市场的全貌。

（5）广告的诉求策略、定位策略、表现策略和媒介策略是广告策划的核心内容，它们必须脱离平庸、与众不同，但是要具有产生实际的广告效果的素质。

（6）广告策划的结果以广告策划文本的方式来体现。

（7）广告效果的测定方法应该在广告策划中预先设定。

（8）进行广告策划的目的是追求广告进程的合理化和广告效果的最大化。进程的合理化，就是广告运动（活动）要符合市场的现实情况并且能够适应市场的发展。效果的最大化，就是广告策划要提供能够产生最佳的广告效果的策略和方案。

四、广告策划的作用

广告策划是整个广告运动的核心和灵魂，对广告运动具有指导性和决定性的作用。要想开展任何成功的广告运动，都需要预先精心策划，尽最大可能使广告能“准确、独特、及时、有效、经济”地传播信息，以刺激需求、引导消费、促进销售、开拓市场。广告策划的优劣，是决定广告运动成败的关键。任何一个广告运动，首先都要明确广告为什么目的而做，要达到什么目标，应该如何预算、怎样做、向谁做、何时何地以何种方式做、如何测定效果等，这些基本的原则和策略都要通过广告策划来确定。因此，广告策划在市场经济环境下有以下作用：

（一）保证广告活动的计划性

现代意义上的广告活动必须具有高度的计划性，必须预先设计好广告资金的数额及分配、广告推出时机、广告媒体的选择与搭配、广告口号的设计与使用、广告推出形式的选定等等。而这一切，都必须通过策划来保证和实现。科学的广告策划，对广告活动计划性的保证作用体现在以下几个方面：①可以选择和确定广告目标和追求对象，使整个活动目的明确，对象具体，防止盲目。②可以有比较地选择广告媒体和最有效的推出方式。③可以有计划地安排广告活动的进程和次序，合理分配和使用广告经费，争取最好的广告效益。

总之，通过策划，可以保证广告活动自始至终都有条不紊地进行。

（二）保证广告工作的连续性

促进产品的销售，塑造名牌产业和名牌产品形象，这是广告的根本目的。而要完全实现这一目的，绝非一朝一夕之事，仅仅通过一两次广告活动是不可能解决问题的，必须得经过长期不懈的努力和持之以恒的追求，通过逐步积累广告效果，才能实现广告的最终目的。

过去，广告主的广告活动往往是“临时抱佛脚”，只有当产品滞销、市场疲软或竞争激烈时才向市场投出“广告”。而一旦打开销路，占有一定的市场份额之后，便放弃广告投放，这样的广告活动，缺乏精心的策划，很难保证广告活动的连续性、系统性，也很难积累广告效果，急功近利的短期广告投放行为已不适应市场经济发展的需要。

而广告策划却既可以总结和评价以前的广告活动，保证广告活动不间断、有计划、有步骤地推出，又可以在此基础上，设计出形式更新、内容与主题同以前的广告活动保证有机联系的广告方案，从而在各方面确保前后广告活动的连续性，以实现广告效果的有效积累，从而实现广告目标。

（三）保证广告活动的创造性

广告策划是策划人员创造性的活动。通过策划，可以把各层次、各领域的创意高手聚集在一起，集思广益、群策群立、取长补短、激发想象和创新能力，从而保证广告活动各环节都充满创意。

（四）确保广告活动的最佳效果

在市场经济的环境中，干任何事情，都要讲求效益，广告策划更是如此。市场竞争最重要的原则就是效益第一，广告主投资广告最直接的目的就是追求广告效果。要实现这一目的，周密的广告策划就十分必要。

通过策划，可以使广告活动自发地沿着一条最简捷、最顺利、最迅速的路径，可以自发地使广告内容的特性表现得最强烈、最鲜明、最突出，也可以自发地使广告功能发挥得最充分、最完全、最彻底，从而降低成本、减少损耗、节约广告费用，形成广告效应和累积效应，确保以最少的投入获取最大的效益。

第三节　广告策划内容

一、广告调查

广告调查是广告策划的重要组成部分，它包括为制定行之有效的广告决策而进行的调查，以及测定广告活动效果的调查。

二、广告环境分析

广告环境，就是影响广告活动及其企业、市场、竞争对手及消费者的那些因素，主要有自然环境、经济环境、政治环境、社会文化环境、法规环境、产业环境、企业环境、产品环境等。这些环境力量，对广告活动具有极大的制约与导向作用。虽然在广告活动开始之前，可以相对地对这些因素做出预测，但是，这些环境因素都是构成广告活动的不可控因素的主要方面。因此，广告策划必须考虑到这些不可控因素，采取适当措施以适应具体的环境力量。

三、明确广告目的

广告策划，就是广告的决策活动。科学决策的是非标准有二：决策应有正确而明确的目标；决策执行的结果应能实现所确定的决策目标。因此，目标是最重要的东西，是决策的前提，如果目标错了，一切就全错了。广告目标，就是广告主通过广告活动所要达到的目的。“广告最基本的目标在于促进销售，除上述基本目标之外，在广告活动中，还存在许多特殊目标。因此，在现代广告活动中，一般都具有多元和多重目标”。在目标与目标之间构成了一个目标系统，这是一个总目标分解为小目标（分目标）的多层次目标系统。在这个系统中，分目标往往是实现总目标的具体手段。按照广告目标所涉及的内容，可分为外部目标和内部目标。外部目标是与广告活动的外部环境有关的目标，如市场目标（包括市场占有率、广告覆盖面，以及广告对象等）；计划目标（如销售量目标、销售额目标、利润率目标）;发展目标（包括树立产品和企业形象、提高知名度等）。所谓内部目标是与广告活动本身有关的目标，如广告预算目标、质量目标、广告效果目标。缺乏目标的广告是无的放矢；缺乏明确的广告目标的广告活动，必然失去导向依据和有效的评价指标。

四、产品研究

在进行产品研究时，既要对产品进行整体研究，也要对产品进行分类研究，还要对产品的生命周期进行研究，对产品本身的特性进行研究。除了研究产品固有的能够满足人们某种需要的自然属性以外，也要研究产品满足个人消费者和集团消费者的心理属性和社会属性。只有对产品加以深刻的研究，才能提出产品满足消费者需求的要点和特性，才能确定广告活动的主题与诉求点，才能有优秀的创意。

在具体分析过程中，不只是分析本产品，对竞争对手的产品与相关产品也必须做详细的分析与了解。在分析、研究中，越具体越好，如制造方法、制造原料、效能、使用方法、保存方法、商品包装、使用期限、所需维修费用、种类及形式、产品规格、品质保证、价格、产品产量及销量、产品销售重点、产品属性等。

五、消费者行为研究

消费者，也就是广告对象，他们是广告信息的接收者。在研究消费者行为之前，应该确定消费者群体的范围，从不同的角度予以细分。可以从阶层的角度来确定消费者群体，如机关干部阶层、知识分子阶层、工人阶层、农民阶层、学生阶层等等；可以从家庭分析的角度来确定消费者群体的范围，如家庭住址、家庭结构、家庭人口、家庭收入等;可以从消费者个人的属性来确定消费者的范围，如年龄、性别、文化程度、职业、业余爱好、婚姻等。消费者群体确定以后，就要着手研究消费者的行为。消费者的行为研究，就是指对消费者的消费行为活动规律的研究。而消费者行为，就是指消费者在购买过程中的一系列活动，它是消费者不同心理现象在购物过程中的客观反映。消费者行为研究主要包括消费者的购买动机（消费者的购买动机，除了主要受人的需要影响以外，也受性别、年龄、性格、兴趣、信念、经验等影响，还受外在信息刺激，如广告等其他因素的影响）、购买行为（何时购买、何地购买、谁来执行购买等）、购买行为类型（习惯型、理智型、感情型、冲动型、价格型、不定型等）等。在消费者行为研究中，关键和核心问题是购买动机问题。

六、广告定位研究

广告定位就是广告代理和企业根据消费者的需求、重视和偏爱，对准备宣传的商品规定市场地位，也就是在市场上树立产品的恰当形象，确定所扮演的角色，定位的重点在于对潜在顾客的想法施加影响，使消费者产生一种符合他心愿的印象。所以，创造性对顾客并不是最重要的。关键在于操纵消费者心中的想法，唤起或加强他原本已有的欲望和渴求，使他倾向于你的目的。商品的特性、企业的新意识、消费者的需求和喜好，三者协调恰当就能正确地确定商品定位和广告定位。

广告定位的确立，并不是广告策划人员的主观臆想，就一个新产品或者老产品开拓新市场而言，广告定位是产品分析的最终、最重要的目标。广告定位除了依据产品自身分析外，市场调查和消费者分析也是极为重要的。产品分析是广告定位的内部因素，而市场调研和消费者分析则是外在条件。

七、广告创意研究

创意是广告策划活动的灵魂。它是属于广告创作的一项专门学问。因为本书其他章节还要对创意进行专门的阐述，这里就不再赘述，只是从广告策划流程的角度阐述一下创意构思的方法。

广告创意的产生，需要有良好的思考方法。英国心理学家戴勃诺博士将人的思考方法分为两种：一种是垂直思考法，就是指尽量摆脱既存观念而以另一个新的角度对某一事物重新思考的一种方法。如果把垂直思考法比作把一个地洞挖得更深，那么水平思考法就好比在另外的地方再挖一个或几个洞。这两种思考方法固然要互相补充，但要革新思维，就必须运用水平思考法。水平思考法的基本原则：摆脱已有经验与知识和束缚；要从多方面思考，在广阔的思路中展开钻研；要抓住转瞬即逝的偶然构思，深入发掘新的观念；不排斥垂直思考法，当运用水平思考法获得了满意的想法时，要运用垂直思考法使这种想法更具体。

在目前的国外广告界，创意人员更多地采用的是另一种方式来进行创意。这就是头脑激荡法，或称“动脑小组”工作，即由若干人组成创意小组，然后通过集体讨论，互相激发，来产生好的创意。头脑激荡法的基本精神是要针对某一特定问题进行深入挖掘。其具体做法如下：确定讨论的具体内容，召集专业人员参加讨论，集思广益，主持人将所提设想分类，选择较好的点子写出报告。

八、广告战略研究

广告策划小组在确定了广告定位之后，就要依据对市场、产品、消费者及竞争对手的分析，拟定广告战略，并使之具体化，同时，依据广告战略研讨制定广告战术，以便开展广告活动。

广告作为一种运动，具有两个层次的决策：广告战略决策和广告策略决策。广告策略必须受制于广告战略，并且广告策略的范围往往是局部性的，而战略却是全局性的，它规定了广告活动的整体走势和运作方向。广告策略更具有操作性，广告活动中媒体的选用与诉求的确定，都是根据广告策略决定的。

九、媒体选择研究

广告信息赖以传播的工具是广告媒体。根据产品与媒体的特点，恰当地选择媒体，以期用最少的广告费用取得最佳的传播效果，获得最佳效果便成为广告策划必不可少的内容和程序之一。

广告媒体的选择，是运用科学的方法对不同的广告媒体进行有计划的选择和优化组合的过程。选择媒体，不是以人的主观臆测为依据的，而是有客观依据的。客观依据主要是媒体的性质、特点、地位、作用，媒体的传播数量和质量，受众对媒体的态度，媒体的传播对象及媒体的刊播费用等，在综合因素分析基础上，再根据广告对象、广告目标、广告费用的支出等情况，来选择合适的媒体。媒体选择完毕之后，还有一个组合、运用的问题。企业在实施广告时，可以使用一个广告媒体，也可以使用多个媒体，如何组合，这要根据策划意图来决定。媒体是舞台，也是资源。

十、广告发布时机研究

从媒体运用的角度来看，广告信息顺畅地到达消费者，除了上面说的正确的媒体选择和媒体组合以外，还有一个因素就是要确定广告发布的具体时间、频率及广告节目内容编排的次序等内容的策划。广告发布时机研究的核心就是要选择恰当的广告发布时间，善于掌握“最佳传播时间”，即“言当其时”。研究广告发布时机，应当从产品的市场地位、产品的自身特点、产品销售节令、消费者接受广告的能力和接受习惯、媒体的黄金时间段等多方面考虑。

十一、确定广告费用预算

广告预算是保证广告策划实施的重要一环，没有适度的经费保证，广告策划是无法实施的。因此，广告预算是广告策划的重要内容。

第四节　广告策划的类型与原则

一、广告策划的类型

商业广告策划可以分为以下几种类型：

（1）广告运动策划和广告活动策划。

（2）为不同目的而进行的广告运动（活动）及其策划：①促销广告运动活动；②形象广告运动活动；③观念广告运动活动；④解决问题广告运动活动。

（3）针对不同对象的广告运动（活动）及其策划。

二、广告策划的原则

作为科学活动的广告策划，其运作有着自己的客观规律性。进行广告策划，必须遵循以下原则：

（一）统一性原则

统一性原则，要求在进行广告策划时，从整体协调的角度来考虑问题，从广告活动的整体与部分之间相互依赖、相互制约的统一关系中，来揭示广告活动的特征和运动规律，以实现广告活动的最优效果。广告策划的统一性原则，要求广告活动的各个方面的内在本质上要步调一致；广告活动的各个方面要服从统一的营销目标和广告目标，服从统一的产品形象和企业形象。没有广告策划的统一性原则，就做不到对广告活动的各个方面的全面规划、统筹兼顾，广告策划也就失去了存在的意义。

统一性原则具体体现在这样几个方面：广告策划的流程是统一的，广告策划的前后步骤要统一。从市场调查开始，到广告环境分析、广告主题分析、广告目标分析、广告创意、广告制作、广告媒体选择、广告发布，直到广告效果测定等各个阶段，都要有正确的指导思想来统领整个策划过程；广告所使用的各种媒体要统一，既不要浪费性重叠，以免造成广告发布费用的浪费，也不要空缺，以免广告策划意图不能得到完美实现。媒体与媒体之间的组合是有序的，不能互相抵触、互相矛盾，甚至在同一媒体上，广告节目与前后节目内容也要相统一，不可无选择地随便安排；产品内容与广告形式要统一，如商品本身是高档产品，那么广告中就不可出现“价廉物美”的痕迹；广告要与销售渠道相统一，广告的发布路线与产品的流通路线要一致，不能南辕北辙，产品到达该地区而广告却没有，形成广告滞后局面，或者广告发布了，消费者却见不到产品。广告策划不能各自为政、各行其是，广告策划的整个活动过程是个统一的整体。

（二）调适性原则

统一性原则是广告策划的最基本的原则。但是，仅仅有统一性还不够，还必须具有灵活性，具有可调适的余地。以不变就万变，这不可能在市场活动中游刃有余。客观事物的发展与市场环境、产品情况并不是一成不变的，广告策划也不可能一下子面面俱到，也总是要处于不断地调整之中。只强调广告策划的统一性原则，忽视调适性原则，广告策划必然呈现出僵死的状态，必然会出现广告与实际情况不一致的现象。广告策划的统一性原则，也要求广告策划活动处于不断地调整之中，以保证广告策划活动既在整体上保持统一，又在统一性原则的约束下，具有一定的弹性。这样，策划活动才能与复杂多变的市场环境和现实情况保持同步或最佳适应状态。

及时地调适广告策划，主要表现在三个方面。一是广告对象发生变化。广告对象，是广告信息的接收者，是广告策划中所瞄准的产品消费者群体。当原先瞄准的广告对象不够准确，或者消费者群体发生变化时，就要及时修正广告对象策划。美国广告大师大卫・奥格威在 1963 年的一份行销计划中说：“也许，对于业务员而言，最重要的一件事就是避免使自己的推销用语过于僵化。如果有一天，你发现自己对着主教和对着表演空中飞人的艺人都讲同样的话时，你的销售大概就差不多了。”二是创意不准。创意是广告策划的灵魂，当创意不准，或者创意缺乏冲击力，或者创意不能完美实现广告目标时，广告主体策划就要进行适当的修正。三是广告策略的变化。原先确定的广告发布时机、广告发布地域、广告发布方式，广告发布媒体等不恰当，或者出现新情况时，广告策划就要加以调整。

（三）有效性原则

广告策划不是纸上谈兵，也不是花架子。广告策划的结果必须使广告活动产生良好的经济效果和社会效果，也就是在非常经济地支配广告费用的情况下，取得良好的广告效果。广告费用是企业的生产成本支出之一，广告策划就是要使企业产出大于投入。广告策划，既追求宏观效益，又追求微观效益；既追求长远效益，也追求眼前效益；既追求经济效益，也追求社会效益。不顾长远效益，只追求眼前利益，这是有害的短期行为。我们也不提倡那些大谈特谈长远效益的广告人，却无法使客户从单一广告获取立即效益的做法。

在统一性原则的指导下，广告策划要很完善地把广告活动的微观效益与宏观效益、眼前效益与长远效益、社会效益与经济效益统一起来。广告策划既要以消费者为统筹广告活动的中心，也要考虑到企业的实力和承受能力，不能搞理想主义而不顾及企业的实际情况。

（四）操作性原则

科学活动的特点之一，就是具有可操作性。广告活动的依据和准绳就是广告策划，要想使广告活动按照其固有的客观规律运行，就要求广告策划具有严格的科学性。广告策划的科学性主要体现在广告策划的可操作性上。广告策划的流程、广告策划的内容，有着严格的规定性，每一步骤、每一环节都是可操作的。经过策划，要具体执行广告计划之前，就能按科学的程序对广告效果进行事前测定。广告计划执行以后，若广告活动达到了预期的效果，这便是广告策划意图得以很好的实现。若是没有达到预期的广告效果，可按照广告策划的流程回溯，查出哪个环节出了问题。若没有广告策划，广告效果是盲目的，不是按部就班地实现出来的。

（五）针对性原则

广告策划的流程是相对固定的，但不同的商品、不同的企业，其广告策划的具体内容和广告策略是有所不同的。然而，许多广告客户却不愿意自己的品牌形象受制于特定（针对性）的羁绊，他们希望产品最好能面面俱到、满足任何人。一个品牌必须同时诉求男性和女性，也必须广受上流社会和市井小民的喜爱。这种贪得无厌的心理使品牌落入一个完全丧失个性的下场，欲振乏力、一事无成。在今天的商场中，一个四不像的品牌很难立足，就好像太监无法当皇帝一样……同一企业的同一种产品，在产品处于不同的发展时期，也要采用不同的广告战略。只要市场情况不同、竞争情况不同、消费者情况不同、产品情况不同、广告目标不同，那么广告策划的侧重点和广告战略战术也应该有所不同。广告策划的最终目的是提高广告效果。广告策划不讲究针对性，很难提高广告效果。用一个模式代替所有的广告策划活动，必须是无效的广告策划。

以上五个方面是任何广告策划活动都必须遵守的原则，这五项原则不是孤立的，而是相互联系的、相辅相成、缺一不可的。这些原则不是人为的规定，而是广告活动的本质规律所要求的。

第二章　广告策略策划

战略性策划是决定目标（你想要实现的）、策略（如何实现目标）以及实施技巧（让计划变成现实）的过程。广告战略策划是广告活动的核心，对未来的广告策略、广告创意、广告设计、媒体选择、广告投入、地域安排等各个具体环节具有直接的指导作用，是决定广告活动成功与否的关键，也是一切广告活动的纲领。所以，企业在广告活动中必须高度重视广告战略策划的重要性，制定合理周详的广告战略，为广告活动的成功奠定基础。有了广告战略，广告目标就可以进一步化解为一系列具体的广告活动，整个广告活动就可以按照战略要求有序地运作起来。

第一节　广告战略策划的基础知识

一、广告战略策划的概念

“战略”一词源于希腊语，意为“将军的艺术”，原指军事管理方面事关全局的重大部署，现已广泛应用于社会、经济、政治、管理等各个领域。从管理学的角度来看，战略是指企业为了实现其预定目标所做的全盘考虑和统筹安排。加拿大麦吉尔大学明茨博格教授指出，战略由计划、政策、模式、定位和观念组成。战略需要大量的内部组织工作。

战略一词被应用到广告学中就称为“广告战略”。

广告战略是指企业为了实现一定的经营目标，通过企业内部条件与外部条件的调查分析，在把握广告活动规律的基础上制定出的对广告活动具有全局性较长时期指导意义的决策。它以企业长远利益和目标为出发点，是在一定时期内指导广告活动的具有全局性的宏观谋略。其核心内容是广告策略。

广告战略策划就是从整体出发对整个广告活动进行运筹和规划。它是对具有指导意义的思想、目的、原则等的谋略和策划，对广告活动的各个方面具有直接的指导作用，对整个广告活动各个方面起协调一致的作用。

二、广告战略的分类

广告是为企业产品营销服务的，它的最终目的是促进产品销售和树立品牌形象。广告战略是以市场战略为基础而设计的，其分类和市场战略的分类大致相同。

（一）广告战略分类的基础和条件

首先，消费者需求的差异性是广告战略分类的基础。

由于消费者的需求千差万别，其消费动机、行为、目的各不相同，使消费需求的满足呈现差异性。

其次，企业资源的限制和有效的市场竞争是广告战略分类的内、外在制约条件。任何企业在制定战略时都要考虑其人力、财力、物力和信息等各种现有资源，不可能满足所有的消费需求或购买需求。在激烈的市场竞争中，企业为了实现其利益最大化，必须进行周密的市场调查，选择目标消费群，进行广告战略定位，集中资源优势，争取广告效应的最大化。

通过广告战略分类，企业可以根据目标受众来制订合理的广告战略计划，企业可以用最少的广告投入取得最大的广告效果。

（二）广告战略分类的方式

1. 以内容分类

企业在制定广告战略时，根据其在一定时期的广告战略目标，制定相应的企业或产品广告战略。从企业的广告战略目标来考虑，有针对企业整体的广告战略和针对企业所拥有产品的广告战略。

（1）企业广告战略。这是从企业整体形象出发，旨在通过广告战略来树立企业形象、表现企业实力、赢得社会公众的信任和好评的战略。企业广告战略的目的不是直接推销产品，而是塑造企业整体形象，通过长久地巩固和发展这一形象，赢得消费者的喜爱和支持。企业广告的内容大多不是直接展示、介绍产品，尤其形象广告大多情感动人、内容美妙、耐人寻味，通过展示企业的风格和风度，塑造企业整体形象，并由此进一步提升产品形象。

企业广告战略通过广告内容同消费者交流感情，赢得消费者的喜爱，其手段主要是通过渲染企业为社会进步和人类幸福而奋斗的崇高目标，体现企业的社会责任和历史使命。尽管产品风格各异、种类不同，但往往从企业整体出发，坚持有计划、有目的地采用企业广告战略，在消费者心目中树立持久良好的印象，大大推动企业产品的销售。

（2）产品广告战略。产品广告战略旨在树立产品形象，其目标是直接推销产品，希望通过广告引导带来销售额的迅速上升。产品广告的内容可能是多种多样的，但是其主题却是一样的，通过展示、介绍、宣传产品的种种特点和优点或介绍产品先进、超前的创新观念，以期突出产品与众不同的优点，激发消费者的购买欲望，促进产品的销售。

2. 以消费者市场分类

广告战略的最终目的就是通过广告宣传来影响消费者的消费观念和消费行为，在众多的品牌中培养消费者对自己品牌的忠诚度，以达到销售产品和树立品牌形象的目的。由于消费者的消费心理和消费行为受多种因素的影响，因此，广告战略的制定必须依据影响消费心理和行为的各种因素进行。

（1）地理区域广告战略。这是以不同地理区域为单位，如国家、省、州、地、县、城镇或街道等来制定的广告战略。企业可以根据其资源状况和广告营销目的，决定在一个地区或一些区域设计制定广告战略，或面向全部地区制定广告战略。但在制定广告战略时，要注意根据地区之间的不同需求和偏好而定。

（2）目标消费者广告战略。目标消费者广告战略，主要是从人文角度，按照人文统计学变量，如年龄、家庭人数、家庭生命周期、性别、收入、职业、教育、宗教、种族、代沟、国籍和社会阶层等，来制定广告战略。人文统计变量是区分消费群体最常用的基础，由于消费群体存在很大的差异，决定了广告战略设计必须考虑消费者的不同个性或群体特征，有针对性地制定广告战略，直至目标消费群体，以节约广告资源，达到广告效果最大化。

（3）心理和行为广告战略。这是根据社会阶层、生活方式或个性特点将消费者划分为不同的消费群体，在广告战略设计时依据不同心理特征的消费者对产品的了解程度、态度、使用情况或反应，将消费者分为不同的群体，按照不同消费群的消费心理和行为来设计。行为变量——时机、利益、使用者的地位、使用率、忠诚度、购买者准备阶段和态度等是行为广告战略设计的出发点。

3. 以广告实施时间分类

这是根据企业市场营销的目的，依据广告所持续时间来设计的广告战略，有短期广告战略和长期广告战略。

（1）短期广告战略。这是在有限的市场上，为实现推广某一具体产品所进行的、为期较短的广告活动而设计的战略。这种广告战略适用于新产品投入市场前后，通过采取密集的广告攻势，在短时间内集中使用广告优势，以持续不断的广告造势活动，迅速形成新产品上市的轰动效应。

（2）长期广告战略。这种广告战略的目的是为树立企业形象或为打开某一产品市场所进行的、为期较长的广告活动，多数强调广告目标的一致性和连贯性。

4. 以媒介分类

这是依据媒介的不同特点，在广告战略设计时根据需要对广告媒介的不同选择。

一般有单个媒介战略和媒介组合战略。

（1）单个媒介战略。这是企业根据其市场营销需要，结合媒介的特性，依据所推销产品的特性选择一种媒介开展广告宣传活动的战略。企业在使用广告媒介的过程中，发现某种广告媒介对其产品效果最好，或经过市场调查，选择一种其认为受众最喜欢的广告媒介，然后在一定时期内集中使用这一媒介。

（2）媒介组合战略。这是企业依据其市场营销目的，按照预期所要达到的广告效果，在同一时间内选用多种媒体发布其广告的战略。这种媒体组合所发布的内容或基本相同，或采用不同的风格传达相同的内容，以期在一定时期内增加消费者接触广告的机会，达到造势的目的。在媒体组合时，有时以其中一种作为主要媒体，其他媒体作为补充；有时几种媒体分量相同，应主要依据其营销目的和对广告效果的预期而定。

三、广告战略的内容

广告战略的内容一般由战略目标、战略操作、预算战略三部分组成。

（一）战略目标

广告战略目标即广告目标，是广告活动在一定时期内要达到的、可以事后测定的、用数字表示的终点，即广告主通过广告活动所要达到的预期目的。广告战略目标有产品推广目标、市场扩展目标、销售增长目标和企业形象目标，而最直接的目标就是增加销售，获得利润。在充分了解企业的整体营销计划之后，广告规划工作需要对市场、产品、消费者等进行分析，在此基础上确立一次广告战略运动的目标。广告战略目标是整个广告活动中的核心目标。整个广告的策划工作，将以广告战略目标为中心制定出一套目标体系来确定文本创作的目标、文本测试的目标、媒介选择的目标、媒介组合的目标、广告效果评价的目标、广告的经济效益目标、广告的社会效益目标等。

在具体的广告活动中，广告攻势要受到各种因素的影响，单凭广告攻势是难以增加销量的，必须配合其他市场营销活动，加大市场推广力度，才能达到目的。而且广告活动具有迟滞性，其效果需要一定的时间才能表现出来，所以，销售的增加是广告活动最终追求的目标，而不是立竿见影的即时效应。广告战略目标要明确、简洁，如果在制定广告战略目标时不能突出主要问题，那么将影响到整个广告战略活动的计划和执行工作。

（二）广告战略操作

战略操作是指广告如何达到目的、怎样去做。该部分由基本战略、表现战略、媒体战略所构成。

1. 基本战略

基本战略是指广告战略中始终坚持的、永远不变的部分，是在广告战略中应始终坚持的特色诉求点。尽管市场和消费者不停地在变化，但广告战略中的有些部分是不应该轻易变化的，如产品的主要优点和特点，几乎永远不变。广告的直接目的就是推销产品，而所有广告战略的目的不外乎通过宣传产品的优点和特点，提高企业和产品的知名度来树立产品和企业的品牌形象，获得消费者的好感和青睐。所以在制定广告战略时，企业不能脱离广告战略的基本点而舍本逐末，浪费广告资源。例如，可口可乐有自己长期以来被人们熟悉的独有的口味，这是它的特点，在遇到百事可乐甜度优势竞争时，可口可乐公司曾试图改变配方，调整口味以迎合消费者的口味偏好，来与百事可乐抗衡，结果惨遭失败。消费者对可口可乐最注重的是其为老牌、正宗可乐这样一种身份与地位的象征，可口可乐公司舍此根本而求其他，显然犯了个愚蠢的错误。

2. 表现战略

这是在广告战略制定的过程中怎样以最有效的表现手法和角度进行展示的广告战略。表现战略的手法很多，有些是表现产品本身的功能、品质、特性的，有些是表现产品所能给人们的利益与满足的，有些是表现企业本身的目标和实力的，有些是表现企业所承担的社会责任和历史使命的，有些是通过企业或产品自我表现的手法，有些是通过第三者的见证加以客观介绍的。到底采用哪种表现形式，应根据广告内容、广告市场、广告对象等具体而定。总之，在选取广告表现手法时要根据市场营销的需要和广告所达到的目的而定，不能盲目从事。

3. 媒体战略

广告媒体战略是指在众多的媒体中如何根据相关因素选择合适的广告媒体的战略。由于广告媒体种类繁多，如何选择有效的媒介，拟定媒介组合，确定广告时间、广告频率和广告出现量等是非常重要的。一则成功的广告，除了成功的创意外，也离不开成功的媒体策略。广告媒体对广告的作用：一是作为广告信息的载体和传播渠道，决定了广告信息所能到达的顾客群即覆盖面，以及其传播效果；二是在很大程度上决定了广告经费开支的大小。各种广告媒体对不同广告信息的表达力也各有特点，所以，企业在制定广告媒体战略时，应结合企业的资源状况和广告媒体的特性，在市场营销战略目标的指导下，决定是选择单一媒体战略还是多媒体组合的“立体式”战略。总之，广告媒体战略制定要以最小的成本获得最大的广告效益为目的。

（三）广告预算战略

广告预算战略是指在一定时期内，企业为实现广告战略目标，而对广告活动所需经费总额及其使用范围、分配方法等进行规划的战略。任何广告都有一定的投入成本，要在投入与广告效果之间力求最优化，就少不了对投入的合理安排，以及对广告预算的科学计量。如何把广告的成本与它带来的收益，即销量的上升或市场占有率的扩大联系起来，从而科学地做出广告预算方案，就需要广告策划人员独运匠心。在实际的市场营销活动和广告投放活动中，企业可以根据广告计划按广告实际成本来安排广告预算，这样有助于充分地实施广告战略与战术，达到广告目的；也可以根据一定的广告预算来安排广告计划，它的好处是可以根据固定的广告支出，从整体上对广告预算进行控制，而且方便、简洁，但不利之处是难以根据商业环境做出最优广告计划方案。在实际制定广告预算战略时，企业可以根据自己的实际情况选择科学的广告预算，既不能不顾企业实际的资金实力安排广告预算，也不能只考虑成本而影响广告效果，以致浪费广告资源。

四、广告战略策划的特性

广告战略策划作为整个广告计划的宏观指导和执行宗旨，在广告活动中具有其独特的功能。一般包括以下特征：

（一）宏观性

广告战略策划的宏观性是指一定时期内从宏观上对广告活动进行谋略和策划，它对整个广告活动具有全局性的指导和统摄作用。

广告战略的宏观性主要体现在以下两方面：

1. 为整体市场营销战略服务

企业营销的成功主要依赖于周密而有效的营销战略和广告战略。营销战略指导广告战略，广告战略是对营销战略的贯彻和执行。营销战略说明企业如何实现自己的营销目标，是企业在分析内外环境的基础上，通过对其产品、市场、渠道、资源的总体规划而做出的整体性、长期性、系统性、全局性的谋略。广告战略作为营销战略的一部分，它体现的是整个营销战略的意图，同时又服从于企业营销战略。广告战略主要帮助企业实现其营销目标，其活动在很大程度上取决于营销组合的其他因素及广告的预定对象。

2. 着眼于广告活动的全部环节

广告战略作为对广告活动的整体性规划和总体设计，其本身就是一项系统工程。它并不是对广告活动的每一个具体步骤都精心设计，而是从整体上对广告活动应坚持的原则、把握的方向、具有的态度等进行研究。广告战略统摄广告目标、广告策略、广告创意、广告表现、广告媒体选择、广告预算、广告媒体效果的测评等具体的广告活动。所以，广告战略必须立足于广告活动的全部环节。

（二）指导性

广告战略是对整个广告活动的统筹和谋略，是统摄整个广告活动的灵魂，所以，对整个广告活动具有直接的指导作用。它对广告目标的制定、广告策略的规划、广告创意的开发、广告媒体的选择和组合、广告预算的安排等，都具有直接的指导作用。

它还对广告实践性环节提供指导思想和方针，其他广告活动必须在广告战略的指导下才能沿着广告战略目标这个核心进行，才能真正体现企业广告战略的全局性、宏观性目标和系统性目的，使企业以最小的成本付出收到最大的广告效果。

（三）竞争性

广告活动产生于商品经济，是为经济活动服务的，所以，必然具有商品经济的基本特性。商品经济就是竞争经济，竞争就是商品经济的主要特点之一。企业所处的外部环境就是充满竞争的社会经济环境。广告活动是企业经济活动的重要组成部分，必然为企业的市场竞争服务。通过广告活动提升企业或产品的知名度，增加品牌实力，为产品销售打下良好的市场基础。企业的广告战略制定必须充分考虑企业、产品、市场等各方面的竞争因素，必须详细了解竞争对手的各种广告战略目的，针对主要的竞争对手制订符合市场需要的广告战略计划。

（四）目标性

广告战略的目标性是指广告战略所要达到的现实的和预期的目的。广告战略制定首先要确定战略目标，其他广告活动都围绕战略目标而进行。广告战略目标包括下面两个方面：

1. 市场营销目标

营销目标是企业在整个市场战略的指导下，在一定时期内要达到的全部营销要求，主要包括促进销售、占领市场、扩大市场占有率、提高产品知名度、提高市场覆盖率、增加销售收入、增加销售利润等目标。广告活动作为市场营销活动的一个重要组成部分，必须为市场营销服务。

2. 广告战略目标

广告战略目标是广告活动要达到的直接目标。一切广告战略都首先必须确定战略目标，这是广告战略策划的首要任务。不论是为扩大销售业绩还是提高企业或产品知名度，广告战略目标都应具有直接的指向性，必须规定其他广告活动应完成的指标，最好具有明确的计量指标。没有战略目标的广告策划是没有意义的。

（五）相对稳定性

这是指广告战略在一定时期内的相对确定性和不变性。广告战略是通过市场调查，在对内外环境进行周详分析的基础上，围绕整个市场营销活动而确定的对整个广告活动具有指导作用的宗旨。所以，其一旦制定就必须具有长期的导向性，在一定时期内具有相对稳定性。尽管随着内外环境的变化其也可能发生变化，以适应新的情况。但一般情况下，广告战略是一切广告活动的指导思想和原则，不应随意变动，否则会影响整个广告活动的计划性和执行性，进而对整个营销活动造成损失。

五、影响广告战略的因素

广告战略在实施过程中，会因企业内外环境的变化而受到各种因素的影响。广告战略是企业营销战略的重要组成部分，是为营销战略服务的，如果营销战略发生变化，那么，广告战略也必然随之变化。

（一）宏观环境对广告战略的影响

宏观环境是指那些给企业造成市场机会或威胁的主要社会力量，包括人口环境、经济环境、自然环境、技术环境、政治和法律环境及社会和文化环境。这些力量是企业不可控制的变量，对广告战略的制定和实施有深刻的影响。

1. 人口环境

广告战略的制定必须密切注意企业人口环境方面的动向，因为市场是由那些想买东西并且有购买能力的人构成的，而且这种人越多，市场规模就越大。广告战略必须考虑不同年龄层、不同的家庭结构、人口的流动性等各方面的因素，分析不同年龄层次、不同的家庭结构及各地区人员流动的不同特点，使广告战略符合人口环境变化的特点。

2. 经济环境

购买力是构成市场和影响市场规模大小的一个重要因素，而整个社会购买力又直接或间接地受消费者收入、价格水平、储蓄、信贷等经济因素的影响。所以，企业营销不仅受人口因素的影响，而且受经济环境的影响，相应地，广告战略同样受经济环境的影响。广告是市场经济活动的组成部分，其主要目的就是为销售产品服务的。产品销售的对象是消费者，消费者的消费能力决定着产品的销售效果，所以，必须考虑消费者所处的经济环境和现实及潜在的消费结构和消费能力，制定切合实际的广告战略。

3. 政治和法律环境

企业广告战略还受政治和法律环境的制约和影响。政治和法律环境是指那些制约和影响社会上各种组织和个人的法律、政府机构和压力集团。企业的广告战略首先授予企业广告相关的国家法律和法规的制约。如果不符合一国的法律和法规，就会受到法律的制裁。《中华人民共和国广告法》《中华人民共和国反不正当竞争法》《中华人民共和国价格法》《中华人民共和国商标法》《中华人民共和国消费者权益保护法》《中华人民共和国专利法》《中华人民共和国质量法》等法律对广告战略都有直接的制约作用，广告战略的制定必须符合法律规范。

4. 社会文化环境

社会文化环境是人们在社会生活中，久而久之形成的特定的文化，包括一定的态度和看法、价值观念、道德规范及世代相传的风俗习惯等。文化是影响人们欲望和行为的一个重要因素。广告战略必须考虑和了解不同文化背景消费群的消费行为和习惯，既要研究不同国家的文化传统和习俗，也要研究亚文化群的动向。在制定广告战略时针对不同国家、不同民族的文化传统和习惯，使广告战略符合各文化群消费者的消费习惯和偏好，不能因忽视社会文化的影响而给企业市场营销战略造成损失。

（二）微观环境对广告战略的影响

微观环境是指企业对服务其顾客的能力构成直接影响的各种力量，包括企业本身、营销渠道企业、市场、竞争者和各种公众。这些因素对广告战略的制定有直接的影响。

1. 企业内部环境

在制定广告战略时，不仅要考虑企业外部力量，而且要考虑企业内部环境力量。首先要考虑其他业务部门（如制造部门、采购部门、营销部门、财务部门等）的情况，并与之密切合作，共同研究制订企业短期或长期的战略计划。其次还要考虑最高管理层的意图，以企业的任务、目标、总体战略和政策为依据，制定广告战略。

2. 市场营销渠道企业

市场营销渠道企业主要是指供应商（如原材料、部件、能源等）、中间商（批发商、零售商）、代理中间商（经纪人、制造商代表）、辅助商（如运输公司、仓储公司等）。企业的营销活动离不开各种供应商、中间商和代理商。而且，今天的营销除了产品本身的质量和功能外，很大程度上取决于企业所拥有的渠道商的营销能力。制定广告战略必须充分考虑各渠道商的要求，合理配置广告资源，积极支持和配合中间商的市场营销工作，发挥企业广告资源的最佳效果。

3. 市场

市场是产品销售的场所，主要包括消费者市场、生产者市场、中间商市场、政府市场、国际市场。在制定广告战略时，还需要考虑企业所处的市场环境对广告战略的影响。企业既要根据自己的特性针对不同的市场制定不同的广告战略，同时还要考虑各市场主体对广告战略实施的影响，在制定广告战略时恰当合理，在实施过程中根据各市场的变化情况适时调整广告战略，使广告战略具有针对性和灵活性。

4. 竞争者

企业要想在市场竞争中获得成功，就必须比竞争者更有效地满足消费者的各种要求。所以企业在制定和实施广告战略时，必须仔细研究竞争对手的广告战略，使本企业的广告战略和竞争者相比具有明显的差异，突出企业的竞争优势和品牌实力，获得消费者的信任和支持，为企业营销打下良好的基础。

5. 公众

公众是指对企业实现其营销目标构成实际和潜在影响的任何团体，主要包括金融公众、媒体公众、政府公众、市民行动公众（各种消费者权益保护组织、环保组织等）、地方公众等等。企业广告战略的制定必然会受到以上各种公众的影响，金融市场、媒体、政府、市民都和企业的广告战略的实施密切相关。所以，在制定广告战略时必须充分考虑各类公众对企业广告战略的制定和实施具有的影响，结合企业现有的资源状况，使广告战略能够建立在广泛的公众支持基础上。

第二节　广告战略目标

广告战略目标是广告战略策划的重要组成部分，是广告战略策划的首要任务，是确定广告战略的中心环节。

一、广告战略目标的概念

广告战略目标指在广告计划期间，为达到一定的广告目的和要求而制定的任务，是广告活动要达到的预期目的。它规定了广告活动的方向，其他广告活动都要围绕广告战略目标来进行。

广告战略目标是广告活动所要达到的目的，着重揭示广告行为和活动方向。它和营销目标、广告指标、广告效果等概念不同。广告战略是为营销目标服务的，但营销目标除受广告活动的影响外，还受产品、价格、渠道、营业推广等其他因素的影响。广告战略目标和广告指标不同：广告指标是衡量广告活动效果的数量、质量等方面的计量指标；广告战略目标包括广告指标，广告指标是广告战略目标的具体化和数量化。广告战略目标和广告效果也不同，广告战略目标是一种广告活动的指导，而广告效果是对广告战略目标的效果测定，广告活动实际达到的目标才是广告效果。所以，在制定广告战略目标时要明确广告战略目标和其他目标的区别。

二、广告战略目标的分类

广告战略目标因划分标准的不同而有不同的划分方法。

（一）按层次分类

根据不同层次来划分，广告战略目标可分为总目标和分目标。总目标是广告战略所要达到的最终目标，是从全局和总体上反映广告主体追求的目标。

分目标是为了完成总目标而具体化的从属目标，是总目标指导下的各个具体目标。总目标统摄分目标；分目标体现总目标的意图，为实现总目标服务。

（二）按目标涉及的内容分类

根据内容，广告战略目标可分为外部目标和内部目标。

1. 外部目标

外部目标是企业通过广告战略来达到树立企业形象或赢得竞争优势的目标。

（1）品牌战略目标。企业通过广告战略以扩大企业社会影响，提高企业的知名度和美誉度。通过广告宣传企业服务社会，贡献社会，关注社会和公众福利，获得社会公众的好评和信任，建立良好的公共关系，树立良好的品牌形象，促进企业发展。品牌广告战略不以单纯追求销售量为目的，而是通过长期的广告宣传，形成持久的品牌效应，培养消费者对企业的忠诚度，通过品牌的影响力来间接达到影响公众、提高销售的目的。品牌战略目标有创品牌战略目标和保品牌战略目标。

创品牌战略。这是企业在开发新产品或开拓新市场时通常采用的广告战略。它是通过详尽介绍产品的特点和优越性能等手段，提高消费者对产品的认知程度，增强消费者对新产品的理解和记忆。

保品牌广告战略。这种广告战略的目的是通过连续的广告形式，加深消费者对企业产品的已有认识，影响消费者的消费习惯和消费行为，增加消费者对自己品牌的好感、偏好和信任。

（2）竞争性战略目标。这种广告战略属于挑战性广告战略，目的在于争夺市场，争夺消费者。所以，这类广告战略一般具有进攻性，直接面对竞争对手，目的就是分割竞争对手已有的市场，争取竞争对手已有的消费群体，通过比较，动摇其对竞争对手产品的偏好，转而消费自己的产品。这类广告由于具有直接的挑战性，所以容易引起竞争对手的反击。企业在制定广告战略时一定要对竞争对手有非常透彻的了解，同时要充分考虑自己的资金实力；否则，不但不能打败竞争对手，还有可能被竞争对手抓住机会反击，给企业造成损失。

2. 内部目标

内部目标是企业按照自己的实际情况，从产品和销售目标等方面来制定广告战略。

（1）产品推广目标。这种广告战略的目标主要是以扩大产品影响，通过广告宣传在消费者心目中形成产品印象，加深消费者对产品的认知和理解，获得消费者对自己产品的信赖和好感，使其转而消费本企业产品。这类广告战略不仅直接影响消费者，而且可以通过广告战略支持中间商，提高中间商销售本企业产品的积极性，使营销通路更加通畅。这类广告战略可以是硬广告，也可以是硬广告和软广告的结合。总之，在制定广告战略时，应根据实际情况以获得最佳广告效果。

（2）销售增长目标。销售增长是企业广告营销活动追求的直接目标。任何广告战略最后的目标都是促进销售的增长。这类广告战略以消费者的心理和行为为广告诉求的基点，主要通过刺激消费者的消费欲望，诱导消费者的消费兴趣，来增加消费者对本企业产品重复购买的次数，实现销售额的增长。

（三）按目标的重要程度划分

在制定广告战略时，由于战略目标涉及的内容较多，因此，战略目标有主次之分。

1. 主要目标

主要目标是在众多的广告战略目标中，统摄全局、宏观把握、具有导向作用、处于领导地位的战略目标。广告战略的主要目标是最重要的，是整个广告战略的核心，首先要抓住主要目标，保证主要目标的实现。

2. 次要目标

次要目标是除主要目标之外的处于从属地位的目标。这些目标是为主要目标服务的。不同的产品、不同时期、面对不同的市场和竞争者，广告战略会有不同的分目标。企业制定广告战略时，在抓住主要目标的同时，必须兼顾次要目标，才能使各市场策略发挥其应有的作用。

三、广告战略目标的确定

制定广告战略的第一步就是确定战略目标，而广告战略目标必须服从以前制定的有关目标市场、市场定位和营销组合策略。这些市场定位和组合限制了广告在整体营销规划中必须做的工作。广告战略的目标选择应当建立在对当前市场营销情况透彻了解的基础上，因为广告战略目标的确定对广告策略、资金投放、制作方式等都具有决定性的意义。

（一）影响广告战略目标制定的因素

影响广告战略目标制定的因素非常多，主要包括企业营销战略、市场结构、产品供求状况和产品生命周期、经济前景和广告对象等。

1. 企业营销战略

广告战略服从于市场营销战略，企业在市场营销战略中采取什么战略决定了广告战略的方向和目标。企业的市场营销战略有市场主导者战略、市场挑战者战略、市场跟随者战略、市场补缺者战略等不同的战略方针，所以广告战略目标就要根据各种营销战略目标来制定自己的目标。比如在市场主导者战略中，为了发现新用户，美国强生公司婴儿洗发香波在美国出生率开始下降时，制作了一部电视广告片，向成人推销婴儿洗发香波，取得了良好的效果，使该品牌成为市场主导者。

2. 市场结构

市场结构对广告战略目标的制定也有深刻的影响。从经济学的角度来分，市场结构有完全竞争市场、垄断竞争市场、寡头市场和完全垄断市场四个模式。处在不同市场结构中的企业，在广告战略目标的制定上也各不相同。

（1）完全竞争市场。按照经济学的解释，完全竞争市场是厂商可以自由进出一个行业，在市场中各企业的地位差不多，信息完全通畅，获得信息不需要成本，没有垄断的存在。在现实中，没有经济学上所说的完全竞争市场，但有些市场类似于完全竞争市场，如粮棉、油料等农产品市场就属于这类市场。这种方式下同行业的生产和销售企业非常多，以相同方式向市场提供同类、标准化的产品。由于产品差异性小，交易的卖者和买者都很多，这类企业在制定广告目标时，通常把广告作为人员推销的辅助工具，以印刷宣传品、礼品广告为宜。

（2）垄断竞争市场。这种市场结构是指同类行业中生产和销售同种产品的企业很多，每个企业的产量或销量只占市场供给量的一小部分。他们的产品或服务可以相互替代，但在产品价格、质量、服务、地理位置等方面又各有差异，所以价格竞争对企业的影响不大，如食品、百货、化妆品、服装等中小型零售店市场。这种市场结构中的企业，主要通过广告提高企业知名度，以提升顾客的回头率、挖掘潜在顾客、扩大市场占有率为目标。

（3）寡头垄断市场。这是指产品有很大的消费空间，而市场由少数几家大企业控制，他们掌握了绝大部分产品的生产和销量。在这种情况下，任何一个企业的行为都会影响到其他企业的行为。因此，这类企业一般不进行价格竞争，以免造成两败俱伤。在这种市场结构中，广告的主要任务就是为塑造品牌、增加品牌的影响力服务，要围绕竞争对手，针对竞争对手制定相应的广告战略目标。

（4）完全垄断市场。这类市场主要是指国家支持的无替代产品的行业（如电力、自来水、天然气等行业）、垄断原料来源的企业（如钢铁、铝业等）、稀缺自然资源企业、拥有专利权的企业等等。这类企业由于其特殊性，一般不需要做广告，但随着经济环境和国家政策的变化，原来的垄断行业也会出现竞争，如我国的电信、银行、电力等已经面临着非常严峻的竞争局面，所以，选择广告战略也是必然的。这类企业的广告战略可以选择特殊目标来实施，或着重从服务方面树立企业的社会形象，以获得社会公众的信任和支持。

3. 产品供求状况和生命周期

产品的供求状况对广告战略目标的制定也有影响。一般来说，产品在市场上有三种供求状况：供大于求、供求平衡和供不应求。如果产品处于供不应求状态，则广告战略目标应以巩固已有的市场为主，需要进一步树立产品形象和品牌形象。如果产品处于供大于求状态，则应把广告战略目标放在加强引导消费者的宣传上，通过广告战略来劝服消费者，加大产品的促销力度。

产品所处生命周期的阶段不同，广告战略目标也随之发生变化。产品生命周期一般包括四个阶段，即导入期、成长期、成熟期、衰退期。比如在导入期，广告战略目标主要是配合营销促进消费者认识、了解产品；而在成长期，广告战略的目的就是提高消费者对品牌的信任度，树立品牌价值；而在成熟期，广告战略的主要任务则是提高消费者的重复购买率；在衰退期，广告战略的目的就是保持消费者的记忆。

4. 经济前景

经济前景对企业制定战略目标也有非常重要的影响，企业应随着经济前景的变化及时调整广告战略目标，以适应经济环境的变化。如在通货膨胀期，购买者对价格十分敏感，所以，企业广告战略目标可以用价格做文章，在诉求上特别强调产品的价值和价格。同时，提供信息咨询，帮助顾客懂得如何选择，以获得消费者的好感。

5. 产品类型

产品类型也是影响广告战略目标的因素之一，消费品和产业用品在制定广告战略目标时是有区别的。例如，广告在产业用品中起着建立知晓、建立理解、有效提醒、提供线索、证明有效、再度保证等十分重要的作用；而在消费品中，广告除了以上功能以外，更主要的是从消费者的心理出发，对消费者进行消费诱导，即企业通过广告活动建立本企业的品牌偏好，改变消费者对本企业产品的态度，鼓励顾客放弃竞争者品牌转而购买本企业品牌。在西方国家，有些诱导性广告或竞争性广告发展为比较广告，即广告主在广告中拿自己的品牌与若干其他品牌相比，以己之长攻人之短，以宣传自己品牌的优越性。

6. 广告对象

广告对象是影响广告战略目标的重要因素。由于产品的种类不同，针对的消费目标群体各异，因此广告战略目标的制定要根据消费对象的特点采取不同的战略。根据广告对象制定广告战略目标要考虑不同消费群体的消费心理、消费行为，以产品的认知度、广告的回忆率、品牌知名度和消费态度作为广告活动的目标。

（二）制定明确的广告战略目标

广告目标的确立为广告战略决策提供了依据。广告战略目标是整个广告活动中的核心目标，每一项战略决策都以总体的广告目标为准则，由此确保整个广告活动的顺利进行，最终实现广告战略目标的要求，所以制定正确的广告战略目标尤为重要。

1. 科利的 DAGMA 法

关于广告目标的制定方法有许多人进行过研究，其中美国的广告学家罗斯·科利于 1961 年提出的著名的广告目标设定方法“达格玛法”最具代表性。科利认为“商业传播”经过四个阶段：①知名：潜在顾客首先要对某品牌或公司的存在“知名”。②了解：潜在顾客一定要“了解”这个产品是什么，以及这个产品能为他做什么。③信服：潜在顾客一定要达到心理倾向或“信服”想去买这种产品。④行动：潜在顾客一定要采取行动。由此，科利认为广告战略目标的制定要针对目标消费者来确定一系列具体的、可测定的目标。这些目标是指一定时期内，某一特定的目标市场中，广告活动所能达到的一系列有关消费者心理、行为、态度方面的指标。这种“制定广告目标以测定广告效果”的方法被称为“达格玛法”，简称 DAG-MAR 法。

科利认为制定广告目标应符合以下六项要求：

（1）符合企业整体营销的要求。广告不是一项独立的活动，而是企业整体营销活动中的一项具体工作，所以，广告目标必须在企业的整体营销计划指导下制定。广告目标特别要反映出整体营销计划中的考虑重点，如广告发挥影响的范围、时限、程度等，以便使广告运动配合整体营销活动。

（2）清楚明确，可以被测量。因为广告目标将会成为广告主同广告公司之间相互协调的宗旨、一系列广告决策的准则，以及最后对广告效果进行测定的依据，所以广告目标不能够含含糊糊、模棱两可，对广告目标的确定要求清楚明确。同时，要求广告目标可以被测量。广告目标无法被测量，最大的缺点就是无法准确地评价广告的效果。因此，广告主应尽可能在广告运动规划之前，将广告运动的目标具体化，使人们可以以一套公认的标准对其进行测量。

（3）切实可行，符合实际。广告目标虽然主要由广告主来确定，但是因广告活动是集团与个人相互协调的产物，所以这就要求广告目标必须切实可行、符合实际。也只有切实可行、符合实际的广告目标，才能保证广告运动的顺利进行。

（4）能够被其他营销部门接受。广告活动只是整体营销中的一个组成部分，为了配合整体的营销活动，广告目标就一定要让其他营销部门能够接受，这样才可以让广告运动同其他营销活动相互协调起来。

（5）要有一定的弹性。广告目标必须明确，只有这样才能够起到指导整个广告活动的作用。但是，正因为广告目标要指导整个广告运动，所以必须考虑环境的种种变化对广告活动的影响。广告活动为了更好地配合整体营销的进行，可能要做出适当的调整。而这样的调整，又应该是广告目标所能够允许的。因此，广告目标还应该具有一定的弹性。

（6）能够分解为一系列具体广告活动的目标。因为广告活动是由一系列具体的广告活动组成的，而每一项具体的广告活动又都需要一个具体的目标来指导，所以广告目标若要发挥其指导整个广告运动的作用，就要能够分解为一系列广告活动的具体目标。这些具体的广告目标的一一实现，将能够逐步使总的广告目标得以实现。

由此科利总结了制定广告战略目标的 6M 法：

（1）商品：我们所要卖的商品与服务最重要的利益是什么？

（2）市场：我们所要影响的人是谁？

（3）动机：他们为什么要买或者不要买？

（4）信息：我们所要传达的主要想法、资讯与态度是什么（为了推动潜在顾客更接近我们最后销售之目的）？

（5）媒体：怎样才能达到这些潜在顾客的要求？

（6）测定：我们提出什么样的准则来测定所要传达给特定视听众的成果？要能测定广告信息效果，广告运动计划者一定要能查出消费者在知觉、态度或行动上的改变。

从上述要求可以看出科利的“达格玛法”有一个显著特点，就是更加注意广告目标的明确性和可测定性。这种可测定性虽然具有一定的难度，但对广告活动的调控和监测提供了依据，从而使广告目标的设定更具体而又能量化，具有更大的策略性指导价值。

2. 明确制定广告战略目标的方法

在整个营销活动中，广告承担着传递信息、沟通消费的桥梁作用，其主要任务就是通过信息传递来改变消费者的态度，扩大产品销售，提升品牌知名度。由于市场情况千变万化，市场竞争异常激烈，所以，明确制定广告战略目标显得尤为重要。

关于制定广告目标的内容，邓恩运用分类方法进行了如下归类：

（1）心理目标

●将新产品的使用途径或服务及新的构思传达给消费者；

●产品必须与消费者得到的最大利益联系起来；

●告诉消费者使用新产品不会产生任何麻烦；

●将产品与消费者广泛认可的人物或符号联系起来；

●将产品与消费者共有的信念或理想联系起来；

●将产品与一种独特的东西联系起来；

●促使消费者回想起以前有过的经验；

●表明该产品或服务如何满足基本需求；

●利用消费者的潜意识需求；

●改变消费者的原有态度。

（2）行动性目标

●鼓励消费者增加使用次数；

●鼓励消费者增加更换产品的频率；

●劝说消费者购买非时令产品；

●鼓励消费者试用某一产品的代用品；

●感动一个人，让其影响其他人；

●向消费者推荐试用品；

●让消费者指名购买该产品；

●采用试样和其他咨询形式；

●欢迎消费者来商店浏览。

（3）企业的目标

●表明公司富有公众意识；

●搞好内部员工间的关系；

●增加股东对公司的信赖；

●使大众认为公司是行业先锋；

●吸引从业人员；

●表明公司产品和服务范围广泛。

（4）营销的目标

●刺激对该产品的基础性需求；

●确立对该产品的选择性需求；

●激发公司销售人员的工作热情；

●鼓励商家扩大公司产品销售；

●扩大公司产品的销售网络。

这种分类方法涉及广告活动的各个方面，归纳起来有以下几点：

（1）使大众了解新产品。在新产品进入市场初期，以提高产品占有率为目标，主要介绍新产品的质量、功能、用途和利益点。

（2）加深消费者对产品的印象，增加重复购买，扩大市场占有率。广告的目的主要是稳定老客户，吸引新客户。

（3）保持市场占有率。广告的目的主要是对进入成熟期的产品做进一步的宣传推广，介绍产品改进后的新用途，延长产品的生命周期。

（4）树立品牌形象。主要通过广告树立品牌形象，提高产品和企业的知名度和美誉度，增加品牌价值。

（5）增进与经销商的关系。通过广告配合经销商的营销活动，加深与经销商的关系。

（6）进行公关活动。通过广告消除令人不满意的印象，排除消费者的各种疑虑，消除消费障碍。

（7）调动员工积极性。通过广告宣传，树立企业形象，增加员工的自豪感，调动员工积极性。

当然，制定广告战略目标要从企业的实际出发，根据企业发展战略和市场营销的需要选择合适的广告战略目标，合理利用广告资源，以最小的成本付出获得最佳的广告效益。

四、制定广告战略目标的原则

尽管广告战略目标的制定受各方面因素的影响，但综合前述内容，我们可以看出，制定广告战略目标时仍须遵守以下基本原则。

第一，符合企业总体战略目标。广告活动是企业整体营销活动的一个组成部分，广告活动必须在企业总体营销目标的指导下进行，广告战略目标要密切配合企业营销目标的实现。脱离营销目标来制定广告战略目标是不科学的。

第二，要有可操作性和可衡量性。可操作性是指广告战略目标要从实际出发，周到考虑企业的现实资源状况，量力而行。可操作性不仅要考虑企业的资金实力，而且要考虑广告与媒体的关系和广告制作水平等各方面的因素。可衡量性是指广告目标要具体化、数量化，要考虑产品的市场占有率、企业的竞争实力、市场规模、市场结构、广告投资与收益的比率等各方面的因素。广告目标要有可测量性。广告战略目标越具体，操作性越强，广告的效应就会越好。所以，在制定广告战略目标时，不可盲目行事，不能理想化。

第三，要有稳定性。虽然广告战略目标有时随着营销战略的变化需要及时调整，但一般来说，一个战略目标是经过周密考虑而制定的，一旦确定下来，就不宜随意改动，要保持相对稳定性。只有在内外环境发生巨大变化，广告战略不得不改时，才可以做出调整。否则，朝令夕改，不但影响广告效果，严重者会大大影响整个营销战略的实现。

第三节　广告战略设计

广告战略目标一旦确定下来，就进入了广告战略设计的过程。广告战略环境分析是制定广告战略的前提和基础。广告战略目标是制定广告战略的核心，广告战略设计则是广告战略策划的关键。只有设计合理的广告战略计划和方案，才能保证广告战略目标的顺利实现。

一、从竞争战略来设计广告战略

竞争是市场经济的基本特征之一。正确的市场竞争战略，是企业成功实现市场营销的关键，而广告战略是市场竞争战略的重要手段，企业要在激烈的市场竞争中立于不败之地，必须制定与整个竞争战略相符的广告战略。竞争者是指那些与本企业提供的产品或服务相类似，并且所服务的目标顾客也相似的其他企业。例如，美国的可口可乐把百事可乐作为主要竞争对手，通用汽车公司把福特汽车公司当作竞争对手。每个竞争者都有侧重点不同的目标组合，如获利能力、市场占有率、现金流量、技术领先和服务领先等。企业要详细掌握每个竞争对手的目标、战略计划和竞争者的优势和劣势，才能针对对手制定相应的广告战略。

（一）市场主导者战略

市场主导者是指在相关产品的市场上占有率最高的企业。该企业在价格变动、新产品开发、分销渠道的宽度和深度等方面处于主导地位，是市场竞争的先导者。例如，美国汽车市场的通用汽车公司、饮料市场的可口可乐公司、电脑软件市场的微软公司，中国电冰箱市场的海尔集团公司、饲料市场的希望集团等，都是市场的主导者。市场主导者所具备的优势包括：消费者对品牌的忠诚度高、营销渠道的建立和运行高效、营销经验的积累迅速等。市场主导者必然会面临着竞争者挑战，要保持自己的优势，就必须采取一定的措施。

市场主导者为了维护自己的地位，必须在营销策略上精心设计。一是通过寻找新的用户、开发新的用途或者刺激销量增加，谋求扩大市场需求，增加市场容量；二是通过开发新产品，以新的设计和包装等手段，保护市场，扩大市场占有率。这时，广告战略就必须配合营销战略，在扩大市场需求、进行市场反击等方面发挥其导向作用，实现整体营销战略。

（二）市场挑战者战略

市场挑战者是指那些在市场上处于次要地位的企业，如美国汽车市场的福特公司、饮料市场的百事可乐公司等。这些处于次要地位的企业通常有两种战略：一是争取市场领先地位，向竞争者挑战。二是安于现状，和主导者“和平共处”。企业要根据自己的实力和环境变化的需要选择采取相应的战略。如选择以挑战者姿态出现，企业就要主动出击，向市场主导者挑战，以争得市场领先地位。这种战略往往采用进攻性的竞争战略，例如采用降价手段抢占市场，或对市场进行细分，采用市场渗透战略，以短期促销和价格竞争打击对手。广告战略同时要配合公司的降价和促销活动，进行大力的造势宣传，吸引消费者，扩大市场份额。

（三）跟随者战略

跟随者战略不是被动地单纯追随主导者，而是必须找到一条不致引起竞争性报复的发展道路。对于小公司来说，采取进攻性战略会冒很大的风险，所以，通常较为安全的方式就是仿效市场领先者进行市场营销。追随者一般采用三种方法：一是紧密跟随，在细分市场和营销组合上仿效主导者；二是距离跟随，与领先者保持一定的距离，只在主要市场和产品创新、分销渠道上跟随领先者；三是选择跟随，只选择在某些方面跟随主导者。针对不同的跟随战略，相应的广告战略也要进行不同的设计，既要配合跟随战略的发挥，同时又要不致引起主导者的报复。

（四）市场补缺者战略

所谓补缺者，是指精心服务于市场的某些细小部分，不与市场上主要的企业竞争，只是通过专业化经营来占据有利的市场位置的企业。这种企业的基点要符合以下特点：

有足够的市场潜力和购买力，利润有增长的潜力，对主要的竞争者不具有吸引力，企业具备补缺者的资源和能力，企业要有信誉以对抗竞争者。市场补缺者希望找到一个或多个安全有利的补缺基点，通过专门化的操作，在被忽略的领域寻求生存发展的机会。广告战略也同样要针对企业的不同特点，在宣传上进行与市场主导者不同的定位，宣传自己产品的优势，避开主要竞争对手，开辟属于自己的领域。

二、从市场目标来设计广告战略

市场目标不同，广告战略目标会相应发生变化。从市场目标来设计广告战略，可以选择总体市场战略、分隔市场战略、市场渗透战略和开发新市场战略。

（一）总体市场战略

总体市场的战略，是为了配合所谓无差别营销战略的。

无差别营销战略将总体市场看成同质性的，向市场中的所有消费者推销产品。采用面向总体市场的战略，广告运动就必须充分考虑如何迎合普通大众的需求和口味。首先，广告的文词、形象等必须是大众化的，要用大众熟悉的语言讲话，用大众可以接受的形象来推销产品；其次，广告必须在大众可以接受的媒介上传播；最后，广告还必须能够具体配合这种无差别营销的推销活动，如保持长期稳定的广告形象、广告口号、劝说重点等。这种广告宣传可以给人留下连续性、统一性的印象，让人们长期接受这一产品。

（二）分隔市场战略

分隔市场战略就是把广告宣传的重点集中到目标市场上的一种广告战略。分隔市场战略是为了配合差别营销战略的。这种营销战略把市场进行细分，找出本企业产品可以进行推销的若干分隔市场以及向不同分隔市场可以推销的不同产品。

为了配合差别营销战略，广告战略决策也需要适应这种生产和销售的多元化要求。所以，面对分隔市场的广告战略要求，广告运动是多样化的，以便于迎合各种类型的消费者，以多种劝说方式推销多元化的产品。面对分隔市场的广告战略对广告运动提出若干宏观要求。广告运动不能再是大型的统一行动，而应该采用企业整体广告同具体产品广告相结合的方式。有一定数量和规模地宣传企业自身、企业商标、企业营销标记、企业形象等的广告，连续不断地在大众化的媒介上推出；同时，又有一系列具体宣传各种产品广告，以不同的劝说方式在各种针对性强的媒介上推出。这两类广告的总体效果是，既不断强化企业的整体形象，又向不同类型的消费者推销不同品种的产品。

（三）市场渗透战略

市场渗透战略是一种在巩固原有市场的基础上，采用稳扎稳打的方法逐渐开辟新市场的战略。市场渗透战略主要是利用企业原有的资源优势，以现有市场为基础，发挥自己在产品、渠道、广告等方面的已有优势，不断扩大产品的市场占有率和销售额，向市场的深度和广度延伸。其做法：一是稳定原有的消费群体，增加忠实顾客的重复购买率；二是开辟新的市场，不断渗透到竞争对手的市场，利用各种手段吸引新的消费群体，扩大自己的领地。广告战略应采用理性诉求方法向消费者传达自己产品的优势和特点，发挥原有市场对新市场的影响力，同时配合其他营销手段，提高市场覆盖率和销售额。

（四）开发新市场战略

开发新市场战略是指企业在原有市场的基础上，在巩固原有市场的同时，将产品投入新的市场的战略。这种战略一般是原有市场已经没有进一步开拓的可能，企业为了增加产品的销售额和更大的市场占有率，寻找新的突破口，利用新的途径扩大市场范围，向市场广度延伸。相应的广告战略就要采用新产品进入市场的广告告知、品牌塑造和消费引导等手段来影响消费者的观念和购买行为，国外的好多产品进入中国市场就属于开发新的市场战略。

三、从内容的角度来设计广告战略

广告战略从内容上来分有产品广告战略和企业广告战略。

（一）产品广告战略

产品广告的目标是直接推销产品，向消费者提供产品信息，劝说消费者购买其产品。产品广告的内容可能是多种多样的，但是其主题却是一样的，展示、介绍、宣传产品的种种特点和优点，宣传产品特有的功能、特性，以产品给消费者带来的利益作为诉求点，希望广告劝说能够带来销售额的迅速上升。目前，我国大陆地区的广告，绝大多数都是产品广告，采用各式各样的劝说内容和劝说方式，让消费者了解产品的情况，赶快来购买产品。

（二）企业广告战略

企业广告的目标不是直接推销产品，而是提高企业知名度、树立企业整体的形象，通过长久地巩固和发展这一形象，赢得消费者的喜爱和支持。所以，企业广告的内容不是直接展示、介绍产品，而是通过广告宣传介绍企业的实力、规模、业绩、对社会承担的历史责任及企业经营理念等以扩大企业的影响。形象广告大多场面宏大、情感动人、内容美妙、耐人寻味，通过广告内容同消费者交流感情，赢得消费者的喜爱。

企业广告意在树立企业形象，提高企业的品牌知名度、美誉度和消费者的忠诚度，从而对产品销售起到间接的推动作用。如中国的海尔，美国的可口可乐、麦当劳等，都通过树立企业形象来影响消费者的消费行为和态度，培养了自己忠实的消费群体，获得了巨大的成功。

四、从时间的角度来设计广告战略

广告战略因广告目的的不同而具有不同的时间频率安排。从时间上来分，有长期广告战略、中期广告战略和短期广告战略。

（一）长期广告战略

长期广告战略是指为期一年以上的广告战略。长期广告战略的目的不仅在于为产品的销售创造条件，更主要的是着眼于长远，通过长期的广告宣传来提升企业或产品在消费者心目中的记忆度，提高企业的知名度，建立良好的社会信誉，为企业的产品销售奠定基础。长期广告战略在设计时要注意广告宣传的整体性和系统性，使广告战略和企业的整体营销战略相互配套。

（二）中期广告战略

中期广告战略是指为期一年的广告战略。中期广告战略主要是针对某一特定的产品进行年度广告宣传。中期广告战略主要针对目标市场消费群体进行集中宣传，加深消费者对产品的记忆，提高消费者的重复购买率。这类广告一般针对非季节性和时间性要求不强的产品。

（三）短期广告战略

这是指在一年以内的广告战略，可以根据需要按月、季或周来计划广告时间。短期广告战略主要是针对短期内需要促销的产品而制定的。这类广告一般因企业的需要而定。一是对有些刚上市的新产品以短期广告进行大量集中的宣传，以期在短期内造成轰动效应，抢占市场制高点，吸引消费者的注意力。二是对一些具有时间性的产品如电风扇、时令服装等，根据时令变化进行短期的广告宣传以配合促销活动。这类广告可以在销售旺季加大宣传力度刺激消费，也可以在销售淡季，配合企业降价等促销活动，配合企业短期的营销目的。

五、从地理范围的角度来设计广告战略

从地理范围的角度来设计广告战略就是以地理空间作为设计广告战略的依据。它可以将广告战略分为特定区域广告战略、全国广告战略和国际广告战略。地理范围广告战略主要是从地理细分的角度来针对不同的空间进行广告设计。由于处在不同地理

位置的消费者对企业的产品各有不同的偏好和需求，对企业所采取的营销战略、产品价格、分销渠道、广告宣传等措施反映不一，所以广告战略也就相应地发生变化。

（一）特定区域广告战略

这是根据一个国家中的某一地区或区域所设计的广告战略。特定区域广告战略主要是针对该区域内的目标消费群体的消费偏好来设计的广告战略。当企业决定进入某一区域市场时，广告战略在设计和制定时必须考虑当地消费者的消费水平、消费文化、消费观念、消费行为及当地媒体的优劣势等因素，设计符合特定区域内消费者口味的广告内容和广告计划。如中国南北差距较大，经济发展水平也不一样，广告战略必须考虑南北不同的消费文化和消费水平；否则，会造成广告资源的巨大浪费。

（二）全国广告战略

这是在对全国市场进行详细规划的基础上，从全国范围来考虑广告战略设计的一种方法。企业的目标是针对全国市场进行全方位的广告宣传和引导。在面对全国市场时，广告战略设计必须依据企业的资源状况，对全国市场进行仔细筛选，选择能覆盖全国的强势媒体进行品牌宣传，建立品牌知名度和美誉度，为产品进入区域市场打下基础。针对各区域市场，制定相应的区域市场广告战略，直接针对目标消费者进行集中宣传。如脑白金在产品上市时主打中央电视台的黄金广告时间，进行强力品牌塑造，在各区域市场则对目标消费者采取软硬广告配合的广告战略，取得良好的广告效果。

（三）全球广告战略

全球广告战略是指企业跨出国门，以国际市场为目标而制定的广告战略。全球广告战略要考虑广告战略在全球的适用性。在衡量企业资源的基础上，既要考虑广告战略的全面性，注重广告风格、广告口号、广告表现手法的一致性，在全球范围内树立企业统一的形象，如美国的麦当劳、柯达、可口可乐和日本的丰田等，都在世界范围内以同样的形象广告塑造企业统一的品牌形象；又要注重产品进入不同国家后，在市场推广时采用与进入国文化习俗、消费习惯、消费行为等相符合的产品广告战略，如宝洁公司在中国推出洗发用品“飘柔”“海飞丝”等品牌时就采取针对中国消费者而制定的广告战略，产品代言人都选用中国人熟悉的明星，从而取得了成功。所以，全球广告战略既要考虑企业的整体形象，也要考虑产品进入不同国家的特殊情况，使广告战略符合企业总体营销战略的目标。

六、从消费者心理的角度来设计广告战略

广告心理就是运用和把握消费者心理，通过广告媒体实现销售行为。从心理角度设计广告战略就是依据消费者对广告的心理反应过程来设计广告内容、制定各种广告

计划。根据消费心理学原理，消费者对事物从接触到采取行动往往要经过注意、兴趣、记忆、行动等心理反应过程。所以，广告战略设计首先要从消费者的知觉、兴趣、记忆、欲求方面来考虑，用在广告的大小、形状、色彩等方面设计能打动人心的广告吸引消费者;其次，要从媒体的特性上考虑消费者的视听觉因素，设计合理的广播和电视广告。消费者的心理需要有以下几方面:

习俗心理需要，消费者所处的地理环境、风俗习惯、传统观念及种族不同，在这些因素的影响下，存在不同的心理需要。

趋势心理需要，在社会风气、时尚等因素的影响下，消费者往往会迎合流行风尚，受社会消费潮流的支配。

偏好心理需要，由于心理素质、年龄、文化程度、职业习惯、生活环境的影响，消费者会对某种商品或劳务有特殊的爱好。

经济心理需要，即消费者重视经济实惠、物美价廉、货真价实的心理需要。

特殊心理需要，即由于消费者受其社会阶层、职业特点、经济地位、文化知识程度的影响，希望独树一帜，与众不同地体现其审美观和价值观的心理需要。

好奇心理需要，消费者出于对新鲜事物的强烈好奇心，会进行尝试性购买。

方便心理需要，即普遍要求商品购买方便、灵活、服务周到、维修省事、容易携带的心理需求。

美观的心理需要，要求商品外形美观，使人产生愉快或舒适感的心理需要。

求名心理需要，由于名牌商品的安全性，或为了体现购买者的社会经济地位而产生的购买名牌商品的心理需要。

习惯心理需要，由于消费者长期使用，对某种商品产生特殊好感，持续购买、使用这种商品的习惯性心理需要。

从心理角度设计广告战略就是要以符合消费者心理特点的广告诉求来引起消费者的注意，使其对自己的广告感兴趣，并有深刻的记忆，刺激其购买欲望，产生购买行为。

七、从媒介的角度来设计广告战略

广告媒体对广告的作用：广告媒体一是作为广告信息的载体和传播渠道，决定了广告信息所能到达的顾客群及其传播效果；二是在很大程度上决定了广告经费开支的大小。

消费者接触各种媒体的习惯是不同的。

首先，电视、广播、报纸及其各节目时段或栏目，通常都有其相对固定的一部分观众、听众和读者。因此，在不同的媒体上或不同的节目时段或栏目中刊播广告，信息所能送达的顾客类型必然是不同的。比如，路牌广告放置在市中心繁华地段与放置在城市近郊区，显然具有不同的效果。采用不同的方式发放广告宣传单，也同样会产生不同的效果。

其次，电视、广播、报纸等广告媒体在传播速度、覆盖面上也存在差异。企业在设计广告媒体战略时，首先就应在确定目标顾客的基础上根据目标顾客接触媒体的习惯，选择合适的媒体及传递方式，使广告信息能够有效地覆盖企业的目标顾客。如有些产品宜态地向顾客展示其使用方法、造型、内部构造等，这时选用电视广告就是比较适宜的。而如果是刚投放市场的一种新产品，需要对其性能、使用方法等做详细充分的文字说明，则宜选用报纸、杂志及宣传单等媒体，使顾客通过比较丰富的资料来认识和了解新产品。

再次，企业做广告总希望以有限的广告费用开支来获得最佳的广告效果。在保证广告效果的前提下，精打细算、合理选择，应是企业选择广告媒体的一个原则。实际上成功的广告并不意味着一定要投入大量的广告经费，非要采用电视、广播、报纸等大众传播媒体不可。只要运用得当，即使只投入少量经费也可获得非常好的广告效果。如广告宣传单在传播速度、覆盖面及表达力等方面虽不及电视、报纸等媒体广告，但只要能够结合产品和目标顾客的特点加以合理运用，就不仅可以获得满意的效果，还可避免过多且无用的广告开支。

最后，在媒体组合上，根据企业的营销目的和资源状况，可以选用多媒体组合战略，也可选用单一媒体战略。多媒体战略广告投入较大，所以对企业的实力有较高的要求。如果企业有足够的实力，而且希望广告有较大的轰动效应和较广的覆盖面，则可以采用多媒体组合战略。如力士香皂在媒体运用上就采用多媒体战略，采用电视媒体中妇女爱看的节目做广告，选择广播电台和《家庭》《现代生活》等杂志做广告，取得较好的传播效果。而单一媒体战略主要是以有限的广告资源选择权威性、覆盖面大、收听率高或收视率高的媒体之一集中进行广告宣传。至于选择哪种媒体，就要根据产品的特性和企业的目标群体而定。

八、从整合营销传播的角度来设计广告战略

整合营销传播是美国学者丹·E. 舒尔茨教授 1993 年在其《整合营销传播》一书中首次提出的概念。舒尔茨教授将其定义为“整合营销传播是关于营销传播规划的一种思想，它明确了综合规划所产生的附加价值。依据综合规划，可以对一系列传播学科的战略角色进行评价（例如，普通广告、直接反应、促销及公共关系等），并且将其融入，从而使传播活动明了一贯并获得最大的效果”。整合营销传播的基本概念是“协同作用”，强调整体功能大于部分之和，即协调各种传播活动的总体效果大于它们单独执行时的功能。

从横向整合来说，IMC 的核心就是类似于“广告”的各种传播手段（如促销、直效营销、公共关系、事件营销等）处于并列的位置，对它们传达的信息需要整合。从纵向 IMC 整合来说，认为营销就是传播，传播即营销，营销与传播的各个发展阶段都在与消费者沟通，对其传播信息或符号进行整合，以获得协调一致的效果。

从整合营销传播的角度设计广告战略，就是要综合考虑广告、促销、直效营销、公共关系等借助媒体与渠道传达信息的整体效果。广告战略既要考虑品牌塑造过程中的各种群体，包括消费者、批发商、中间商、零售商等直接群体，也要考虑对产品销售和品牌塑造有间接影响的团体、组织、公众，如政府、行业组织、原材料供应商等各种群体因素的影响。

因为营销组合中的产品设计、包装、渠道、定价、品牌识别等都具有符号学功能，在产品的营销过程中都承担着与消费者沟通的功能。所以，广告战略必须从整体传播的效果出发，发挥各种传播方式的协调综合效果。不能只从广告传播效果单独考虑受众的需求，要考虑广告战略和其他传播工具的配合作用。

第三章　广告媒体策划

广告媒体（媒介）策略，亦称媒体计划，就是把产品的创意或构想，针对其消费目标，在一定的费用内利用各种媒体的组合把广告信息有效地传达到目标市场。简而言之，就是选择恰当有效的广告媒体渠道与组合方式。广告媒体渠道特点的不同、广告对象的不同、广告信息个性的不同与企业实力的不同，决定了对广告媒体渠道运用的手段明显不同。媒体策划是广告策划的重要一环，媒体费用占据了广告预算的最大份额。究竟应该选择何种广告媒体，应该运用哪种或哪几种广告媒体进行组合，如何最大限度地发挥广告媒体的作用，这些都是广告媒体渠道策划所要解决的问题。广告活动是有偿的传播活动，它需要付出费用，而广告预算是有限的，因此，要在有限的费用里得到比较理想的传播效益，如何运用好广告媒介，便是一个关键问题。

第一节　广告媒体分类及特性

一、广告媒体的分类

广告媒体渠道，又称广告媒介物，是广告者用来进行广告活动的物质技术手段，也是沟通买卖双方的广告信息传播通道。随着社会的发展和科学技术的进步，广告媒体渠道的范围不断扩大，开发利用越来越快，如今正朝着电子化、现代化和艺术空间化的方向发展。广告媒体最常见的分类主要有两种：

（一）按表现形式分类

广告媒体按表现形式可分为印刷媒体和电子媒体。

印刷媒体是在一个时期内通过一个话题或一种思想传递信息的媒体，是用印刷在纸张上的文字符号及图案，通过作用于人的视觉以达到传播目的，从而施行广告宣传的媒体，包括报纸、杂志、电话簿、图片、商标、说明书、包装装潢等。其特点是广告宣传时间较为长久，同时便于查询和留存，具有自身的重复性宣传的长处。

电子媒体是一种利用光电性能的媒体，包括电视、广播、电影、霓虹灯、电子显示屏幕、互联网等。电子媒体能采用同步技术，运用声音、动作和文本传递大量信息，因其与当代科学技术联系紧密，所以具有极强的时代特征。电子媒体传播信息迅速、广泛、适应性强、感染力强，在各类媒体中后来居上、独领风骚，越来越被人们看好。

（二）按功能分类

广告媒体按功能可分为视觉媒体、听觉媒体和视听两用媒体。

视觉媒体包括报纸、杂志、邮递、海报、传单、招贴、月历、售点广告以及户外广告、橱窗布置、实物和交通广告等。其主要特点是通过对人的视觉器官的信息刺激，影响人的心理活动中的感觉过程，从而使人留下对所感知的事物的印象。

听觉媒体包括无线电广播、有线广播、宣传车、录音和电话等。其主要特点是通过对人的听觉器官的刺激，激发人的心理感知过程，从而使人产生对广告内容的印象。

视听两用媒体主要包括电视、电影及其他表演形式等。其主要特点是兼备形象和声音的双重功能，广告效果相应增强，在广告市场的竞争中具有明显优势，对社会大众具有非凡的影响力。

二、广告媒体的特性

广告创意的最终成败与广告媒介的正确选择也有很大关系。广告媒介也称广告媒体，它是指广告者与受传者之间起媒介作用的物质，如报纸、杂志、广播、电视、招贴、橱窗和霓虹灯等，也就是说它是促成广告宣传得以实现的物质手段。广告宣传的媒介很多，其选择的范围也很大，随着社会科学技术的不断进步与发展，广告媒介也更加广泛，同时各种广告媒介又各有长短。所以，广告媒体的策略对广告效果是非常重要的。

（一）印刷媒体

印刷媒体主要包括报纸、杂志、户外广告、交通广告和地址簿等。

1. 报纸媒体

报纸媒体为传统媒体。在传播上，因为没有声音，且广告与其他内容同时存在，所以受众对阅读内容选择性比较强，对广告的接受不具强制性。

（1）报纸媒体的类型。报纸广告大致可以分为三类：分类广告、展示广告和增刊广告。

●分类广告。这是出现在报纸上的第一种类型广告。分类广告通常包含所有形式的商业信息，这些信息根据读者的兴趣被分为若干类型，如“求助”“代售地产”“代售汽车”等。

● 展示广告。这是报纸广告最重要的一种形式，可以以任意大小的篇幅出现。展示广告有地方性广告和全国性广告。二者的差异就体现在广告费用的不同上。

● 增刊广告。所谓增刊广告就是在一个周期内，尤其是在报纸的周日版上出现的广告。全国性广告和地方性广告都可以在增刊上刊登。许多报纸都运用增刊广告来满足客户的特殊需求。

（2）报纸广告的优势。报纸媒体有许多优势，这些优势主要在于：

● 有利于消费者选择购物。消费者可以利用报纸广告来选择购物，对有明显竞争优势的产品的广告主来说是非常有利的。

● 报纸的版面大、篇幅多，可供广告主充分地进行选择和利用。

● 消费者对报纸广告有更大的信任度。消费者一般认为报纸广告信息及时可靠，特别是因为消费者能够根据自己的需要选择何时读报纸、怎样读报纸，所以对待报纸广告的态度更积极。

● 传播面广，传播迅速。报纸发行量大，触及面广，遍及城市、乡村、机关、厂矿、企业、家庭，有些报纸甚至发行至海外，且看报的人数实际上大大超过报纸发行数。新闻报道是报纸的主要任务，以新闻报道带动着广告信息的传播，保证了广告宣传的时间性。

● 报纸具有特殊的新闻性，因而使广告在无形之中增加可信度，而且将新闻与广告混排可增加广告的阅读率。

● 报纸广告的编排、制作和截稿日期比较灵活，所以对广告的改稿、换稿和投稿都比较方便。

● 灵活性。报纸有地理上的灵活性，广告主可以选择在某些市场做广告，而放弃在另一些市场做广告；在制作上可以是彩色的，也可以是自由式插入广告；地区差别定价，样品展示等。

● 互动性。报纸广告为全国性广告主和地区零售商提供了一个联系的桥梁。一个地区的零售商可以通过刊登相似的广告很容易地参与到全国性的竞争中，使区域性广告和全国性广告可以产生互动效应。

（3）报纸广告的缺点。和所有媒体一样，报纸广告也有局限性。其缺点在于：

● 生命周期短。由于报纸出报频繁，每张报纸发挥的时效性都很短，人们阅读报纸时往往是一次性的，很多读者在翻阅一遍之后即将其弃置一旁，所登广告的寿命也因此而大打折扣。

● 干扰度大。很多报纸由于刊登广告而显得杂乱不堪，过量的信息削弱了单个广告的作用。受版面限制，经常造成同一版面广告拥挤，且报纸广告强制性小，容易被读者忽略。

● 覆盖面有限。报纸有特定的市场，不能包含各层次的读者群，不能为全国性广告主提供所有的市场。

● 可以刊登的产品类型有限。报纸和所有的印刷媒体一样，有些产品不能在广告上刊登，如需要演示的产品。

● 缺乏动态感、立体感和色泽感。

● 无法对文盲产生广告效果。

2. 杂志媒体

杂志也是用作广告较早的大众传播媒体，也有不同的种类和特性。

（1）杂志媒体的分类

● 按其内容可分为综合性杂志、专业性杂志和生活杂志。

● 按其出版周期则可分为周刊、半月刊、月刊、双月刊、季刊等。

● 按其发行范围又可分为国际性杂志、全国性杂志、地区性杂志等。

● 按地域分为地域性杂志和全国性杂志。

（2）杂志媒体的优势。在杂志上做广告有很多好处，这些优势主要在于：

● 受众接纳性高。杂志内容本身的权威性和可信度使广告也变得更易于被接受。

● 杂志具有比报纸优越得多的可保存性，因而有效时间长，且没有阅读时间限制。杂志的传阅率和重复阅读率也比报纸高，广告宣传效果持久。

● 生命周期长。杂志是所有媒体中生命周期最长的。有些杂志作为权威资料可能被长期保存，可能永远不会作废。所以，广告的持续效应较好。

● 读者集中、选择性强。杂志不管是专业性的还是一般消遣性的，都有较集中的读者对象，这样就有利于根据每种杂志的特定读者群，进行适合他们心理的广告设计。

● 版式灵活多样。人们阅读杂志时倾向于较慢的速度，所以，可以详细地阅读杂志内容。杂志可以有多页面、插页和专栏等形式，使版式更富于创造性和多样性。

● 视觉效果良好。杂志通常是高质量的印刷，可以印出精美的黑白或彩色的图片，不仅逼真地表现产品形象，而且可以给读者带来视觉上美的享受，进而产生心理上的认同。

● 具有促销作用。广告主可以通过多种促销手段，如发放优惠券、提供样品或通过杂志发行资料卡等来达到促销的作用。

● 杂志的发行量大、发行面广。对于全国性的产品或服务性的广告宣传，杂志广告无疑占有优势。

（3）杂志广告的缺点。杂志广告也有其局限性。在实际运用中，杂志广告的效果受各种因素的影响。

● 缺乏时效性。杂志的时效性不强，因其出版周期长，难以刊载具有较强时间性要求的广告。

● 灵活性差。由于杂志广告的时效性差决定了其缺乏灵活性，因此广告必须在出版日之前提交，而且其广告位置的提供也很有限。

● 印刷成本高。杂志印刷复杂、更改和撤换都极不方便，成本费高。

● 效果有限。综合性杂志由于具有广泛影响力的为数过少，而一般水平的偏多，因此广告宣传的效果不突出；专业性杂志因其专业性强，读者有一定的限制，广告登载选择面小。

3. 户外广告

户外广告指设置在露天里没有遮盖的各种广告形式。

（1）户外广告的分类。户外广告包括：标版广告、墙壁广告、电话亭广告、站台广告、机场广告、商场展卖、空中广告、走廊广告、路牌、灯箱、气球、霓虹灯、电子显示牌等形式。

（2）户外广告的优势

● 广告形象突出、主题鲜明、设计新颖、引人注目、易于记忆。

● 视觉印象较好。户外广告多为巨大的彩色看板，不易被忽视，比实际的要大。

● 有较好的消费刺激。户外广告不仅有很好的提示性作用，而且可以引起消费冲动。

● 不受时间和空间的限制，任人随意欣赏，具有长期的时效性。

● 成本较低。按千人成本计算，户外广告成本较低。

● 生命周期长。户外广告一般时间较长，有利于需要重复强化的信息。

● 创意新颖独特、色彩鲜艳的户外广告可以美化市容。

（3）户外广告的缺点

● 信息简单。由于必须简单明了，因此户外广告不可能详细介绍产品的功能和特性等详细信息。

● 可能受到法律的限制。有些地区和国家限制户外广告的发布形式，所以对户外广告的发展有限制作用。

● 无法详细。户外广告所处的特殊环境和自身条件的限制，广告产品的文字内容与图画内容的表现就受到制约，虽然简单明了，有时甚至是品牌名称或商标符号，但其效果也因此而大打折扣。

● 受众难以统计。由于户外广告多数是企业性的广告，给消费者留下的往往是对企业的印象，而不能立即产生促销的作用。精确测量户外广告的流动受众较为困难。

4. 交通广告

交通广告就是利用公共汽车、电车、火车、地铁、轮船的厢体或交通要道设置或张贴广告以传播广告信息的形式。

（1）交通广告的分类。交通广告主要有两种形式：车厢内广告和车厢外广告。车厢内广告主要是利用车厢内部的有利位置来做广告，而车厢外广告主要在交通工具的两侧、尾部和顶部。

（2）交通广告的优点

●流动性大，接触的人员多，阅读对象遍及社会各阶层，有利于提高产品的知名度，能产生较好的促销作用。

● 具有预告性的作用，当产品未上市之前，利用车船媒体做预告性宣传，有助于消费者指牌购买。

● 制作简单、费用低廉，适应中小企业的广告需求。

（3）交通广告的缺点

● 属流动性广告，一触即逝，影响广告宣传效果。

● 受空间限制，容积过小而使设计制作不够精美。

5. 地址簿广告

地址簿是一种将人名、公司及其电话号码、地址都列出来的出版物。地址簿也是广告刊登的媒体之一，广告主可以通过地址簿来接触他们的受众。最普通的地址簿就是社区的电话簿。商业性和专门性的地址簿广告通常比一般的地址簿中的广告更加详细，更加强调专业性。

黄页是最主要的地址簿广告媒体。黄页的广告主要是服务部门，如餐馆、旅行社、家居装潢、花店等，对那些规模较小的行业来说，黄页也是比较好的广告媒体。由于黄页广告能告诉人们哪里可以得到他们需要的产品或服务，因此又被称为指示性广告。很多黄页广告是针对大众的，同时也有些地址簿黄页是专业性很强的，是提供给专门的社区或地区的，或针对特定类型的受众，如某些沿海地区的航空地址簿、航海地址簿黄页。

（1）地址簿广告的优势

● 目标高度明确。由于地址簿广告分类明确，对特定产品感兴趣的人很快可以找到其关注的产品。

● 成本低。地址簿广告一般价格便宜、成本低廉。

● 灵活多样。地址簿可以以多种式样或规格提供广告形式。

● 生命周期长。由于地址簿保存时间一般为一年左右，所以地址簿广告可以长达几个月甚至一年，保存时间较长。

（2）地址簿广告的缺点

● 相互干扰。由于在同一页面上有很多广告，因此可能相互干扰。

● 信息简单。广告可能缺乏创意，很可能具有相似性。

● 更新较慢。由于长时间得不到更新，因此可能陈旧。

6. 印刷媒体广告策略

（1）对于希望扩大市场覆盖率的地方零售商，对于一种可以明确使用的产品，对于不需要演示的产品，对于资金实力雄厚、希望塑造企业形象的企业，可以采用报纸广告的形式。

（2）对于有明确的目标受众，对于不需要进行演示但需要真实再现的产品，对于需要提供丰富信息的产品，对于资金实力雄厚、希望塑造企业或产品形象的广告主，可以选用杂志这种广告形式。

（3）对于希望在当地出售的产品，对于产品遍及全国或某个地域的企业，希望提醒和强化受众的注意力，对于产品只需要少量的信息和展示，对于资金实力有限的企业，可以采用户外广告的形式。

（4）对于地产产品或为当地居民服务的企业，对于希望进行产品比较的企业，对于能提供产品咨询和购买信息的企业，对于资金有限的企业，可以选用户外媒体这种广告形式。

总之，企业在进行广告宣传时，媒体选择要结合企业的实际状况和媒体的特性而进行，要从整体性和媒体的策略目标上来把握，要设计和创意正确反映该市场文化价值的印刷媒体广告，要符合当地的法律规范和其他特殊要求。同时，在设计印刷广告媒体时要考虑新技术的运用，发挥新技术的作用。

（二）电波媒体

电波媒体包括广播、电视和交互媒体，以电子形式传播声音或图像。电波媒体和印刷媒体截然不同，它更关注视觉与动作、图像与声音的结合。

1. 广播媒体

广播媒体是传播广告信息速度最快的媒体之一，也是在我国最大众化的广告媒体。广播广告的形式实际取决于发射类型和功率，或取决于全国性的联网广播或地方性广播。所以这里不再进行细分。

（1）广播广告的优势

● 受众明确。广播最主要的优点就是通过特别的节目到达特定类型的听众。同时，它可以适应全国不同的地区，能在最短时间内达到听众。

● 传播迅速、覆盖率高，不受时间和空间的限制。在四大媒体中它是传播速度最快、传播范围最广、覆盖率最高的媒体。

● 改动容易，极具灵活性。在所有的广告媒体中，广播的截止期最短，文案可以直到播出前送达。这种灵活性可以让广告主根据地方市场情况、当前新闻事件甚至天气情况来做调整，有利于根据市场行情的瞬间变化而及时调整广告内容。

● 广播广告通过语言、音乐来塑造产品形象，听众感到真实、亲切，具有现场感。

● 制作简便、费用低廉。广播可能是最便宜的广告媒体，因为广播时间成本低，而且可以被广泛地接收到。另外，制作广播广告的成本很低，特别是地方电台。

● 让听众可以有广阔的想象空间。广播的一个重要优势就是让听众有一个很大的想象空间。广播利用词语、声音效果、音乐和声调来让听众想象正在发生的事。

● 可接受程度高。广播在地方范围内接受程度较高，人们有自己喜欢的电台、节目和主持人，并定期收听，所以有较高的接受程度。

（2）广播广告的缺点

● 时间短暂、难于记忆。广播广告很难给人以深刻的印象和较长久的记忆效果。

● 易被疏忽。因为广播广告严格来说是听觉媒体，广播信息转瞬即逝，广告可能会被漏掉或忘记。

● 缺乏视觉。没有视觉形象，难以表现出产品的外在形象与内在质量，因而无法得到对产品的清晰认识，使广告效果受到一定程度的影响。

● 有干扰性。竞争性广播电台的增多和循环播放，使受众受到很大的干扰，听到或理解广播信息的可能性就大大降低了。

● 听众分散，广告宣传效果相对难以测定。

2. 电视媒体

四大媒体中，电视的发展历史最短，但它却是最具发展潜力的广告媒体，也是当代最有影响、最有效力的广告信息传播渠道。

（1）电视广告的分类。电视广告的实际分类形式取决于运用的是联网电视、地方电视还是有线电视。联网电视可以通过会员媒体进行赞助、分享或插播广告，地方电视允许插播广告、地方赞助性广告和全国性的插播，有线电视系统允许向全国和当地插播，交互式电视允许向全国或当地插播。

● 赞助广告。这种广告由广告主承担节目制作和提供配套的广告资金。赞助性广告对受众的吸引力较大，广告主可以控制广告播放的地方和长度，还可以控制节目的质量和内容。如一家银行可以赞助一所学校的足球赛。

● 分享广告。广告主以分享的形式分别购买广告时段，如以 15 秒、30 秒或 60 秒来计，在一个或多个节目中播放。广告主可以购买定期或不定期的任何时段。

● 插播广告。在节目的间隙播放，是广告主从地方会员媒体购买并向地方做的广告。电视台一家一家地把 10 秒、20 秒、30 秒和 60 秒的广告时间卖给地方的、区域的和全国性的广告主，但地方的广告主占多数。

（2）电视媒体的优势。电视具有报纸、杂志和广播所没有的优势：

● 高信息度。因为电视广告到达面非常广泛，数以万计的人定期观看电视，使电视广告可以达到印刷媒体不能达到的效果。

● 声形兼备。电视以感人的形象、优美的音乐、独特的技巧，给人以美的享受，同时有利于人们对产品的了解，突出产品的诉求重点。

● 电视覆盖面广、收看率高、说服力强。

● 有较强的视觉冲击力。由于电视广告是由画面和声音组成的，因此可以将画面、声音、颜色、动作和情境结合起来，可以产生令人兴奋和冲动的激情。

● 电视传播不受时间和空间的限制，传递迅速。

● 电视媒体具有娱乐性，利用电视做广告，能取得较好的效果。

● 能够对消费文化产生影响。电视是一种主要的信息来源、娱乐形式和教育途径。电视已经成为人们生活中的一部分，对人们的消费文化产生深刻的影响。

● 电视具有强制性广告的特点，这是其他媒体难以做到的。

（3）电视广告的缺点

● 费用较高。电视广告最大的缺陷就是制作和播放的成本非常高。虽然人均成本低，但绝对费用可能很高，尤其对中小企业来说难以承受。

● 电视传播信息迅速、时间短暂、稍纵即逝，大大影响了对广告产品的记忆效果。

● 对观众没有选择性。电视对观众缺乏选择性，可能浪费许多广告资源，广告信息不易保存。

● 电视广告制作复杂、制作时间相对较长，因而时间性很强的广告往往无法满足。

● 缺乏灵活性。在时间安排上，电视广告往往缺乏灵活性，所以很难进行及时的调整。

3. 互联网媒体

互联网媒体是电波媒体的一种新的形式。互联网广告 1993 年第一次在美国出现，随着互联网的迅速发展和上网人数的大量增加，网络广告的作用日益明显，已经成为广告主选择的重要广告媒体之一。

（1）网络广告的优势：全球传播，覆盖面广且不受地域限制。投放网络广告的广告主提供的信息容量不受限制，可以将自己公司的产品和服务，包括产品的性能、价格、型号等大量的广告信息，放在自己的网站上进行宣传，节约广告资源。网络广告还可以根据产品特有的目标市场，按照受众的特点进行投放，从而达到最佳的广告效果。

（2）网络广告的缺点：网络广告在发展的过程中，也存在着局限性，由于大量的垃圾邮件的存在，使网络广告的效果受到影响。

4. 移动广告媒体

移动通信技术是继互联网技术之后人类历史上新的巨大变化。移动通信工具作为一种全新的沟通和传播形态的载体，成为广告传递的另一个媒体。

（1）移动媒体的优势

● 广告效果明显。不同于大众传播媒体，消费者可能刻意回避广播、报纸、电视上的广告信息，但移动广告媒体是将广告信息发送到个人的通信工具上。

● 与传统大众媒介相比，移动媒介的性价比较高，价格低廉。

● 目标受众明晰，并可实现广告信息的个性化设计。

● 即时发布，无须排版和排期。

● 互动性强。移动媒体可以达到互动作用，对广告信息做出反应。

● 目标消费者是为数众多的、具有一定消费能力的群体。

● 消费者通过移动媒体接受信息可以不受时间、地点的限制。

（2）移动媒体的缺点

● 移动媒体广告还未形成固定的运作模式，广告主、广告代理商、媒介购买公司、媒体等还没有形成良好的运行模式。

● 移动媒体自身形象不良。由于缺乏监管力度，移动媒体广告信息真假难辨，因此，使用户对短信广告的诚信产生怀疑。不良的形象增加了用户接受广告信息时的排斥感。

● 创意表现形式较为局限。由于手机屏幕较小，所以对广告创意人员来说无疑是一个很大的挑战。

（三）其他广告媒体

除了上述广告媒体之外，还有许多其他的广告媒体渠道。关于其分类，中外广告学者各自采用不同的方法，这里统称之为其他广告媒体，并选择其中几种常见的媒体形式加以介绍。

1.POP 广告媒体

POP 是 Point of Purchase 的英文缩写，意思是售货点的广告和购物场所的广告。其功能主要强调购买的“时间”和“地点”。POP 广告和户外广告不同，如在某零售店的门口悬挂招牌，这就属于 POP 广告，如果指示商店所在的位置，离开门口 10 米以外，则属于户外广告。

POP 广告属销售现场媒体广告。销售现场媒体是一种综合性的媒体形式，从内容上大致可分为室内媒体和室外媒体。室内媒体主要包括货架陈列广告、柜台广告、模特儿广告、圆柱广告、商店四周墙上的广告、空中悬挂广告等。室外媒体是指购物场所、商店、超级市场门前和周围的一切广告媒体形式。室外媒体主要包括广告牌、霓虹灯、灯箱、电子显示屏、招贴画、商店招牌、门面装饰、橱窗等。

（1）POP 广告有以下特点

● 指示和提醒消费者认牌购买，尤其是在四大媒体对产品已进行广告宣传之后，起一种关键性的最能见成效的劝购作用。

● 企业可以通过 POP 广告宣传自身形象，提高商店或企业的知名度。

● 室内室外的广告设置一般都没有时间限制，长期重复出现，可以加深消费者对产品的印象，具有广泛性和时效性，能起到无声推销的作用。

● 美化环境，增加零售点对消费者的吸引力，并烘托销售气氛。显示产品和服务质量，激起购买欲望，促进销售。

● 简单易懂，适合不同阶层的消费者。

（2）POP 广告与其他广告的不同之处

● POP 广告是购物场所广告的综合，要求各种形式在风格上一致和统一。

● POP 广告要考虑到销售场地的大小、产品的性质、消费者的特质需求和心理需求，以求有的放矢地表现最能打动消费者的广告内容。

● POP 广告要求设计精美，因此成本费用较高。

● 要造型简练、设计醒目、阅读方便、重点鲜明、有美感、有特色。POP 广告并非节日点缀，越热闹越好，而应视之为构成商店形象的一部分，其设计和陈列应从加强商店形象总体出发，加强和渲染商店的艺术气氛。

● 室内和室外的广告分布要保持平衡，不能虎头蛇尾，避免消费者由此产生心理上的不平衡。

2. 直接邮寄媒体

直接邮寄的英文为 Direct Mail，这里指通过邮寄网络寄发印刷品广告，也称为广告信函。美国 1775 年制定邮政法，开始实行 DM 广告。凡以传递商业信息为目的、通过邮寄的广告统称为 DM 广告。DM 是有选择性地直接送到用户或消费者手中的广告形式。其类型主要包括：推销信函、商品目标、商品说明书或小页书、折叠式说明书、商品价目表、明信片、展销会请帖、宣传小册子、招贴画、手抄传单和机关杂志等。

（1）直接邮寄广告在各种媒体中具有与众不同的功能。其特点在于：

● 针对性最强、具有计划性。广告主对广告活动进行自我控制，根据预算选择诉求对象。

● 具有灵活性。不受任何时间和空间的限制，也不受篇幅和版面的限制，在广告形式和方法上都具有较大的灵活性。

● 有助于促使消费者指名购买，有利于提高经济效益和商品知名度。

● 邮寄广告是针对具体单位和个人的，具有“私交”的性质，可以产生亲切感。

● 在内容上不受文字多少的限制，可以对产品的性能、特点和服务做详细的介绍。

● 反馈信息快而准确，极易掌握成交情况，有利于产品广告计划的制定和修改。

● 具有私人通信的作用，在同类产品的竞争中，不易被对手察觉。

● 制作简便，费用低廉。

（2）直接邮寄广告的不足之处

● 由于针对性强，推销产品的功利性就特别明显，往往使接受者产生一种戒心。因此，广告文稿一定要写得诚恳亲切，避免引起收件人的反感。

● 邮寄广告按对象逐个递送，流通中费用昂贵。因此，先不宜大规模寄送，应根据最初的信息反馈，然后再酌情而不定期地进行调整。

为了提高 DM 的广告效果，DM 应该注意信封的设计，要引人注目；要写清楚收件人、收件地址等内容；字体要端正清晰，语言要准确，对收件人的回信一定要回复。

3. 招贴、海报、传单和挂历

这种类型的印刷广告均属于辅助性的广告媒体。

招贴和海报具有设计新奇、制作和印刷精美的特点，对消费者具有很强的吸引力。同时还具有时效长的优点。招贴和海报在设计上要求简洁明确、具有较强的视觉冲击力，同时必须有引人入胜的魅力。

传单是针对消费者心理而设计的，能够唤起消费者潜在的消费需求，对促进消费者的购买行为具有非凡的影响力。

挂历是兼备美观和时效性长双重功能的广告媒体。设计精美的挂历能够逼真地反映产品形象、特征，从而唤起消费者美的联想，并对产品产生兴趣。

设计制作招贴、海报、传单和挂历广告，要求有巧夺天工的构思，画面应让人赏心悦目，语言应力求精练。一般在配合广告运动时使用，以提高广告功效。

4. 包装广告

包装是指百货商店或零售店的包装纸或购物袋，也包括企业产品的软包装，如衣袋等，一般随货赠送。包装广告是与产品贴得最近的广告宣传。随着大型百货公司、超级市场及自选市场的普及，包装广告，特别是日用消费品的包装广告越来越被人重视。

（1）包装广告的优势在于：

● 同产品一体，广告宣传的验证性强。

● 精美的包装，可使消费者对产品或服务产生好感，在某种程度上抬高产品的身价，使消费者产生荣誉感。

● 有些产品包装具有重复使用的价值，诸如精美结实的购物袋之类很少被丢弃，大都挪作他用，无形中使广告的传播范围扩大和时效性延长。

● 包装广告是产品的"免费"附加物，因而极易被人理解和接受。留给人们的记忆往往同产品形象联系在一起，有利于培养消费者的购买习惯。

对包装的重视，已成为世界性的发展趋势。"一个没有牌子和没有包装的产品，只能算半成品"这句话强调了包装在企业的产品经营和销售中的重要作用。

（2）包装装潢必须注意：

● 具有保护产品的功能。

● 广告内容应能够向消费者提供相关产品信息。

● 应具有美感和艺术感染力，能吸引消费者认牌购买。

● 整体设计力求精美、风格独特，能体现产品形象。

在设计包装时，必须有独特性，要能够吸引消费者的注意力，要符合大众的审美情趣和消费心理，为产品营销奠定良好的外表设计基础。

第二节　广告媒体开发程序

媒体策划是决定如何运用时间和空间来实现市场营销目标的过程。因此，广告媒体策划必须按照一定的程序来进行。

每个媒体策划都有一系列目标，这些目标反映了广告主实施战略行动计划后期望实现的基本目标。通常，基本的目标关注广告对象、覆盖的地理范围、广告时间、广告运动的持续时间、广告的规模与时间长度等。

一、广告媒体调查与目标确立

（一）广告媒体调查

广告媒体调查的目的，是为了掌握各个广告媒体单位的经营状况和工作效能，以便根据广告的目的要求，运用恰当的媒体，取得更好的广告效果。

广告媒体调查是广告媒体渠道策划的首要环节，是拟订广告媒体计划的必要前提。

广告媒体调查的主要内容包括：

● 分析媒体的性质、特点、地位与作用。

● 分析媒体传播的数量与质量。

● 分析受众对媒体的态度，即他们是经常阅读报纸杂志，还是经常收听广播或收看电视等。

● 分析媒体的广告成本。媒体不同，传播广告信息的效果就不同，其广告成本费用也必然不同。因此，广告媒体调查需要综合比较各个媒体的成本和使用这一媒体所能获得的效果。

广告媒体调查的中心任务就是全面收集广告媒体在质与量方面的资料，并予以综合评价，从而为广告媒体渠道策划提供有价值的资料与备选方案。

（二）确立目标

确定媒体的目标受众。媒体策划人员在寻找媒体目标受众时会面临两个主要问题：一是内部策略研究语言与外部媒体研究语言的矛盾，二是缺乏对新媒体可靠的接收者的研究。

首先，媒体策划人员要研究有价值顾客与期望顾客的描述资料。这些描述资料包含了不同人的兴趣、行为和态度的差别。媒体策划人员要对公司目标受众进行有价值的深入探讨。媒体计划人员遇到的问题是这些描述能否在组合媒体中被用来描述他们的目标受众，这个矛盾促使计划人员把公司市场营销研究语言转化成组合媒体的信息来源的语言，这是媒体策划人员的第一项任务。

其次，媒体策划人员要研究关于广告与促销的无数新媒体的消费者的可靠信息。对于那些诸如店内广告、特殊时间促销、在线媒体等新媒体，策划人员要进行详细的分析，抓住新媒体受众的消费特点和媒体消费特征，有针对性地安排媒体计划。

销售的地域性。销售的地域性是许多广告计划的重要组成部分。尽管企业可以在许多城市和区域分销产品与服务，但不管某个产品或品牌有多流行，公司的销售不可能覆盖所有的地区。销售差异影响着广告主在不同市场开展广告运动和在不同地方广告预算的分配。媒体计划人员需要一套专门的系统来准确公平地分配广告费用。

时间安排。向目标消费群传递广告的最佳时机是什么时候？研究证明，当消费者最能接受产品信息的时候广告最有效。但在这个时期对消费者进行广告宣传说起来容易，做起来很难。媒体计划人员必须考虑许多变量后才能做出正确的时间安排决策。这些变量包括产品的购买频率、产品的集中购买时间、竞争对手的周期性广告力度等。这些影响因素的结合使广告排期策略因各个公司或品牌的不同而不同。此外，广告排期决策也和下列因素相关，如季节、假期、周日、每天的时间段等。

持续时间。广告持续多长的时间？在每个销售年度中应该播放几周？覆盖面怎么安排？这些安排选择取决于广告预算、消费者使用产品的周期、竞争策略等许多因素。

排期与广告预算。如果广告预算是无限的，许多公司而不仅仅是大公司就会每天做广告。正是因为受预算的制约，所以广告主常常必须在比较短的排期内做强度更大的广告。

消费者使用产品的周期。广告持续性必须和消费者使用产品的周期（购买和再次购买之间的时间）相匹配，对于那些使用率高的产品如软饮料、牙膏、糖果、口香糖、速食店、电影等，尤其要注意产品的消费周期。广告主必须把这些周期看成获得或巩固顾客的机会。

竞争性广告。在产品日益同质化的今天，广告主必须重视竞争对手的广告行动。媒体计划人员必须基于竞争强度来做出媒体排期决策，避免让自己的广告声音被其竞争对手的声音所吞没。媒体计划人员要时时注意竞争对手的广告活动和策略变化。

二、广告媒体方案的分析与实施

（一）媒体方案分析

为了准确选择广告媒体，减少广告媒体策划过程中的偏差失误，必须对广告媒体方案进行严格的分析评估。其内容主要包括：

投入和产出分析。效益分析主要是指广告媒体方案的经济效益与社会效益分析。在成本的约束下，媒体计划人员尝试选用那些能以最低成本接触最多受众的媒体。对广告媒体方案的经济效益分析，应从广告投资额度与促销效果之间的比较中得出结论。测量目标受众与相对于该受众付出的成本称之为效率。成本的有效性是衡量媒体策略的一个维度。一般来说，广告成本投入较小而营销获得的利润较丰，即谓之经济效益好；反之，广告成本投入大而营销无获利或获利较少，即谓之经济效益差。对广告媒体方案的社会效益的分析，主要是看媒体所传播的广告信息对社会的生产经营活动，对社会与公众是否有益。有益者为好，有害者为劣。

总之，效益分析就是在确定媒体方案前，必须充分考虑媒体方案的可行性，并且与媒体的质与量结合起来，从而测定出媒体方案真正的广告效益。

危害性分析。广告是一种负有责任的传播信息，对社会有着重大影响作用。就概念而言，广告本身并无好坏之说，但就广告通过媒体传播而言，其内容与形式就有良莠利害之别了。因此，对媒体方案的分析，必须着力研究评估方案付诸实施后可能造成的不良影响。

实施条件分析。实施条件分析，是指对实施媒体方案可能遇到的困难与阻力等客观情况的分析。实施条件主要有两种情况：一是媒体经营单位的广告制作水平或传播信息水平不高，不具备圆满完成媒体方案指定传播任务的能力；二是客户（或广告代理）与媒体经营单位关系紧张，媒体经营单位不愿意承担客户委托的任务。因此，在拟定广告媒体方案时，必须周密设想实施方案过程中可能出现的各种不利因素。

（二）组织实施

组织实施是广告媒体方案的具体落实，也是媒体选择程序的最后一个阶段。广告媒体方案组织实施内容包括：

与广告主签订媒体费用支付合同。

购买广告媒体的版面、时间与空间。

推出广告，并监督实施。

搜集信息反馈，并对传播效果做出评价。

第三节　广告媒体选择

一、广告媒体选择的方法

为了减少广告媒体选择中的偏差和失误，必须善于灵活巧妙地运用广告媒体渠道选择的方法。进行媒体渠道选择的方法很多，常用的主要有以下几种。

（一）按目标市场选择的方法

任何产品总有其特定的目标市场，因此，广告媒体渠道的选择就必须对准这个目标市场，使产品的销售范围与广告宣传的范围相一致。如果某种产品以全国范围为目标市场，就应在全国范围内展开广告宣传，其广告媒体渠道的选择应寻求覆盖面大、影响面广的传播媒体，一般选择全国性的电台、电视台、报纸、杂志及交通媒体最为理想。如果某种产品以特定细分市场为目标市场，则应着重考虑何种传播媒体能够有效地覆盖与影响这一特定的目标市场。一般选择有影响的地方性报刊、电台、电视台及交通媒体比较适宜。

（二）按产品特性选择的方法

当代市场产品的种类繁多，不同产品适用于不同的广告媒体，这就要求广告商应按产品特性慎重选择其传播媒体。一般来说，印刷类媒体适用于规格繁多、结构复杂的产品；色彩鲜艳并需要进行技术展示的产品，最好运用电视媒体；硬性产品（工业品）属于理性型购买品，如果其技术性较强、价格昂贵、用户较少，通常选择专业杂志、专业报纸、直邮及展销现场媒体；如果其技术性一般、价格适中、用户较多，也可以选择电视和一般报刊；软性产品（生活消费品）属情感型购买品，通常适宜选择电视、杂志、彩页媒体。

（三）按产品的消费者层次选择的方法

任何产品都有自己的消费者层次，即特定的使用对象。一般来说，软性产品均拥有其比较固定的消费者层次。因此，广告媒体渠道的选择应根据其目标指向性，确定深受消费者喜欢的传播媒体。例如，广告产品为新型美容系列化妆品，其使用对象就应是女性，而其主要购买者必定是青年女性，那么，根据这一特征，就必须选择年轻女性最喜欢的传播媒体。如果广告产品是一种新型化肥，其目标市场是农村，其使用对象自然是农民，那么就应选择广大农民喜闻乐见的传播媒体，像广播、电视、报纸等。

（四）按消费者的记忆规律选择的方法

广告通过传递产品信息来促进产品销售，但广告是间接推销。人们接受广告传播的信息，由于时间与空间的限制，一般不会听了或看了广告就去立即购买，总是经过一定时间之后才付诸行动。因此，广告应遵循消费者的记忆规律，不断加深与强化消费者对广告产品的记忆与印象，并起到指导购买的作用。例如，某企业推出的产品是在全国范围内销售的，那么这家企业除了选择全国最有影响的报纸媒体外，还应选择最有影响的电视媒体和广播媒体，并认真考虑传播广告信息的连续性，其目的就是为了强化消费者对广告产品的记忆。

（五）按广告预算选择的方法

每一个广告主的广告预算是不同的，有的可能高达百万元甚至更多，有的可能只有几千元，这就决定了广告主必须按其投入广告成本的额度进行媒体的选择。对于广告主来说，广告是一项既有益又昂贵的投资，对广告媒体渠道的选择要量力而行、量体裁衣。这就要求广告主在推出广告前，必须对选择的媒体价格进行精确的测算。如果广告价格高于广告后所取得的经济效益，就不要选择价格高的广告媒体。

（六）按广告效果选择的方法

广告效果是一个相当复杂又难以估算的问题。一般来说，广告主在选择媒体时应坚持选择投资少而效果好的广告媒体。例如，在发行量为 400 万份的报纸上做广告，广告价格为 2000 元，经计算可知，广告主在每张报纸上只花费 5 厘钱，即可将自己的产品信息传播给一个受众，比寄一封平信要便宜得多。在接受信息的 400 万人中，只需有 10%的人对广告做出反应，此广告就可收回广告费用。

（七）运用高等数学进行选择的方法

目前，许多广告策划运用高等数学方法进行媒体选择。已有研究证明，线性规划、高分析、模拟模型等几种模型对媒体选择有重要的帮助与改进作用。

1. 线性规划

在约束和目标都既定的前提下，如何优化整个系统，以最小输入得到最大输出，是线性规划的主要研究内容。线性规划是分析媒体选择问题的一种常用方法，它可以用于必须同时满足好几个限制条件的问题。在媒体选择中，常用的限制条件有：

第一，广告预算规模；

第二，某种特定媒体工具与媒体种类的最小与最大使用限制；

第三，对不同的目标顾客最小满意展露率。

要选择一个最佳的分配计划，首先须制定有效度的标准。对媒体选择来讲，其标准为有效展露的数目。线性规划就是寻求能达到最大有效展露数目的媒体组合的数学方法。

所谓应用线性规划方法解决媒体选择问题，也就是在限制条件（又叫约束条件）下，求取最佳的媒体组合，并借此组合形成最大的有效展露数目。

2. 高分析

高分析法是依次进行对媒体的选择，而不是同时决定媒体的选择。其基本思想是，在一年中的第一个星期，从所有可采用的媒体中选择最好的一种做广告。做了这个选择之后，对其余可供选择的媒体重新进行评估，并对沟通对象重复现象及媒体的可能折扣加以考虑。如果这一星期所达到的展露率低于原定的最佳展露率，那么在同一星期就要做第二个选择，以替代第一次的选择。最佳展露率是许多个市场营销变量、媒体变量的函数。依此方式继续进行分析，一直到达该星期的最佳展露率为止，并以此为基础考虑下个星期新的媒体选择。这种循环过程继续进行下去，直到该年度的计划都安排好为止。

高分析法实际上是线性规划法的改进，它具有如下优点：

第一，它除了考虑媒体的选择外，同时还安排时间；

第二，它解决了目标沟通对象重复的问题；

第三，它考虑了媒体折扣的问题；

第四，它加入了品牌转换率和多重展露系数等在理论上较重要的变量。

3. 模拟模型

线性规划模型与高分析模型都属于求取最佳值的形式。美国有人曾提出一种媒体组合模拟模型，其用途并不是寻求最佳媒体分配计划，而仅仅是估计各已知媒体分配计划的展露率。这种模型采取抽样法，其样本为 2944 个媒体接收者（沟通对象），代表全美国不同性别、年龄、社区类型、就业状况、教育程度的公众。根据每人对媒体的选择的概率，将针对某一特定顾客的媒体计划展露给样本群中的每个人，随着本年度广告计划模拟的进行，计算机将接收到广告的人的类型与数目列出表来。在该年度终结时，全年的汇总图表即自动编好，对该广告在时间安排上所可能产生的影响进行多方面的描述。企业查验这些图表后，便可断定拟议中的媒体计划在接收者（沟通对象）的特性、送达率与频率的特点等各方面是否令人满意。

由于模拟模型并不是用来求取最佳的媒体组合计划，而是用来求取某一特定时间安排在一年内的最佳送达率与频率的特征，所以与前面所讲的两个模型可以相互补充，而不是互相排斥。当运用该模拟模型时，必须了解其局限性：

第一，该模型不包括总体有效函数，相反，它只能表述一种多层面影响力的概况；

第二，该模型缺乏求取较佳媒体分配计划的过程；

第三，该模型所假设的样本群不一定有代表性。

4. 其他模型

现代市场学的媒体模型已有相当的发展，还有一些较为复杂的模型。美国学者利特尔和洛迪什曾提出一个 MEDIAC 模型。该模型能以任何分析方式处理一大堆媒体选择的实际问题，许多有关市场营销与广告方面的因素，诸如市场细分、销售潜量、展露概率、边际反应递减率、遗忘率、季节性以及成本折扣等，都可放入该模型。它以一种对话的方式来指导使用者按照模型的逻辑输入所需要的资料，在几分钟之内就可得到一份最佳媒体时序计划表。使用者可以很容易地通过改变输入的资料来观察其对媒体时序表的影响。

二、广告媒体选择的原则

正确选择广告媒体渠道，除了依照广告媒体渠道选择的科学方法外，还必须遵循广告媒体渠道选择的基本原则，这是广告策划取得成功的重要因素。

归纳起来，广告媒体渠道选择应遵循以下五项原则。

（一）目标原则

所谓目标原则，就是必须使选择的广告媒体同广告目标、广告战略协调一致，不能背离。它是现代广告媒体渠道策划的根本原则。目标原则强调广告媒体渠道的选择应当服从和服务于整体广告战略的需要，应当同广告目标保持一致。这是因为广告目标和广告战略是影响媒体选择的首要因素。消费群体不同，他们对广告媒体的态度也必须有所不同，而只有根据目标对象接触广告媒体的习惯和对媒体的态度来选定媒体，才能符合广告战略的要求，进而顺利达到广告目标，收到良好的广告效果。

从媒体自身而言，任何广告媒体无不有其不可替代的优势和难以弥补的弱点。因此，进行广告媒体策划时，必须认真分析各种媒体的特点，洞悉其各自的强弱长短，尽量使广告媒体的目标对象与产品的目标对象保持高度一致。总之，只有严格遵守目标原则，才能辨明并坚持媒体选择的正确方向，才能制定出整体最佳的广告媒体渠道策略。

（二）适应原则

因为市场是不断发展变化的，所以应依据市场等因素及时调整媒体方案，使所选择的广告媒体与广告运动的其他诸要素保持最佳匹配。

适应原则包括两方面的内容。一方面，广告媒体的选择要与广告产品的特性、消费者的特性以及广告信息的特性相适应。例如：消费品多以大众传播媒体为主，工业品多以促销媒体为主；有些消费者习惯于接受大众传播媒体的广告宣传，有些消费者却对其抱有冷淡态度，而对促销媒体深怀好感；有的广告信息适合以大众传播媒体予以传播，而有的却更适合以促销媒体予以传达等等。因此，广告媒体策划必须通盘考虑上述各种因素，确定最适用的传播媒体。

另一方面，广告媒体的选择要与外部环境相适应。外部环境是指存在于广告媒体之外的客观原因或事物，如广告管理、广告法规、经济发展、市场竞争、宗教文化以及媒体经营单位等。外部环境是不断发展变化的，媒体方案也要相应做出调整。因此，进行广告媒体策划时，必须既要站在一定的高度上，综观全局，把握宏观，又要步入现实的市场中，认清各种情况，把握微观，正确处理广告媒体与外部环境影响的关系，力求使两者处于最佳的适应状态，保持了这种最佳状态，就是最理想的媒体选择。

（三）优化原则

所谓优化原则，就是要求选择传播效果最好的广告媒体，或做最佳的媒体组合。从传播学角度来看，无论何种广告媒体都有其特点，即使是在能够到达广告对象的众多传播媒体中，其信息传播也会各有所长、各有所短，因而其传播效果也不尽相同，有最好的、较好的和一般之分。因此，这就要求在进行媒体选择时，必须认真分析了解各种能够达到广告对象的媒体的特征，以做出最优的选定。一般来说，应该选择传播速度快、覆盖区域宽、收视（听）率高、连续性强、色彩形象好、便于记忆、信誉高的媒体。

优化原则强调，广告媒体渠道的选择及组合，应该尽可能寻找到对象多、注意率高的传播媒体及组合方式。然而，就目前的媒体传播技术而言，要想寻找到各个方面都具有优势的某种媒体及其组合是不可能的。例如，报纸广告的注目率相对低一些，形象效果也较差，而电视广告在这些方面具有优势，但从记忆方面分析又不尽如人意，即使是同类的传播媒体也是各有长短的。例如，同属于杂志的媒体，由于级别、性质、特点各有区别，因而其优势与不足也就各有不同的具体体现。

第四节　广告预算及分配

如何认识和确定广告费，涉及企业效益评估、成本核算、经费和税收管理、广告业和传播媒介的发展等问题。究竟哪些开支应该列入广告费、哪些不应该计入广告费，不同的企业往往有自己不同的标准。政府主管部门和行业之间的认识也不尽相同。

广告预算及分配是对企业投入广告活动费用的计划和控制。准确地编制广告预算是广告策划的重要内容之一，是企业广告活动得以顺利开展的保证。它能够提供控制广告活动的手段，保证有计划地使用经费，使广告活动更有效率，使广告业务人员的责任感更强，并为评价广告效果提供经济指标。

一、广告预算的概念

广告预算是广告主根据广告计划对开展广告活动费用的匡算，是广告主进行广告宣传活动投入资金的使用计划。它规定了广告计划期内开展广告活动所需的费用总额、使用范围和使用方法。

广告预算不仅是广告计划的重要组成部分，而且是确保广告活动有计划地顺利展开的基础。广告预算编制额度过大，就会造成资金的浪费；编制额度过小，又无法实现广告宣传的预期效果。

有许多广告主错误地认为，广告投入越大，所取得的效果也就越好。广告策划者通过对大量广告活动效果的实证分析，得出当广告投入达到一定规模时，其边际收益呈递减趋势的结论。美国广告学家肯尼斯·朗曼经过长期的潜心研究，也得出了类似的结论。他在利润分析的基础上，创立了一个广告投资模式。他认为任何品牌产品的广告效果都只能在临界和最大销售额之间取值。

肯尼斯·朗曼认为，任何品牌的产品即使不做广告也有一个最低销售额，即临界。广告的效果不会超过产品的最大销售额，产品的最大销售额是由广告主的经营规模、生产能力、销售网络以及其他因素综合决定的。朗曼认为，理想的广告宣传活动应该是以最小的广告投入取得最大的广告效果。当广告效果达到一定规模时，更多的广告投入就是一种资源的浪费。

二、广告预算的分类与程序

（一）广告预算的分类

广告预算包含着多种多样的决定。根据不同的类型，采用的决定方法也不同。总的广告预算和各种企业、各种产品的广告预算，企业广告预算按总体分类，有总的广告预算及各种产品的广告预算的问题。根据决定问题的类型而采用不同的决定方法。

长期广告预算和短期广告预算。根据广告预算计划期限的长短，分成长期广告预算和短期广告预算。一般一年以上的叫作长期预算，比这期限短的叫短期预算。

商标、产品广告预算和企业广告预算。广告预算分为商标或者各种产品的广告预算、企业广告预算。企业广告预算是有计划地形成企业形象或企业的信誉而做的广告预算。因此，根据不同类型，决定广告预算的方法也会有所不同。

新产品广告预算和已有产品的广告预算。按广告对象产品决定预算可以分为新产品的广告预算与已有产品的广告预算。如果再细分的话，在产品的生命周期中，不同阶段应有所不同。

不同媒介的广告预算和总体预算。决定广告预算问题是决定各种产品、商标的总体预算问题，在决定总体预算时可按不同类型的广告媒介分配预算。

不同地区的广告预算和总体预算。决定广告预算的问题分为对全国性的总体预算和按不同地区的广告预算分配问题。

以上对决定广告预算问题的种类进行了分类。决定广告预算的方式是多种多样的，但这些问题共同的基本点必须予以注意。

（二）广告预算的程序

广告预算由预测、规划、计算、协调等环节组成，大致有以下几个步骤：

进行广告预算调查。收集有关产品销售额、企业广告营销计划、流通及竞争等方面的数据与材料，做好预算前的准备工作。

确定广告费的预算规模。提出预算规模的计算方法和理由，尽可能地争取较充裕的广告经费。

广告预算的分配。先从时间上确定一年中广告经费总的分配方法，按季度、月份将广告费用中的固定开支分配下去，然后再将确定的广告费用分配到不同产品、不同地区、不同媒体上。

制定广告费用的控制与评价标准。确定经费的投入条件、时机、效果评价方法等。除广告费的固定开支外，还需要提留一部分作为机动开支，对这部分费用也要做出预算。最后完成广告预算书并得到各方面的认可。

三、制定广告预算的方法

企业确定广告预算主要有以下方法：

（一）量力而行法

制定广告预算，首先要根据企业的实力和财力，研究提出一个企业可以承受的广告费用投入总额或限度。超过企业承受能力的广告预算，要么不能被管理部门和财务部门所接受，要么虽被接受却不能完全执行。

尽管这种方法在现代市场学上没有正式定义，但不少西方企业确实一直采用，即企业确定广告预算的依据是他们所能拿得出的资金数额。也就是说，在其他市场营销活动都优先分配给经费之后，尚有剩余者再供广告之用。企业根据其财力情况来决定广告开支多少并没有错，但应看到，广告是企业的一种重要促销手段，企业做广告的根本目的在于促进销售。因此，做广告预算时不仅要考虑财力情况，考虑能拿出多少钱用于广告开支，而且要考虑需要花多少广告费才能完成销售指标。所以，严格来说，量力而行法在某种程度上存在着片面性。

（二）销售额百分比法

它是广告主以一定时期内产品销售额的一定比例匡算出广告费用总额的一种方法。这种方法是最常用的一种广告预算编制方法，根据形式、内容的不同，又可将它分为两种：

第一，上年销售额百分比法。它是根据企业上一年度产品的销售额情况来确定本年度广告费用的一种方法。这种方法的优点是确定的基础实际、客观，广告预算的总额与分配情况都有据可依，不会出现大的失误。广告策划者在运用这种方法时，可以根据广告主近几年的销售趋势，按一定比例来调整下一年度的广告预算，以适应企业发展的需要。

第二，下年销售额百分比法。该法与上年销售额百分比法基本相同，都是根据产品销售的情况按一定比例来提取广告费用总额。它们的区别在于下年销售额百分比法有一定的预测性，经营者在预测下一年度销售额情况的基础上来确定企业的广告费用。它以上一年度产品销售情况为基础，按照发展趋势预测出下一年度的销售额，再以一定比例计算出广告费用总额。

这种方法适合企业的发展要求，但同时也有一定的风险。在市场上，有许多因素都是未知的，这些因素对企业经营活动的影响有可能是突发性的，预测本质上是对事物发展趋势的一种合理推断，而突发性因素常常具有破坏性，改变事物的发展规律，使市场处于无序状态。例如，当经济不景气时，再多的广告宣传也无法阻止产品销售额下降的趋势，在这种情况下，执行预测计划就是一种“非理性”的经营行为。

（三）计算盈亏估算法

这种方法是为了对企业的有关重要新产品做长期广告预算而使用的方法。计算盈亏估算法是在包括全部产品生命周期的长期计划期限内，计算该产品的盈亏，最终达到所规定的利益水平，并且发挥期望的销售额效果的长期广告预算的决定方法。

这个方法是销售人员经常使用的方法，但问题有二：第一，广告费对销售额的效果估计往往缺乏客观的合理的论据，还没有制定出客观的决定模式。第二，广告费产生的最终效果往往被忽视——销售额或者利益有“不确定性”。

（四）竞争对手广告费对抗法

这种方法是为了决定各种产品、各种商标广告预算的一种现实的经验方法，即把该产品的广告费提高到能对抗竞争对手产品的广告费水平的方法。DA 艾肯和 JG 迈尔所说的“竞争对手均等法”是与竞争对手广告费对抗法相同的方法。

这个竞争对手广告费对抗法（竞争对手均等法）也存在着一些问题，如竞争对手决定的广告费并不一定合理，如果要追随，广告费有可能向越来越高的方向发展；另外，决定广告预算的模式问题不明确等。

（五）目标达成法

这种方法是根据企业的市场战略和销售目标，具体确定广告的目标，再根据广告目标要求所需采取的广告策略，制订出广告计划，再进行广告预算。

从理论上讲，目标达成法是比较科学的。广告目标通常分为四个阶段：知名、了解、确信、行动。越是到后面的阶段，广告的目标实现起来就越难。特别是广告与消费者的购买行为的关系比较复杂，通常企业在宣传新产品时往往采用目标达成法。因为这时的广告目标主要是提高产品的知名度，而这种广告目标与广告发布时间与数量的关系比较明确，因而很容易推算出广告预算的总额。

（六）总额包干法

根据广告宣传年度计划估计经费，报请企业领导审批。一经批准，总额就不再变动，专项开支也不做他用。广告工作人员依据这个经费总额开支全年的广告宣传活动经费，超支不再追加，留有节余可转下年度使用。

（七）项目费用汇总法

对年度计划中的各个广告活动的所需经费进行总额预算，上报领导，但这个预算只是概算，所需费用在每项广告宣传活动开展之前提出精确预算，因此，实际花费的总额到年度结算后才正式确定。

（八）任意增减法

以上年或前期广告费作为基数，根据财力和市场需要，对其进行增减，以匡算广告预算。此法对小企业极为适用。

四、广告预算的分配

在确定了广告预算总额之后，下一步的工作就是进行广告预算的分配，主要是根据广告计划的要求，将广告费分配到各个具体的广告活动项目中。

（一）广告预算分配的方法

按广告费项目分配。按照广告费项目类别的不同进行分配，主要有广告媒体的购买费、广告制作费、一般管理费、调查费等。一般来说，广告费总额的80%～85%用于购买媒体，5%～15%用于广告制作，5%左右用于调研，2%～7%用于广告的管理协调。

按广告媒体分配。在确定购买媒体的费用后，根据目标市场的具体情况，先确定地方性媒体和全国性媒体的投入比例，再确定媒体的类别，做好媒体计划，最后将费用分配到具体的媒体，如报纸、杂志、广播、电视、交通广告、户外广告等。

按广告地域分配。根据广告活动实施的地域的不同，将广告分配到各个地域。

按广告时期分配。根据广告计划的长短，将广告费按月或季度进行分配。

按广告产品分配。按照企业计划进行广告宣传的各种产品的不同，根据需要把广告费按产品种类进行具体分配。

按广告种类分配。这是按照广告类别不同来进行分配的方法，如产品广告、企业广告、公共关系广告等，根据企业营销目标和广告目标的要求，确定每种类型的广告应分配多少广告费。

在按照各个类别进行分配后，可制成一张大表，以时间分配为基本方法，一一列出不同月份或季节各类费用分配的标准和要求，通过这张表格可以清楚地看出广告费的具体投放情况。

（二）广告预算应注意的事项

第一，要注意预留机动费用，分好用好这笔钱。

第二，注意销售的淡季和旺季问题，根据销售额的周期性变动，一般加大在销售旺季的费用投入。

第三，广告效果的迟滞性问题。不同产品在不同媒体上做广告，使用强度不同，都会影响广告效果迟滞时间的长短。可以对广告推出的时间与产品销售变动的情况进行比较分析，看出广告效果迟滞的时间，从而为确定媒体计划、广告的推出日期和广告费用的具体分配提供参数。

第四章　广告创意策划

第一节　广告创意

一、创意和广告创意

（一）创意

在艺术领域，创意这个词较少用，用得更多的是“创造”或“创作”。在英文里，“创造”“创作”和“创意”都可以是同一个词“create”。根据韦氏大辞典的解释，“创造”的意思是“赋予存在”，具有“无中生有”“原创”的意思。一般在艺术领域，艺术作品的创作者可以把自己的价值观、世界观、人生观、审美意识、兴趣爱好等自由地表现在自己的作品中。艺术作品正是因为张扬了创作者的个性和创作姿态，才有其独特的地位。但是，达芬·奇和凡·高不一定会成为广告大师，虽然后人可以利用他们的伟大作品来做广告。

（二）广告创意

“创意”和“广告创意”的区别首先是运用范畴的区别。广告创意是戴着“镣铐”跳舞，不是创意人员的天马行空。广告创意因为是广告活动的一个环节，而广告活动是具有商业目的和目标的，是有计划性和程序性的，所以广告创意必然受各种条件的约束。广告创意人员必须在有限制的自由空间内发挥自己无限的创作潜能。

美国著名的广告创意指导戈登·E. 怀特将创意比作广告策划中的X因子，因为，与媒体策划和广告预算等不同，各种广告创意方法的潜在效力不像其他广告活动决策那样比较容易确定。

戈登·E. 怀特的比喻揭示了广告创意依赖于创造力的一面，正是因为创造力使广告创意看起来像一个不确定的X因子。同时，他的比喻也强调了不同广告创意方法很难进行潜在效力的比较。这也是为什么许多杰出的广告胎死腹中的原因。而许多被客户否定的广告创意是否会有效也都将成为永远无法解开的谜。

美国广告大师李奥·贝纳认为，所谓创意的真正关键是如何运用有关的、可信的、品调高的方式，与以前无关的事物之间建立一种新的有意义的关系的艺术，而这种新的关系可以把商品某种新鲜的见解表现出来。

李奥·贝纳的看法强调了创意是与以前无关的事物建立一种有新意义的关系。同时，值得一提的是，他强调了运用“可信的、品调高的方式”，这对今天许多喜欢信口开河、制造虚假广告的人是一种很好的告诫。

北京广播学院广告学系的丁俊杰教授认为，广告创意最不可忽视的本质是“讯息”，广告创意是使广告讯息得到更好的传达，使广告对诉求对象起到更好的作用的手段。好的创意，必须有明确的讯息策略的指导。不包含讯息的广告创意，即便表现奇特，也很难成为好的创意。他用一个公式来概括广告创意：广告创意 = 创异 + 创益创异，就是要使广告与众不同。为什么要做到与众不同呢？这就是广告创意的讯息传播方面的任务。广告只有与众不同，才能在广告泛滥的世界中引起消费者的注意。有人说，我们的时代已经进入注意力时代，注意力是财富和力量。这种说法，用在广告方面，是再合适不过了。广告要获得成功的第一步是引起消费者的注意。“创异”的首要目的就是吸引注意力。这一点，随着网络的出现和普及已经越来越显得重要。网络广告如果不吸引人，上网的潜在消费者就会可能视而不见，甚至绕道而行。注意力的流失，是广告失败的主要原因之一。

创益，就是要使广告产生效益。大多数广告是商业广告。企业做广告的目的是获利。一条广告如果不能给企业带来效益，就不算是成功的广告。然而，在依靠广告进行品牌的建设中，广告的效益却得不到准确的计算。广告对品牌做出的贡献所能带来的利润往往隐而难现。这种情况，使许多企业内的人员把广告视为一种支出。这种认识使许多企业越来越依赖促销。而为促销所做的广告，广告的“创意”通常被等同为短期的“创益”。对短期利润的追求是否会有损于长期利润，长期以来一直处于争论状态。然而，已经有不少的案例正显现出追求短期利润对品牌的侵蚀。关键的问题是，众多企业为了生存或获得更好的财务报表形势而追求短期利润正形成一种不可逆转的恶性趋势，许多企业明知道长此以往，企业的利润必将受到损害。

透视这种现象，我们不难发现，当广告创意没有力量时，借助于促销追求短期“创益”的倾向就可能加强。广告创意如果对自己的“创益”能力缺乏自信，势必借助于较易获取短期利益的促销。反过来，更多的促销广告将会提高消费者的价格敏感性，从而影响对心灵诉求、对价值诉求的广告创意的“创益”力。如此，便可能形成恶性循环。如果企业无限制地利用促销，不仅广告创意事业会受到损害，消费者的利益其实也有受损的危险。不久前就听到一个女孩说，她在商品促销期间兴奋地买了一大堆名牌衣服，结果过了几天冷静下来一看，发现有一半是不合适自己的。然而当时为什么买呢？只是因为看到价格便宜。

也有观点认为，广告创意是在广告创意策略的指导下，围绕最重要的产品销售讯息，凭借直觉力和技能，利用所获取的各种创造元素进行筛选、提炼、组合、转化并加以原创性表现的过程。关于这个定义，有以下几个要点：

（1）广告创意策略是广告创意的指南。

（2）广告创意必须以传达最重要的产品销售讯息为核心。

（3）广告创意在某种程度上必须依靠直觉力。但是，广告创意也要有一定的技巧。创意中的技巧要通过长期的学习和实践获得。

（4）各种创造元素来自无意识的积累和有意识的学习。任何学科的知识、任何方面的经验都可能成为广告创意所需的创造元素。

（5）广告创意是一个动态的过程。

（6）广告创意应该是具有原创性的。

（7）广告创意含有表现的成分。

（三）广告创意在广告活动中的位置

广告创意在整个广告活动中是不可缺少的重要环节。

广告创意工作通常在客户定向说明会之后开始。客户主管作为广告公司代表，在参加广告客户召开的定向说明会之后，向广告公司内部汇报定向说明会的内容，同时组建由市场营销、创意等部门组成的项目小组，进行综合性广告方案的策划。广告创意是综合性广告方案的关键一环。

通常所说的广告创意是狭义的广告创意。狭义的广告创意通常和广告表现联系在一起。用形象一点的说法，我们可以说，广告创意就像是广告作品的灵魂，广告表现是广告作品的肉体。广告作品是可以看得见的，而广告创意则是在视觉形象以及各种符号背后的思想。视觉形象以及各种符号是广告创意的外显，它们构成了广告作品。

广义的广告创意可以体现在整个广告活动中。它可以包括媒体创意、促销创意、公关创意等等。在实际操作中，广告创意的思想往往渗透整个广告活动。值得注意的是，随着近年来企业对促销重视程度的提高，越来越多的广告创意演变为一种促销创意。对促销的日益看重，其好与坏一直处在争论中。众多的学者和实践者从不同的角度、不同的立场对这一现象提出了不同的看法。但是，毋庸置疑的是，这种趋势的确对广告创意人产生了影响。

不论是狭义的广告创意还是广义的广告创意，有一种广告创意被人们称为“大创意”。所谓的“大创意”是指广告创意的核心策略在横向和纵向上都具有延展性。

（四）广告创意在广告中的作用

广告创意的作用何在？许多人会对此提出疑问。我们已经知道，广告是一种信息传播活动，然而，传播效果如何却是一个变量。不论从哪个角度检视，广告创意都是影响传播效果这一变量的重要因素。

广告创意必须使广告客户的信息有效地发送出去，而且仅仅发送出去还不够，广告创意还必须使信息的接收者乐于接收信息。只有达成这种任务，广告才有可能影响消费者的认知、偏好及具体的购买行为。

广告创意人员置身于广告客户和消费者之间。广告创意人员必须基于广告客户的产品和服务，从消费者的角度进行思考。哈尔斯特宾思说:“广告创意者是这样一种人:他们对事实进行加工，将其化为一种创意构思，注入感情，让感情打动大众，促使大众去购买。”打动大众的方法有多种，既可以利用感性诉求，又可以利用理性诉求。因此，哈氏的这种看法却有偏颇之处，广告创意的作用是“打动大众，促使大众去购买”的说法则非常准确地揭示了广告创意的任务。

（五）广告创意要经过一个策略发展过程

在开始广告创意之前，必须明确广告任务，发展销售信息。如果广告销售信息不明确，或者没有提供消费者明显的利益，或者无法解决潜在消费者遇到的问题，则这样的广告几乎不可能成功。

发展销售信息是广告创意的必经之路。然而，发展出销售信息却并不等于广告创意的必定成功。但是，发展有效的、有利的销售信息是广告创意成功不可缺少的保证之一。没有一个公式可以帮助你产生奇妙的创意，却有一套科学有效的、系统的方法来帮助我们发展有效的销售信息。这些有用的销售信息运用于广告，成为向消费者传达的广告信息。

（六）广告创意前的基本思考

如果想产生有用的广告创意，广告创意人必须对营销原理有所了解，同时，必须从传播的角度去思考问题。广告创意人不一定是营销专家或是传播学者，但是必须了解自己的消费者，了解自己的广告要对谁说话。广告创意人不一定要能说会道，但是必须懂得传播沟通。如果广告创意人不能实现有效的传播沟通，广告是不可能成功的。

广告创意人一定要对需要做广告的产品或服务做充分的了解。如果是适合自己使用的个人消费品，广告创意人要尽量去尝试使用广告的产品或服务，去体验消费者使用商品或服务的真实感受。这一点说起来简单，做起来却实在不易。

广告创意人同时也要分析竞争对手的情况，了解他们的产品或服务有何优点和缺点，了解竞争对手的广告是如何做的。这样，才能给自己的创意找一个恰当的方向，选择一种合适的策略，或是正面对抗，或是侧翼进攻，或是另辟蹊径。

广告创意人在筛选提取销售信息时，必须考虑如果消费者看到这种或那种销售信息时，会有什么反应和行动。同时，广告创意人应思考消费者为什么会有这样或那样的反应和行动。目标消费者在看了广告后，是不是开始喜欢这个产品了呢？他们会去商场买这个产品吗？他们会直接通过广告邮购吗？他们看了这则网络广告后会立即在网上订购吗？广告创意人应该尽量把可能出现的情况预先想到，并从中做出最好的选择。

广告创意人还应该想一想广告预算的多少。商业广告是一种付费的传播。广告创意人必须在广告预算限定的范围内开展创意，否则，广告创意是无法实现的。尤其是电视广告的制作花费巨大，动辄几十万、几百万，广告创意者必须对自己的创意要花多少钱有个估计。广告预算是对广告创意人在金钱方面的限制，并不是对创意的限制。很少的预算同样可能产生好的创意。

总之，广告创意人在创意之前必须多多考虑各种因素，尽量全面地掌握各方面的材料。当然，各种材料并不一定是靠个人获得的，它们往往是全体广告策划人员共同分析整理出来的，而且通常都经过客户的审核。

（七）创意指导性清单

当经过调查研究，广告策略已经制定之后，如果你是广告创意人员，你就必须反复咀嚼广告策略的分析过程，然后在前面广告策略文本的基础上拟订一份创意指导性清单。因为广告策略和创意策略常常是一个概念，所以有时广告策略文本本身就包含创意指导性清单，但是，你最好花点时间再细致地整理一遍。

大多数著名广告公司在长期的实践中都发展出发展创意策略的程序或方法，有的还制定了相对固定的策略发展格式。

为什么他们要制定发展创意策略的程序或方法，甚至是看起来很死板的格式呢？这主要有以下几个原因：

第一,一套相对稳定的发展创意策略的程序或方法，能够为广告创意提供指导，发挥指南作用，广告创意就有可能沿正确的方向进行。

第二,一套相对稳定的发展创意策略的程序或方法，能够使参加广告创意制定的人员和相关人员在目标市场、销售信息等方面达成共识。

第三,一套相对稳定的发展创意策略的程序或方法，可以使广告创意人员以全面的观点看问题，同时保证广告信息是从消费者的角度出发，而不是从广告主的角度发展出来的。

第四,一套相对稳定的发展创意策略的程序或方法，可以为广告活动的展开和控制提供蓝本，同时也有利于在实施过程中最迅速地对问题加以调整。因为，再精细的计划也不可能面面俱到、十全十美，更何况市场和人心皆处于流变之中。

下面是创意指导性清单的格式之一：

需要指出的是，以下格式中的内容都是描述性的，或者换句话说，广告策划到了这一步，应该在前面调查、分析、研究的基础上得出某些中间性的结论，这些中间性的结论在清单式的文本中加以描述。注意，在此之前，文本中可能已经包含以下内容，但是，你现在要做的是把它们清楚地列在你的眼前。

（1）关键事实。在这一部分中，要从消费者的角度把一切有关产品、市场、竞争、用途等资料整理出来，加以系统的陈述。关键之处是要发现是什么原因使消费者不购买本产品或选择本服务，或者发现是什么原因使消费者转换了品牌。在这里，一定要确认广告能够解决的问题是什么，必须提取出一个也是唯一需要加以解决的问题，并且，这一问题应该从消费者的角度陈述，而不要从广告主想当然的立场出发。

（2）首要的营销问题。在这一部分中，要从营销的角度出发，以营销者的观点加以陈述。这个营销问题可能是产品认知问题、一个市场上的问题、一个竞争上的问题，但是它一定要是广告可以施加影响的问题。有些问题是广告无法解决的。一定要明确广告可以做什么、不可以做什么。

（3）广告目的。在这一部分，要将期望广告对目标消费者发生的影响做一个简明的描述。通常，广告目的是改变知名度、偏好度、信服度等传播方面的效果。比如，“在未来三个月内提高某某产品的知名度”就是一个广告目的。

（4）广告目标。广告目标是广告目的的量化。比如，“在未来三个月内使某某产品的知名度达到百分之多少”就是一个广告目标。

（5）创意策略。创意策略要考虑以下几个方面：

第一，确认目标市场。描述目标市场要尽量仔细、尽量完整。

◆ 目标市场规模：应该描述一下目标市场大概有多少人。

◆ 地理特征和地域性特征：不仅要描述目标市场居住或长期活动于什么地方，比如哪个省、哪个市，还要说明那个地方的具体细节，比如一级城市或三级城市等，描述得越具体越好。因为，这些信息对创意人员的思考可能具有巨大的帮助。

◆ 目标市场的季节性差异：不同的季节会对消费产生不同的影响，有些产品的消费受季节性影响很大。而且，由于我国地域宽广，跨越多个气候区，因此即使在同一个季节，各地的气候状况也不同，目标市场也存在着差异。这个因素广告创意人员必须加以考虑。

◆ 人口统计学资料：人口统计学资料包括年龄、性别、收入、婚姻状况、教育程度等等。

◆ 心理特征：心理特征包括气质、个性等因素的描述。

◆ 媒体接触特点：可以通过列表的形式把消费者所接触的媒体列出来。这些媒体是消费者接触的媒体，不是媒体计划一定要加以使用的媒体。媒体接触的特点可以细致到具体的媒体种类、电视广播的时段甚至是具体的版面属性或节目。媒体接触的频次也是应该加以描述的因素。

◆ 消费行为特点：消费行为特点包括对消费者的购买习惯、使用频次等的描述。

第二，定位或区隔。在这一部分中，不是要把属于这一种类的每一种产品或品牌都列出来，而是要为了广告创意而确认本产品或品牌所要竞争的市场区隔或范围。广告创意人必须清楚地知道竞争对手给消费者的承诺是什么，以便清楚地说明本品牌或产品有什么独特之处，才能为本产品或品牌在市场和消费者心目中找到属于自己的位置。

第三，承诺。通常是把产品或服务能为消费者提供的最为重要的利益用简练和明白的一句话加以表述。一个广告承诺应该注意以下几点：

◆ 这个承诺必须提供消费者利益或能够解决消费者的问题。

◆ 这个承诺所提供的利益或所解决的问题对消费者来说必须是重要的，并且是潜在消费者所欲求的。

◆ 这个承诺必须是和产品或品牌相融合的。

◆ 如果广告采用竞争策略，承诺一定要具有明确的竞争性。

第二节　几种经典创意法

在现代广告运作体制中，广告策划成为主体，创意居于中心，是广告的生命和灵魂。

一、广告创意的类型

艺术派广告创意观（戏剧性理论）；科学派广告创意观（USP 理论；品牌形象论）；混血儿派广告创意观（定位理论；CI 理论；品牌认同理论）。广告创意观，即是对广告创意的基本观念，是如何看待广告的核心观念，是进行广告创意的指导思想。自 20 世纪以来的创意理论流派大体上可以归纳为“艺术派”“科学派”和主张广告是科学与艺术相结合的“混血儿派”。它们之间既有显著差异，又有共同点，并且随着现代的变革和营销、传播的发展又有所演变和超越。

（一）“艺术派”广告创意观

艺术派强调广告的艺术性和情感作用，伯恩巴克是这一派公认的代表人物，其观念集中体现于“创意指南”。李奥・贝纳是芝加哥学派的领袖，他的“戏剧性”观念具有重大影响。

（1）伯恩巴克与 ROI 理论。伯恩巴克被视为“艺术派”的代表人物和旗手。美国广告史学家 S. 福克斯这样评价伯恩巴克：“在一定程度上，可以说他是自己时代最有创造力的广告人。他对 20 世纪 60 年代创意革命的贡献可以说比别的任何人都要多。”

伯恩巴克的创意理论，是针对20世纪60年代广告过分追求科学调查、遵循过多的广告规则而导致广告千篇一律的弊端提出的。他的基本理念为：广告的本质是艺术。他的格言是："怎样说"比"说什么"更重要。他对此解释："如果你没有吸引力使人来看你这页广告。那么，不管你在广告中说了些什么，都是浪费金钱。"伯恩巴克的创意观集中体现在ROI理论中，他认为，一个好的广告必须具有三大特性，即相关性、原创力与冲击力。

①相关性。相关性是指广告必须与商品、消费者、竞争者相关。伯恩巴克说，"如果我要给谁忠告的话，那就是在他开始工作之前要彻底地了解他要做广告的商品"，"广告并不能为一个商品创造出优势，它只能传达它"。又说："你一定要把了解关联到消费者的需要上面，并不是说有想象力的作品就是聪明的创作了。"找出商品最能满足消费者需要的利益点，这是相关性的要旨。这种利益点可以分为理性利益点和感性利益点。

相关性内涵很丰富，按照广告创意相关对象的不同，可分为与产品的相关性、与消费者的相关性、与竞争者的相关性；按广告创意相关方式的不同又分为直接性相关与间接性相关；按广告创意相关诱导的不同又分为感性相关与理性相关。

②原创力。原创力是指在广告创意上突破常规，与众不同，想人之所未想，发人之所未发。一句话：与众不同。伯恩巴克创作的一则汽车广告中，不说"这是一辆诚实的车子"，而是突破常规地说这是一部"不合格的车"。通常的广告都是"自卖自夸"，突然冒出一个"自说坏话"的广告，读者哪能不好奇？当人们不由自主地看过广告文案之后，"诚实"的说辞就深入他们的内心。

原创力为广告注入了生命，原创力是广告的灵魂。富于原创力的广告，才能直达目标受众的心灵，为消费者带来惊喜。当然，要与别人不同，首先必须知道别人是怎么说的，并较好地预见别人还会怎么做。其次是切入点和表现方式要有创新，要能激起受众的共鸣，否则难免会陷入为创意而创意的窘境。

③冲击力。冲击力是与相关性、原创力密切关联、相互贯通的。冲击力即是广告产生的冲击、震撼消费者心灵的魅力。伯恩巴克说："法则是由艺术家打破的；令人难忘的作品永远不可能脱胎于一种模式。"具有冲击力的广告佳作，必然是出人意料、原创力强、与目标消费者利益相关、容易激发共鸣的作品。例如，仁和可立克最近投放的两则感冒药电视广告采用了故事式场景的手法，把"不得了啦"的惊呼声作为感冒患者心理状态的夸张表达形式，然后由作为代言人的知名演员镇定自若地推出产品，前后场景对比分明，冲击力强。

（2）李奥·贝纳与"戏剧性"理论。李奥·贝纳被誉为美国20世纪60年代广告创意革命的旗手和代表人物之一，芝加哥广告学派的创始人及领袖。他所代表的芝加哥学派在广告创意上的特征是强调"与生俱来的戏剧性"。李奥·贝纳说："在我们的基本观念之一，是每一商品中的所谓'与生俱来的戏剧性'，我们最重要的任务是把它发掘出来加以利用。”“每件商品都有戏剧化的一面，当务之急就是要替商品发掘其特点，然后令商品戏剧化地成为广告里的英雄。”万宝路香烟广告是“戏剧性”理论的经典案例。万宝路原本被定性为女性香烟，由于市场容量有限，销售量一直上不去。李奥·贝纳大胆地对其进行“变性手术”，把原来定位为“女士香烟”的万宝路重新定位为“男子汉香烟”，并在新的广告中借用美国牛仔把男性描绘成“粗犷”的形象，成为世界广告史上的杰作。可见，要发现商品“与生俱来的戏剧性”，关键是需要深切了解该商品，需要深刻把握消费者的消费动机与底蕴。所谓商品的戏剧性，即是商品恰好能满足人们某些欲望的特性，“能够使人们发生兴趣的魔力”。万宝路牛仔的魔力，其实来自他在情感和心理上满足了人们成为真正男子汉的欲望。

李奥·贝纳认为，真诚、自然、温情是表现“戏剧性”的主要途径，“受信任”“使人感到温暖”是消费者接受广告的重要因素。戏剧性应该自然而然地表现出来，而不必依靠投机取巧、可以雕琢、牵强的联想等手段来表现。他说：“我不认为你一定要做得像他们所谓‘不合常规’才是趣味。一个真正有趣味的广告是因为它本身非常珍罕才‘不合常规’不落俗套。”

综上所述，“艺术派”广告创意强调情感在广告中的特殊重要性，强调广告的趣味性和冲击力，重视消费者的感觉和心灵。被后人视为推情派高手的伯恩巴克，在他的“创意指南”和创作的名篇中体现了以上的原则；奉行“戏剧性”理论的李奥·贝纳和他的那些源自内心情感的佳作，同样表现了以上的创意观。

（二）“科学派”广告创意观

（1）瑞夫斯与USP理论。瑞夫斯是美国杰出的撰文家称号的第一位得主、科学派的代表人物，其著作《实效的广告——USP》影响巨大。他针对当时广告界过分迷信“原创性”和排斥法则的弊病，尖锐地批评广告缺乏理论基础，倡导“广告迈向专业化”，强调科学原则和“实效”。他创造的USP理论是建立在长期深入的科学调查基础之上的，对广告实践具有重大指导意义。

USP即“独特的销售主张”，是有关理想销售概念的一种理论，瑞夫斯认为它能让广告活动发挥出实效，是使广告获得成功的秘诀。其本意是指：

①每个广告都必须向消费者提出一个销售主张。该主张必须向消费者明确指出，该产品具体的特殊功效和利益。

②该主张具有独特性，是竞争者不能或未曾提出的。

③该主张必须具有很强的说服力，足以吸引广大消费者前去购买。通过瑞夫斯的代表作——M & M巧克力豆广告，可以直观地了解USP广告的特点。M & M巧克力豆用糖衣包裹，这在当时的美国是唯一的，瑞夫斯抓住这个特点创作了一个电视广告片，画面是两只手，画外音：“哪只手里有M & M巧克力豆？不是这只脏手，而是这

只干净的手。因为，M & M 巧克力只溶在口，不溶在手。”广告一出，产品名声大振，以致 M & M 公司得新建两个厂才能满足飞增的需求。这则广告成功的秘诀是：把产品独特性明确表述为与消费者需要相一致的利益点。

USP 对产品的独特性要求很高，这在产品高度同质化的当代似乎很容易使广告创意面临僵局。怎样应付产品同质化的挑战？瑞夫斯认为方法有三：

①改进产品和服务，无论产品的内质、外形、包装和服务的改进，都可以为形成 USP 创造条件；②发现并说明过去没有被提到的产品特性；③说明大家忽略的东西。有一个成功案例可以为后一条作注。广告大师霍普金斯为喜力滋啤酒提炼 USP 时强调了任何一家啤酒厂都有为其他广告所忽略的工序：啤酒瓶是经过蒸气消毒的。由于诉求点针对着消费者保护健康的利益，喜力滋广告使产品销量一跃成为美国第一。

从上述案例中可以明确看出：广告以区别于竞争对手，满足广泛消费者所需的实际利益为广告的独特主题或独特的诉求重点，并以此为策略增强广告对受众的说服和号召力，从而直接实现广告对商品的促销目的，是 USP 的实质。

（三）奥格威与“品牌形象论”

奥格威被称为“广告怪杰”，在全球广告界负有盛名。他被列为 20 世纪 60 年代美国广告“创意革命”的三大旗手之一，是“最伟大的广告撰稿人”。1963 年，品牌形象经由奥格威的名著《一个广告人的自白》而风行，1984 年出版的《奥格威谈广告》对品牌形象理论又有发展和完善。奥格威的品牌形象论的基本要点如下：

（1）品牌和品牌的相似点越多，选择品牌的理智考虑就越少；为塑造品牌服务是广告最主要的目标，品牌形象是创作具有销售力广告的一个必要手段。比如，各种品牌的威士忌、香烟、啤酒、洗涤剂等之间没有什么显著差别，这时，为品牌树立一种突出的形象，就可以为厂商在市场获得较大的占有率和利润。

（2）形象指的是品牌个性。最终决定品牌市场地位的是品牌总体上的性格，而不是产品间微不足道的差异。个性鲜明的品牌形象，才能让目标消费者心动和行动。例如在哈撒威衬衫广告中，那位戴眼罩的英俊男士给人以浪漫、独特的感觉，哈撒威品牌的与众不同的个性自然进入了消费者的心中。

（3）品牌形象要反映购买者的自我意象。例如，啤酒、香烟和汽车等用来表现自我的产品。如果广告做得低俗，便会影响销售，因为谁也不想让别人看到自己使用低格调的产品。消费者购买时追求的是“实质利益 + 心理利益”。

（4）每一则广告都是对品牌的长程投资，品牌形象是一种长期的战略。因此，广告应保持一贯的风格与形象。广告应尽力去维护一个好的品牌形象，使之不断地成长丰满。这反映出品牌资产累积的思想。

（5）影响品牌形象的因素有很多，它的名称、包装、价格、广告的风格、赞助、投放市场的时间长短等。这已反映出了在 20 世纪 80 年代末才正式提出的“整合传播”思想。奥格威亲身感受到 Jack Daniel’s 品牌威士忌的标签与广告在创造一种“真心诚意”的形象，而他的高价格策略也让他相信它一定比较好。

（四）“混血儿派”广告创意片

“混血儿派”主张广告既包含科学又包含艺术，广告是科学与艺术的结晶。卢泰宏教授以广告创意是“戴着枷锁跳舞”的生动比喻，表述了这种综合创意观。这也是当今国内外流行的创意观。它体现于定位理论、CI 理论和品牌认同理论中。

（1）定位理论是由美国著名营销专家里斯和屈特在 20 世纪 70 年代提出的，并集中反映在他们的著作《定位：为你的心志而战》中，这是一本关于传播沟通的教科书。1996 年，屈特整理了 25 年来的工作经验，写出《新定位》一书，更与时代贴近，但其核心思想仍源自早年提出的定位理论的含义与原则。里斯和屈特认为：“定位是在我们传播信息过多的社会中，认真处理怎样使他人听到信息等种种问题的主要思考部分。”他们对定位下的定义是：“……定位并不是要你对产品做什么事……定位是你对未来的潜在顾客心志所下的功夫……也就是把产品定位在你未来潜在顾客的心中。”定位，就是让产品占领消费者心志中的空隙。

在里斯和屈特看来，定位的基本原则并不是去塑造新奇的东西，而是去操纵人类心中原来的想法，打开联想之结，目的是要在顾客心目中占据有利的位置。定位的重点不在产品，而是洞悉消费者内心的想法。

《新定位》列举了当前消费者的五大思考模式：

模式一，消费者只能接收有限的信息。在信息爆炸时代，消费者会按照个人的经验、喜好或情绪，选择接收相关信息。因此，能引起兴趣的产品种类，就拥有进入消费者记忆的先天优势。

模式二，消费者好简烦杂。消费者需要简明扼要的信息。信息简化就是集中力量将一个重点清楚地打入消费者心中，破除消费者痛恨复杂的心理屏障。

模式三，消费者缺乏安全感。由于缺乏安全感，消费者会买跟别人一样的东西，免除花冤枉钱或被朋友批评的危险。

模式四，消费者对品牌的印象不会轻易改变。虽然一般认为新品牌有新鲜感，但消费者真正能记到脑子里的信息，还是耳熟能详的东西。

模式五，消费者的想法容易失去焦点。虽然盛行一时的多元化扩张生产线增加了品牌多元性，但使消费者模糊了原有的品牌印象。

定位理论的精华可以概括为一句话：发现消费者的需要并满足消费者的需要定位，必须真正了解消费者，从消费者的角度来看产品和广告。定位论的经典应用是七喜汽水的“非可乐”定位和艾维斯出租汽车公司的“我们是第二”的定位。非可乐定位使七喜汽水异军突起，成为美国市场上与可口可乐、百事可乐并驾齐驱的三大饮料之一。“我们是第二”的定位，使艾维斯出租汽车公司以弱胜强迅速壮大。

（2）CI 理论。企业识别，是指一系列符号的组合，这些符号标示着一个企业希望公众如何认识它。CI 由理念识别、行为识别和视觉识别三部分组成。企业理念必须转化在行为和视觉设计中，才能使符号的意义与形式统一，创造出企业形象的独特性和同一性。

公司导入 CI 战略后，对广告提出了新的要求和主张，即形成了广告创意观中的 CI 论。该理论的基本要点如下：

第一，强调广告的内容应保持统一性，这种统一性是由 CI 总战略所规定的。广告应注重沟通过程的延续性，应注重持续为品牌增值。

第二，广告应着眼塑造公司品牌形象。单一产品品牌形象应服从和服务公司品牌形象，并成为其重要的有机组成部分。

二、广告创意的原则

广告创意的原则有科学性原则：艺术性原则；创新性 + 实效性原则。

原则，即是从无数事实中提炼、概括出的人类智慧结晶，是一种明确的并且可以永存和共享的“客观知识”。广告原则的提炼和积累，是人类广告活动进步的体现，也是发展广告教育、造就后备广告人才的必然要求。了解和掌握广告创意原则，是我们在广告活动中少走弯路和取得实效的重要途径。

（一）广告创意的科学性原则

在新的时代，科学技术为我们提供了更优越的创意手段和条件，也对我们提出了更新更高的要求。广告创意的科学性原则，主要包含两方面内容。

（1）广告创意应以科学调查为基础，了解相关的自然、人文科学知识。广告创意应从消费者出发，以调查研究为基础，了解相关的自然科学、人文科学，这是众多广告大师为我们留下的宝贵经验。

伯恩巴克作为“艺术派”旗手，奉劝别人不要相信广告是科学，而他在为大众汽车创制广告前，还是对产品和消费者进行了深入的考察，认定这是一种实惠、诚实——价格便宜、性能可靠的车子。在深入考察的基础上，伯恩巴克创制了一系列广告文上值得大书特写的广告。他还毫不迟疑地运用科学的调查，以验证他的广告产生的效果。由此可见，“艺术派”也并不否定科学调查和违背广告规律。

瑞夫斯在《实效的广告——USP》一书中，尖锐地批评广告缺乏理论基础，只处于随意性很大的经验状态，力主广告必须以科学原则去“创造世界”。瑞夫斯在该书中强调：“实效”不等于“有效”。只要广告信息被人看到了引起人们的注意，就可判为“有效”。但是，只有最终吸引人们来购买广告商品，才算有“实效”。创意的成功与否，“实效”是判断的基础。因此，怎样创作“实效”的广告及怎样评估“实效”，就成了瑞夫斯创意哲学的问题所在。与它相对应的是事实、数据、原则、法则；它的方法是测试、审核、调查；它的工具是统计、图表、数字；它的标准是量度的指标，诸如“广告渗透率”“吸引使用率”等等。

瑞夫斯坚信广告的科学性，但并不是把原则和感觉截然分开，而是认为原则与感觉应相互作用、相互渗透。他说：“当你必须面临二者必居其一的时候，最好的目标还是把感觉融入诉求中去。”“数字上二加二等于四，可是在本文的意义中，它可以达到六、八直至十。”

被广告大师伯恩巴克视为自己的广告偶像的詹姆斯·韦伯·扬，却与“艺术派”的创意观并不相同。他更重视广告的科学性，重视对消费者的深入调查和了解。韦伯·扬的信条是：生产创意。正如同生产福特汽车那么肯定，人的心志也遵照一个作业方面的技术。这个作业技术是能够学得到并受控制的。他的方法是：博闻强记，努力地收集、积累资料；分析、重组各种相互关系；按人的观察体验人们的欲求、希望、品味、癖好、渴望及其风俗与禁忌，从哲学、人类学、社会学、心理学及经济学的高度去理解人生；通过研究实际的案例来领会创意的要旨。

在当今，科学性体现于创意和广告运动的每个环节。不仅仅是创意策略，而且在媒体的混合使用上，科学性的调查工作的重要性也被业界广泛认可。

（2）广告创意者应了解新科技，学习和运用相关的科技成果。美国广告专家威廉·阿伦斯在《当代广告学》（第七版）的前言中强调：“近年来，广告技巧有了极大的变化。比如，就在刚刚过去的十年中，计算机革新了以往的广告策划、设计、制作以及排期的方法，而新的数字及互联媒介的问世，也引起了广告界的另一场创意革命。”阿伦斯为了突出当今广告的科学性，突出说明科技与广告的结合，“在第七版特别新开辟了一个栏目：科技点滴。各章均有这个栏目，话题涉及无线通信、演示技术、电子预印技术、高分辨率电视、媒体策划软件、直接营销技术，等等”。

在21世纪中，科技与广告的结合日益紧密，并在营销和广告活动的很多方面得到表现。例如，直接营销中就大量地运用到计算机营销，由于数据库营销在增加销量上已经显示出了自己的成本效益威力，因而成为发展最快的一种营销方法，增加了直接营销所包含的技术含量。

我国现代广告起步较晚，与美国等广告发达国家相比，在科学调查和科技与广告结合方面都存在较大的差距，因此，强调广告的科学性具有重要的现实意义。

（二）广告创意的艺术性原则

道德、艺术、科学是人类文化中的三大支柱。任何一件有生命力的广告佳作，都必然具有某种触动人心、给受众带来美感或愉悦的艺术魅力。广告艺术性原则就是让广告具有感染消费者的魅力而达到有效沟通的创意原则。在2000年亚太广告节中，wowow日本卫星频道的广告《奔跑的女人》获最佳影视广告奖。

这则广告的情节，是一个青年女子为赶回家看“wowow”频道的节目，一路奔跑着，不断超过别人的经历。奔跑中她与一个跑步的外国老头摔在一起，站起来，两人的鞋子换了个儿，她跑得更快了，而外国老头却穿上了高跟鞋，滑稽地继续跑。她拐过街角，跑入马拉松比赛的队伍，竟然跑在最前面，收看比赛的观众不知道这个没穿运动服的姑娘是谁。桥上，男友正在等她，看她跑过来，张开双臂。她也伸出手臂，然而由于跑得太快，却把男友摔倒在地。小餐馆里，一个小朋友正要吹灭生日蜡烛，却被奔跑的风吹灭了，小朋友一脸惊讶和尴尬。

这则广告在把握好与消费者沟通点的基础上，充分发挥了艺术想象力，以夸张幽默等手法，去巧妙表现观众对wowow卫星频道的感受，所以给人留下了极深刻的印象。

（三）广告创意是科学与艺术的结晶

广告活动的科学性与艺术性，本来就不应截然划分开来、形成对立，而应该是相互影响、相互渗透、共同发挥作用的。大体来说，在表现之前广告的科学性要素较强；在表现时艺术的才能和直觉的重要性则更为突出。创意绝妙的广告，必然是科学与艺术的结晶。

三、广告创意的创新性与实效性

现代广告可谓集科学性与艺术性于一身。人在物质和精神上的需求是艺术发展的原动力，而科学与艺术的生命又正是在不断创新中服务于人的物质和精神需求。针对人开展的广告活动，离不开创新性与实效性。

广告创意的创新性就是原创性。它来自创意人对生活的观察与思考，以及更多的阅读、更广的视野、更深的人文素养、更多的生活体验。创意人累积了深厚的思想，才有可能形成一个深入浅出的观念。创新就是在生活中预知并不断发掘消费者的心理需求，或洞察到他的潜在想法。这样，我们就有了创新和表现创新的机会。

广告创意的实效性原则，就是要用尽可能绝妙的创意与消费者沟通，通过广告活动取得实实在在的效益，实现预定的广告目的。哗众取宠或耸人听闻的广告，与开拓市场、销售产品的广告创意实效性原则是相背离的。

四、广告实效与伦理道德

广告创意的实效性，是广告主花费金钱做广告的合理要求。广告实效既包含经济利益，还包括社会效益。如果仅仅考虑广告主的经济利益而忽略社会效益，乃至违反广告道德，同样不符合创意的实效性原则。

我们在追求广告实效的过程中，理应具有相应的社会责任感，绝不能忽略或违背广告道德。阿伦斯指出，虚假和误导广告以及由此而造成的危害始于不道德的判断，因此，了解伦理困惑与道德沦丧之间的差别是很有必要的。

那么，如何解决这种伦理困惑呢？在威斯康星大学教授伊万·普里斯顿看来，广告专业人员似乎把伦理与合法看成了相同的东西。许多人认为向所有市场，包括不应购鞋的人宣传这种 170 美元的旅游鞋是“可以接受”的、合乎伦理的行为。对于小企业而言，公众的漠视、抗议甚至可以导致它们破产；相反，强势的市场领导型企业却有可能因拥有民众的好感和强大的实力而难过伦理问题的广告难关，从接踵而至的新闻报道中赢得更大的知名度。道德良知和社会责任感是新时代广告人的起码要求和必备素质，在不断创新的过程中追求广告的经济、社会实效，是新时代对创意者的呼唤。

五、广告创意的产生过程

（一）创意的过程

创意表面上看是“眉头一皱，计上心来”的灵感，实际上却是“十月怀胎，一朝分娩”的产物。加拿大内分泌专家、应力说的创始人 G. 赛利尔认为，创造是一个复杂的思维过程。其过程就好像人类的生殖过程一样要经过以下七个阶段：

（1）恋爱或情欲，指创造者对知识的强烈兴趣、热情和欲望，以及对真理的追求。

（2）受胎，指创造者的创造潜力必须用具体事实和知识来“受胎”，否则其智慧依然是“无生殖力”的。

（3）怀孕，指创造者孕育着新思想。其间经历了无意识孕育的漫长过程，也即十月怀胎的全过程。

（4）产前阵痛，当全新思想完全发育成熟时，创造者感到有一种不舒服，一种“答案即将临近”的独特感受。

（5）分娩，指新思想的诞生，即创意的清晰出现。

（6）查看和检验，指像查看初生婴儿一样，使新思想接受逻辑和实验的检验。

（7）生活，指新思想被确认之后，开始存活下来，并可能被广泛使用。

塞利尔的比喻非常形象地表明，创造或创意确实存在一定程序的阶段性，存在着一个漫长的过程。从这个过程来认识创意，就可以认清创意的来龙去脉，把握创意的发展规律。

关于创意的发展过程。有多种说法。有美国当代著名创造工程学家、创造学奠基人奥斯本的三阶段论（寻找事实—寻找构思—寻找答案）、英国心理学家 G. 沃勒斯提出的四阶段论（准备期—酝酿期—豁朗期—验证期），还有加内夫提出的五阶段论（提出问题—努力解决—潜伏—顿悟—验证），以及塞利尔的七阶段论。尽管各阶段论都各有特点，但都反映出创造是一个过程，而不是一个“片段”，就如同一口气吃了六个大饼的饿汉。饱足感是六个饼累积后的心理状态而不是第六个饼的功劳。创意的过程论对我们分析和认识广告创意的产生有极大的帮助和借鉴。

（二）广告创意产生的过程

当代著名的广告大师J.韦伯·扬认为，广告创意的产生如同生产福特汽车那么肯定，创意并非一刹那的灵光乍现，而是经过了一个复杂而曲折的过程。靠广告人脑中的各种知识和阅历累积而成，是通过一连串看不见、摸不着的心理过程制造出来的。为了科学地阐述广告创意的过程，他把它划分为五个阶段：①收集原始资料；②用心智去仔细检查这些资料；③深思熟虑，让许多重要的事物在有意识的心智之外去做综合；④实际产生创意；⑤发展、评估创意，使之能够实际运用。韦伯·扬的创意五部曲已获得广告界的广泛认可。下面我们具体介绍广告创意的这五个步骤。

（1）收集资料。收集资料是广告创意的前提准备阶段，也是广告创意的第一阶段。这一阶段的核心是为广告创意收集、整理、分析信息、事实和材料。按照韦伯·扬的观点，广告创意需要收集的资料有两部分：特定资料和一般资料。特定资料指那些与创意密切相关的产品、服务、消费者及竞争者等方面的资料。这是广告创意的主要依据，创意者必须对特定资料进行全面而深刻的认识，才有可能发现产品或服务与目标消费者之间存在的某种特殊的关联性，才能促使创意的产生。许多人天真地认为，创意就是一种毫无缘由、不可捉摸的灵光闪现。任何人为的准备，都是对创意的一种桎梏，这是一种非常普遍的错误认识。俄罗斯著名音乐家柴可夫斯基说得好：“灵感——这是一个不喜欢拜访懒汉的客人。”灵感的出现都是在长期的艰苦的资料储备和思想酝酿之后，灵感绝不会在一个对创意对象一无所知的懒汉身上“从天而降”。广告创意绝不是无中生有，而是对现有的特定资料进行重新组合的过程。不掌握特定资料，创意就成了无本之木、无源之水。

资料是指那些一切令你感兴趣的日常琐事，也即指创意者个人必须具备的知识和信息。这是人们进行创造的基本条件。不论你进行什么创意，都绝不会超出你的知识范畴。广告创意的过程，实际上就是创意者运用个人的一切知识和信息去重新组合和使用的过程。可以说广告创意者的知识结构和信息储备直接影响着广告创意的质量。

收集资料，用广告大师乔治·葛里宾的话说就是“广泛地分享人生”和“广泛地阅读”。说白了就是要做生活的有心人，随时注意观察生活、体验生活，并把观察的新信息、体验到的新感觉，收集和记录下来，以备创意厚积薄发之用。

（2）分析资料。在广告创意的前期准备阶段资料搜集完成之后，便进入了广告创意的后期准备阶段——分析研究阶段。在这一阶段，主要是对收集来的一大堆资料进行分析、归纳和整理。从中找出商品或服务最有特色的地方，即找出广告的诉求点，然后再进一步找出最能吸引消费者的地方，以确定广告的主要诉求点，即定位点，这样，广告创意的基本概念就比较清晰了。

对资料的分析研究一般要经过如下步骤。

其一，列出广告商品与同类商品都具有的共同属性。

其二，分别列出广告商品和竞争商品的优势、劣势，通过对比分析广告商品的竞争优势。

其三，列出广告商品的竞争优势带给消费者的种种便利，即诉求点。

其四，找出消费者最关心、最迫切需要的要求，即定位点，找到了定位点，也就找到了广告创意的突破口。

（3）酝酿阶段。酝酿阶段即广告创意的潜伏阶段。经过长时间的绞尽脑汁的苦思冥想之后，还没有找到满意的创意，这时候不如丢开广告概念，松弛一下紧绷的神经，去做一些轻松愉快的事情，比如睡觉、听音乐、上厕所、散步等等。说不定什么时候，灵感就会突然闪现在脑际，从而产生创意。化学家门捷列夫为了发现元素周期，连续两天三夜不停地排列组合，却仍未解决问题，他疲劳至极，竟趴在桌子上不知不觉地睡着了，在梦中，竟然把元素周期排出来了，他醒后马上把梦中的元素周期表写下，后来经过核实，只有一个元素排错了位置，其他都正确，他就这样首创了元素周期表。数学家高斯为了求证一个数学定理，经反复思考、研究，始终未能解决。一天，他准备出去旅游（思想放松了），一只脚刚踏上马车时，突然灵感降临，难解的结一下子就解开了。后来他在回忆时说："像闪电一样，一下子解开了。我自己也说不清楚是什么导线把我原先的知识和使我成功的东西连接起来了。"

（4）顿悟阶段。这是广告创意的产生阶段，即灵感闪现阶段。创意的出现往往是"踏破铁鞋无觅处，得来全不费功夫"。经过长期酝酿、思考之后，一旦得到某些事物的刺激或触发，脑子中建立的凌乱的、间断的、暂时的联系，就会如同电路接通那样突然大放光明，使人恍然大悟、茅塞顿开。

灵感的一个显著特点就是从不"预约"和"打招呼"，说来就来、说走就走，来不可遏去不可留，稍纵即逝。正如大诗人苏东坡所说的"作诗火急追亡捕，情境以失永难摹"。灵感的这种突发性要求我们，当灵感突然降临时，应立即捕捉住，并记录在案。爱因斯坦有一次在朋友家中交谈，突然灵感闪现，他急忙找纸，一时没找着，竟迫不及待在朋友家的新桌布上写了起来。广告的创意准备、酝酿和顿悟三个阶段，正如王国维先生评论做学问的三种境界："'昨夜西风凋碧树，独上高楼，望尽天涯路'，此第一境也；'衣带渐宽终不悔，为伊消得人憔悴'，此第二境界也；'众里寻他千百度，蓦然回首，那人却在灯火阑珊处'，此第三境界也。"经此三境，广告创意并没有完成，它还必须经过第四境，即小心求证阶段。

（5）验证阶段。验证阶段就是发展广告创意的阶段。创意刚刚出现时，常常是模糊、粗糙和支离破碎的，它往往只是一种十分粗糙的雏形，一道十分微弱的“曙光”，其中往往含有不尽合理的部分，因此还需要下一番功夫仔细推敲和进行必要的调查和完善。验证时可以将新生的创意交与其他广告同人审阅评议，使之不断完善、成熟。

例如，大卫·奥格威非常热衷于与别人商讨他的创意。他为劳斯莱斯汽车创作广告时，写了26个不同的标题，请6位同人来审议，最后再选出最好的——这辆新劳斯莱斯时速60英里时，最大闹声是车上的电子时钟。写好文章之后，他又找出三四位文案人员来评论，反复修改后才定稿。通过对广告创意过程的了解，我们就可以揭开创意的神秘面纱，认清创意的“庐山真面目”，把握创意的发展规律，从而创造出“实效”的广告。

六、广告创意策略

广告创意与广告策略密切相关，广告运动的成功开展，离不开优秀的策略和创意。策略与创意的关系，就如一枚硬币的两面，本是密不可分的。其间的差异在于广告策略偏重于科学的理性思考，广告创意偏重于艺术的感人魅力。真正伟大的创意都蕴含着正确的策略，真正符合广告运动规律的策略同样包含着好的创意，或可推演出好的创意。

发展策略是一个漫长、沉闷的推理及发现的过程，没有什么捷径可走。然而策略如果没有对其最重要的部分 —— 消费者加以透彻考虑的话，这个策略只能是浪费时间和金钱，即使有一个杰出的创意作品也挽救不了策略的失败。反之，如果你找出来一个理论上非常合理的策略，却用一种呆板、平庸的方式去执行，同样也是浪费时间和金钱。广告目标能否实现，在很大程度上取决于广告策略与广告创意及二者的配合。

广告创意是为将有关产品的信息通过传播媒介达到目标消费者的一种创造性活动，因此广告创意策略必须研究消费者、研究产品，找出二者能够沟通的契合点，形成广告信息，然后选择合适的传播媒介，将广告信息有效地传播给消费者。所以，目标消费者、广告产品、广告信息和传播媒介四个方面就成为广告创意策略的组成部分。

广告创意虽然最终以一定的广告信息来体现，但是要使这个信息有效，就必须考虑创意策略的几个构成要素。

（一）目标消费者

目标消费者就是广告将要面对的特定族群。广告主必须了解谁是产品的最终用户、谁购买产品、谁影响购买决策。这就是消费者分析和消费者细分的重要性所在。例如，台湾“旺旺”小食品主要是少年儿童食用，但购买者大多是年轻的父母，因此，企业也针对年轻的家长投放了不少广告。

深刻了解目标消费者的行为与思考过程，是制定有效策略的出发点和依据。假设你推广某品牌阿司匹林镇痛剂，你首先要对消费者的生活、工作、娱乐进行细致的观察。例如，消费者的压力是来自工作、社交场合还是家事？他的焦虑起于要赴重要的晚宴或做业务报告时，还是在华丽的商场购物时？他是如何使用阿司匹林的？一次服用多少？一天服用几次？消费者比较依赖产品本身还是购买地点？消费者受哪些要素影响较深？是新闻报道、口碑、家庭还是产品价格？

把握消费者的购买诱因，找出与本产品联系最直接的那个诱因或产品利益点，是创意策略最重要的因素。

（二）广告产品

创意策略必须思考和研究广告将如何表现产品，这是产品分析的重要性所在。但是，我们常将注意力集中在产品的成分上，却很少从产品中挖掘更深的新颖性及存在于产品中的惊奇，这往往会妨碍创意的思考。我们应该考虑消费者的感觉，探求成分以外的资讯，寻找能够影响产品认知的惊奇。产品概念包含顾客从产品或服务中得到的全部价值，应该看重思考产品的差别化概念。乐百氏纯净水与其他名牌纯净水在质量上没有多少差异，但是它提出的“27层净化”却容易让顾客产生信任感，这一产品概念使乐百氏纯净水有别于同类产品，从而凸显出其品牌个性。消费者对不同类型的产品有不同的关心度（高/低）和关心度类型（思考/感觉），不同的产品需要不同的广告加以配合。近年来，美国学者和罗德通过研究发现人们可以同时既有思维投入，又有感觉投入，于是，他们开发出了一种先进的金罗坐标。这个坐标方格表现了消费者对不同产品做出购买决策时的方式和投入程度。购买某些物品如电脑、轿车、住房等，要求消费者个人认知和情感上都要有大量的投入；对于其他类产品，如洗涤剂，在这两个轴上的投入都比较低。有时，企业的广告战略是使方格内的产品变成一个轴上投入较高的产品。产品在方格中的位置可以显示产品的购买方式（认识—感觉—行动或感觉—认识—行动）和撰写广告文案应该采用的方式（更偏重于情感或偏于理性）。

（三）广告信息

广告主计划在广告中所说的内容，以及通过文字或非文字来表达这个内容的方式便构成了广告信息。文案、美术和制作元素的组合形成信息，而组合这些元素的方法是无穷无尽的。

在广告信息中，每一种品牌与服务都必须以一种源于消费者需求的特殊销售主张来呈现新的定位，能清楚地定义该品牌及其对消费者的承诺。这个销售主张必须提供足够的想象空间，足以让消费者感到惊讶，同时不流于沉闷。如果这一销售主张执行良好，其效益将是非常显著的。广告信息最忌平庸乏味，只有新颖独到、能打动消费者的广告信息才是成功的广告信息。

（四）传播媒介

传播媒介是指可以用于传递广告主信息的所有载体，包括传统媒介，如报纸、电视、广播、杂志、路牌；新兴媒介，如电脑在线服务、互联网；以及整合传播活动所用的直接营销、公共关系、特别活动、销售推广和人员销售。

在当今这个过度传播的社会里，在可供选择的媒介异常丰富的环境中，如何构思和巧妙选择适当的传播渠道，使广告信息在适当的时机、适当的场合传递给适当的受众，乃是创意组合策略的又一关键因素。

当今，人们一般是通过某种媒介与品牌产生关系的，因此，广告公司必须先搞清楚目标消费者在何时、何地、在什么条件下、以什么方式接触品牌最好、最有效，才能为创作人员确定方向。目标消费者、广告产品、广告信息与传播媒介综合形成的策略是引导优秀创意产生的明灯。

七、广告创意与广告表现的关系

（一）广告创意与广告表现的相互依存

广告创意来源于广告主题策略，是无数次的创意火花在严格的市场策略目标和广告定位筛选下诞生的独特的想象力结晶。广告表现则是运用创意结晶绽放的绚丽焰火、酿造的醇香美酒。没有准确、独特、“直指人心”的创意概念，广告表现所拥有的各种艺术手段和媒体技术只能产生包装华丽却平淡无味的装饰品，使一切铺陈变得哗众取宠；失去优秀的再创造的配合，缺乏专业水准的创意执行能力，也会使原本精彩的广告创意在转化为具体媒体语言时变得支离破碎或面目全非。

在广告传播活动中，广告创意与广告表现二者是相互依赖、相依相存的，而且两个环节之间往往也没有非常严格的界限，因为不考虑媒体实现的创意是无法放飞的风筝，而不懂得尊重既定创意、任意发展的表现作业则完全成为失去准星的枪，击中目标的可能性会大大降低。

具体来说，广告创意与广告表现的依存关系主要体现在两个方面：

（1）广告创意概念能否成为独具魅力的精品，有待于通过广告表现阶段的再创造加以延展和验证，脱离了既定的预算和可行的技术条件，创意环节就很难在表现环节得到完美的执行。广告创意可以由于不同的广告表现水准和表现重点而被塑造成多种面貌，如果一个富于原创、角度独特的创意不能通过广告表现阶段产生增值性，就基本上属于创意执行失败。广告表现阶段所承担的主要责任，就是为既定的创意概念创造出具有说服力和具有个性的具体形象。

出色的创意被不到位的表现方式所埋没的例子其实不在少数，有时广告的表现水平不低，但分寸的把握失调也同样会降低创意的价值。正如前面说到的，常见的现象是，为了最大限度地使一个好创意发挥作用，同一主题的系列作品越来越多。这种系列作品的副作用是，创作人员发掘表现力的努力会被减弱，每件作品容易出现力度不够的问题。

（2）对于广告表现阶段的作业人员来说，能否得到有价值、有魅力的创意概念，是作业能否成功的大前提。一个出色的创意概念，会激发出广告表现阶段的再创造热情，使广告作品锦上添花；如果没有出色的创意作为资源，广告表现所做的工作是把平庸的诉求加以渲染。牵强的再创造可能会导致广告主题漂移，产生适得其反的作用。

（二）广告创意与广告表现的相互作用

广告创意与广告表现的相互作用，体现在广告创意与广告表现的互动关系及其相互影响上。广告创意对广告表现具有推动和引导作用，广告表现对广告创意具有很强的反作用影响，二者之间形成了作用与反作用的关系。

（1）广告创意对广告表现的制约。广告创意留给广告表现的空间越大、表现角度越独特，广告表现就越能传神地物化广告创意。反过来讲，如果广告创意只是将某一明星装扮成品牌的代言人，广告表现的人物就可能只剩下如何把明星表现得最漂亮或者最滑稽了。

在创意的既定约束下，广告表现要为创意找到最佳的表现语言、营造最有魅力的氛围，还应该对丰富的艺术表现形式进行准确选择，使广告创意得到最单纯、最简洁的诉求途径。这种将创意加以提纯的思考过程，很可能包含着无数的尝试和失败，但如果成功，广告作品就会产生强大的亲和力和竞争力，成为一段时期内广为人知又难以超越的佳作。

脍炙人口的以色列航空公司的广告，以“从12月23日起，大西洋将缩小20%”的惊人承诺作为创意概念，本身就具有良好的排他性和强烈的说服力。简洁有力的创意概念，催生了完美的同样也是简洁有力的广告表现成果——被撕去1/5面积的海洋照片。正是这一视觉冲击力强、意味深长的视觉表现，把广告创意变成了任何人都能理解、交口称赞的广告佳作：图与文高度吻合、广告形象与主题密切相关，至今被奉为广告创意与表现的经典作品。出色的广告创意概念，往往能从司空见惯的广告表现手段中发现新的价值，赋予老题材、旧元素全新的寓意和全新的审美价值。这样一来，创意就促进了广告表现的提升，给广告表现开辟了新的视野。

（2）广告表现对广告创意的影响。广告是否能形成劝服力——不仅满足受众的好奇心，还要促使大众产生行动，在很大程度上取决于广告的表现力。广告表现对广告创意的影响体现在以下三个方面：

①广告表现使用的手段直接影响广告创意的说服力。

②广告表现所选取的表现视角关系到创意的排他性。如果能够成功地找到阐释创意的独特视角和视觉元素，就可以使广告创意的排他性得以确立，使人感觉到创意的巧妙，产生“就是这一个”的独特价值。

③广告表现的作业水准能够使广告创意增值。

生活中所见到的广告，由于经费预算、广告诉求的限制，绝大部分都属于简单的告知性信息，富有特色但原创力的作品数量有限。同时也有许多创意平凡的作品在广告表现阶段得到了良好的执行。例如，把平淡无奇的饮料罐拍摄得非常新鲜、逼真，或者把画面上的模特塑造得楚楚动人，就会使看似平常的作品能吸引受众的目光且产生理性的销售力。这表明高水准的广告表现技术尽管不能使平庸的创意生辉，但仍然能使广告的注意值增加并形成记忆。

八、广告创意的思维方法

广告创意是高智慧的劳动，是一种运用脑力的创造性思维活动，创意者的思维习惯和思维方式直接影响着创意的形成和发展。下面我们着重介绍创造性思维的一些基本类型和基本方法。

（一）创造性思维的类型

思维是人类认识世界和改造世界的一种主观能力，具体地说是人的大脑对客观现实“去粗取精、去伪存真、由此及彼、由表及里”的加工活动。按照思维所借助媒介的不同，人们把思维概括为三大类型：抽象思维、形象思维和灵感思维。这些不同的思维类型与创意都有密切的关系，因而都属于创造性思维。

（1）抽象思维，即逻辑思维。它是借助概念、判断、推理等抽象形式来反映现象的一种概括性、论证性的思维活动。如因为 $A>B$、$B>C$，所以 $A>C$。这种“$A>C$”的结论，就是运用概念来进行逻辑推理得出来的判断，它不必追究具体事物的形象：A、B、C 是人还是物。这种判断是由 A—B—C 的顺序由一点到另一点进行的。

抽象思维贯穿于广告创意的全过程，在收集资料和分析资料阶段，要运用抽象思维进行分析、综合、抽象、概括、归纳、演绎、比较、推理。评估发展阶段，也要运用抽象思维对创意进行条理化、系统化、理论化，也就是说要给予正确的逻辑表述和证明，进行系统的理论挖掘。总之，广告创意的各个阶段，都要运用逻辑思维进行科学的分析与综合、合理的归纳与演绎、严密的推理和论证。抽象思维如同整理加工信息的“滤波器”，创意者可以借助它对各种资料进行条缕分析，逐条深入地进行开掘。

（2）形象思维又称直觉思维，是一种借助于具体形象来进行思考的，具有生动性、实感性的思维活动。通俗地说，形象思维就是由“形”而及“象”、由“象”而及“形”的思维过程。

现实世界的万事万物都有各自不同的表象，可见可闻可感，可以刺激人的感官，这些表象可以简称为“形”。每一个特定的事物都是由若干“形”组成，其中又必有这一事物特有的形。“形”的不同排列组合，反映了不同事物的不同特征，就可以形成人们的感觉、听觉或综合感觉中的“象”。因此，“象”就是“形”的组合，“形”是“象”的元素。“形”的丰富积累、巧妙组合，就可以变幻莫测地转化为各种各样的“象”；而“象”的生动再现和精心塑造又离不开丰富多彩的“形”。

形象思维的全部过程就是“形”的不断积累、不断筛选、不断组合、不断变幻的过程；也是“象”的分析和综合的过程。形象思维不像抽象的逻辑思维那样是直线进行的，它是一种多途径、多回路的思维。

形象思维是以直觉为基础，通过某一具体事物引发想象，从而产生创意。像阿基米德看见洗澡水溢出澡盆而想出检验金冠真假的办法、牛顿看到苹果落地发现万有引力，这些都是形象思维作用的结果。

（3）灵感思维，即顿悟思维。它是一种突发式的特殊的思维形式，在创意过程中处于关键阶段，表现于创意的高峰期，是人脑的高层次活动，它比抽象思维和形象思维更为复杂。

灵感思维通常具有一般思维活动所不具有的特殊性质。比如突发性、跳跃性、创造性、瞬时性、兴奋性等。因此，长期以来人们给灵感蒙上一层玄妙、神秘的面纱，认为灵感是“神赐”是“天赋”是“不可知的”等，其实灵感的出现并不神秘，它表现的形式是偶然的，实际却是必然性的，是必然性通过偶然性表现出来的，具体地说，就是由潜意识转化为显意识时的一种特殊的表现形态。

精神分析学家弗洛伊德把人的意识比作海洋里的冰山，把显露在水面之上的部分称作显意识，即人能意识到的记忆；而把水面之下的那部分称作潜意识，即人们已经不能意识到的那部分记忆，这些忘记的记忆（潜意识）数量要比露在水面上的“冰山尖”（显意识）大得多，但这些存在于大脑深处被遗忘的记忆并非真正“遗忘”，而是像录像带一样，全部储存于潜意识之中，一旦有信息偶尔进入，就会使人猛然有所触动、顿悟，过去积存在大脑中的信息就会得到综合利用，这时就会出现新的构思、新的意义和新的成果。人们在创造过程中，不可能只用一种思维，而往往是多种思维交叉使用、相互补充、有效综合，从而创造性地解决问题。抽象思维、形象思维和灵感思维三者的互补和综合才能形成创造性思维。创造性思维是人类思维活动的最高表现形式，它是多种思维形式系统综合作用的结晶。因此，要进行创造性思维首先必须了解以上三种创造性思维类型。

（二）创造性思维的基本方法

开发创造性思维是一项极其重要且十分复杂的问题。它涉及一个人的知识、经验、创造技能、思维方式等多种因素，这里仅从“思维”的角度介绍一些基本方法，关于创造技能方面的问题将在后面阐述。

创造学认为，创造性思维的基本方法是发散思维和聚合思维、顺向思维和逆向思维、横向思维和纵向思维的有机结合。

（1）发散思维与聚合思维。发散思维又叫扩散思维、辐射思维、开放思维、立体思维。这是一种可以海阔天空地任意抒发、异想天开的思维形式。它是由一点向四面八方散发开去，充分运用丰富的想象力，调动积淀在大脑中的知识、信息和观念，更新排列组合，从而产生更多更新的设想和方案。例如，请你打破框框，说说曲别针的各种用途，许多人从勾、挂、别、联的角度说了许多用途，而有人却根据曲别针的材质、重量、体积、长度、截面、颜色、弹性、硬度、直达、弧度10个要素例举出了3000种用途。比如，根据“弧度”来说曲别针可变成1、2、3、4、5、6、7、8、9等数字，变成A、B、C、D、E等英文字母，弯成俄文、拉丁文、希腊文等其他许多种文字的字母，也可弯成+、-、×、÷等符号。曲别针的3000种用途即是发散思维的结果。

聚合思维，又称辐合思维、收敛思维和集中思维。如果说发散思维是放飞想象的话，聚合思维则是回收想象。它是以某个问题为中心，运用多种方法、知识或手段，从不同的方向和不同的角度，将思维指向这个中心点，以达到解决问题的目的。相对于扩散思维，聚合思维是一种异中求同、量中求质的方法。只扩散不集中，势必造成一盘散沙或鱼龙混杂，因此扩散后必须进行筛选和集中，通过分折比较，选出最有价值的设计和方案。

作为两种思维方式，发散思维与聚合思维有着明显的区别。从思维方向讲，二者恰好相反。发散思维方向是由中心向四面八方扩散，聚合思维方向则是由四面八方向中心集中。从作用上讲，发散思维有利于人的思维的广阔性、开放性，有利于在空间上的拓展和时间上的延伸，但容易散漫无边、偏离目标。聚合思维则有利于思维的深刻性、集中性、系统件和全面性，但容易因循守旧、缺少变化。在开发创意阶段，发散思维占主导地位；在选择创意阶段，聚合思维占主导地位。创意就是在这种发散层层深入中脱颖而出的。

（2）顺向思维和逆向思维。所谓顺向思维，是指人们按照传统的程序从上到下、从小到大、从左到右、从前到后、从低到高等常规的序列方向进行思考的方法。这种方法平时用得最多，尤其是在处理常规性事物时具有一定的积极意义。但是顺向思维的常规性容易形成习惯性思维，即思维定式，从而影响创造性思维的抒发。

所谓逆向思维，是一种反常规、反传统、反顺向的思考方法。法国大文豪莫泊桑说：“应该时时刻刻躲避那走熟了的路，去另寻一条新的。”如果说顺向思维是我们平时走熟了的路，那么逆向思维往往能帮助我们寻找到一条新路。广告大师艾尔·里斯在《广告攻心战略——品牌定位》一书中说：“寻求空隙，你一定要有反其道而想的能力。

如果每个人都往东走，想一下，你往西走能不能找到你所要的空隙。哥伦布所使用的策略有效，对你也能发生作用。”在寻求创意时，我们往往会陷入一种既定的方向，仅仅从正面着眼，只想表达产品如何好、如何实惠，此时如果能转换一个方向，调过头来，从事情的反面考虑，也许就能构想出一个意想不到的好创意。例如，女性用品一向选用女性模特做广告，这类广告司空见惯、不足为奇。如果用男模特做女性用品广告，则会令人感到新奇刺激。美国的美特牌丝袜广告曾用著名男棒球运动员乔·纳米斯做女丝袜广告。画面先是一双形象优美穿着长筒丝袜的腿，镜头上移，却是穿绿灰色短裤、棒球队员汗衫的大男人——乔·纳米斯。乔笑眯眯地对着大吃一惊的观众说："我当然不穿长筒女丝袜了，但如果美特女丝袜能使我的腿变得如此美妙，我想它一定能使你的腿变得更加漂亮。"这则广告用性别的反常和名人的错位，引起人们的惊奇和刺激，把美特牌丝袜的魅力夸大到无以复加的地步，令人印象深刻。

（3）竖向思维和横向思维。竖向思维即垂直思维，是指"｜"形的思维方法。一般是根据事物本身的发展过程来进行深入的分析和研究。也就是说，这种方法是按照一定的思考路线，在一定范围内，向上或向下进行垂直思考。

横向思维即水平思维，是指"—"形的思维方法。一般是从与某一事物相互关联的其他事物中分析比较，寻找突破口，也就是说，这种方法是突破本身的局限性，从另一个角度来对某一事物进行重新思考。

美国心理学家戴勃诺博士曾对这两种思考方法进行了详细的比较分析。他认为，二者的差别主要体现在以下 10 个方面：

①垂直思考法是选择性的；水平思考法是生生不息的。

②垂直思考的移动，是只在有了一个方向时才移动；水平思考的移动则是为了产生一个新方向。

③垂直思考是分析性的；水平思考则是激发性的。

④垂直思考是按部就班的；水平思考则可以跳来跳去。

⑤用垂直思考者，必须每一步都正确；用水平思考者则不必。

⑥垂直思考为了封闭某些途径要用否定；水平思考则无否定可言。

⑦垂直思考要集中排除不相关者；水平思考则欢迎新的东西闯入。

⑧用垂直思考，类别、分类和名称都是固定的；用水平思考则不必。

⑨垂直思考遵循最可能的途径；水平思考则探索最不可能的途径。

⑩垂直思考是无限的过程；水平思考则是或然性的过程。

由此可见，竖向思维是一种探索前因后果、把握来龙去脉的传统思维方式。竖向思维的各个思维点是前后、上下联结在一起的。如果中间有一个环节没有解决，则整个思维就会中断。变动其中任何一个环节，就会"牵一发而动全身"，改变整个思维结果，所以，竖向思维是一种循规蹈矩的思维方式，它能够历史地、全面地看待问题，有利于加强思考的深刻性、系统性，但不利于产生杰出的创意。横向思维往往可以冲破传统观念和常规束缚，看到竖向思维所看不到、想不到的东西，从而产生意想不到或突破性的成就。在产生创意的过程中，运用横向思维则可以引发灵感，产生新的构想；运用竖向思维，则可以使新构想更加深入具体和完善，二者必须结合使用才能相得益彰。

九、广告创意的创造技法

创造技法和创造性思维之间存在着相互依存、相互促进的关系。创造性思维是创造技法的前提和基础，创造技法是创造性思维的表现形式，又是开发创意的有效手段；创造性思维为产生创意打通了道路，创造技法则为创意提供了有效的工具和手段。二者的关系如同钓鱼，要钓鱼，首先要找到有鱼的地方，其次还要准备钓鱼的工具，如鱼竿、鱼钩、鱼食等。创造性思维就如同渔区，创造技法就如同钓具，二者必须有机地配合起来，才能钓到大鱼——精彩的创意。因此，为了探索提高广告创意的技能，有必要了解并掌握基本的创造技法。

自 1941 年奥斯本发明了世界上第一种创造技法——智力激励法以来，现已发明了 300 多种创造技法，在这里笔者只介绍一些最常用、最著名的创造技法。

（一）头脑风暴法

头脑风暴法是美国 BBDO 广告公司负责人奥斯本于 1938 年首创的，英文为“brainstorming”，又称“脑力激荡法”“智力激励法”。它是指组织一批专家、学者、创意人员和其他人员，召开一种特殊的会议，使与会人员围绕一个明确的会议议题，共同思索，互相启发和激励，填补彼此的知识和经验的空隙，从而引发创造性设想的连锁反应，以产生众多的创造性设想。这种方法简单、有效，因而运用十分广泛。头脑风暴法一般可分为三个步骤进行。

（1）确定议题。动脑会议不是制定广告战略或决策，而是产生具体的广告创意。因此，会议议题应尽量明确、单一，议题越小越好。比如，设计一句广告口号，构筑一条企业理念，命名一种新的产品，等等。越是简单具体，越易于产生创意。

会议主持者最好能提前两天将题目通知与会者，预先思考、准备。与会人数以 10 ~ 12 人最为理想，主持者是会议成功的关键，他必须幽默风趣，能够控制全局，为与会者创造一个轻松又充满竞争的氛围。

（2）脑力激荡。这是整个智力激励法的核心，也是产生创造性设想的阶段。激荡时间一般在半小时至 1 小时之间。在脑力激荡时，必须遵循以下四条基本原则：

①自由畅想原则，要求与会者大胆敞开思维，排除一切障碍，无所顾虑地胡思乱想，异想天开，想法越新越奇越好。

②延迟批评原则。这是极为关键的一条原则，即动脑会议期间不允许提出任何怀

疑和反驳意见，无论是心理还是语言上都不能批判否定自己，当然更不能批判否定别人。违反了延迟批评原则，自由畅想便失去了保证。

③结合改善原则，即鼓励在别人的构思上衍生新的构想。只有这样，才可能引发群体思维的链式反应，产生激励效果。

④以量生质原则。没有数量就没有质量，构想越多，获得好构想的可能性就越大。因此，构想不论好坏，一律认真记录下来，最好当时就记录在黑板上。

（3）筛选评估。动脑会议上的设想虽然很多，但可能质量并不很高，有的想法平淡，具有雷同性；有的甚至荒诞离奇，不具有可行性。这时就需要进行筛选工作。比如，按科学性、实用性、可行性和经济效益等多个指标来综合评价，分门别类，去粗取精，最后选出一两个相对优秀的方案。此时，绝妙的创意就基本完成了。如果创意还不太完善或者不太理想，可进行第二次智力激荡，直到满意为止，一般隔两三天再激荡一次效果较好。头脑风暴法虽然具有时间短、见效快的优点，但也有很多的局限性。比如，广告创意受与会者知识、经验深度和广度、创造性思维能力等方面的制约；一些喜欢沉思并颇具创造力的人难以发挥优势；严禁批评的原则给构想的筛选和评估带来一定困难，等等。为此，人们又对此法进行改进，提出了头脑风暴法的两种变形：默写式头脑风暴法和卡片式头脑风暴法。

（二）默写式头脑风暴法

这是西德的荷立肯，根据德意志民族习惯于沉思的性格，设计的一种以“默写”代替“发言”的脑力激荡法。因规定每次会议由 6 人参加，要求每人每次提出 3 个设想并以 5 分钟为时间单元，故而又叫“635 法”。

举行“635”法会议时，先由主持人宣布议题（广告创意目标），解答疑问，然后发给每人几张“设想卡片”，每张卡片上标有“1、2、3”号码，号码之间留有较大的空白，以便其他人能补充填写新的设想。

在第一个 5 分钟里，每人针对议题填写 3 个设想，然后把卡片传给右邻；在下一个 5 分钟里，每一个人可以从别人所填的 3 个设想中得到启发，再填上 3 个设想。这样经过半个小时可传递 6 次，产生 108 个设想。这种方法的优点是它不会出现因争着发言而压抑灵感、遗漏设想的情况，缺点是缺乏激烈的讨论氛围。

（三）卡片式头脑风暴法

此方法可分为 CBS 法、NSS 法两种。

CBS 法可分为下面四个阶段：

（1）会前准备阶段。明确会议主题，确定 3 ～ 8 人参加，每人发卡片 50 张，桌上另放卡片备用，会议时间大约 1 个小时。

（2）独奏阶段。会议最初 5 分钟，由与会者各自在卡片上写设想，一卡一个设想。

（3）共振阶段。与会者依次宣读设想（一人只宣读一张），宣读后，其他人可提出质询，也可将有启发性的新设想填入卡片。

（4）商讨阶段。最后 20 分钟，让与会者相互交流和探讨各自提出的设想，从中再诱发新的设想。

此法的优点是参加者准备充分，允许质询、提问，又有利于相互启发和激励。NBS 法基本与 CBS 法相同，唯一不同的是规定每人必须提出 5 个以上设想。

（四）检核表法

为了有效地把握创意的目标和方向，促进创造性思考，“头脑风暴法”的创始人奥斯本于 1964 年又提出了检核表法。

所谓检核表法，就是用一张一览表对需要解决的问题一条一条地进行核计，从各个角度诱发多种创造性设想。检核表法简单易行、通用性强，并且包含了多种创造技法，因而有“创造法之母”之称。检核表通常从以下 9 方面进行检核。

（1）转化，即这种东西能不能做其他的用途？或者稍微改变一下，是否还有其他的用途？

（2）适应，有别的东西像这种东西吗？是否可以从这种东西想出其他的东西？

（3）改变。改变原来的形状、颜色、气味、形式等，会产生什么结果，还有其他的改变方法吗？这一条是开发新产品、新款式的重要途径。比如服装行业天天在款式、面料、颜色、制作方法等方面花样翻新；瓜子在味道、颜色上加以改变，因而开发出酱油瓜子、奶油瓜子、辣味瓜子、怪味、混合味等多种瓜子。

（4）放大，包括尺寸的扩大、时间的延长、附件的添加、分量的增加、强度的提高、杂质的添加等等。例如，洗衣机从单缸到双缸，从半自动到全自动，从低波轮到高波轮，从家用小尺寸到工业大尺寸。

（5）缩小。把一件东西变小、浓缩、袖珍化，或是放低、变短、省略，会有什么结果呢？这能使人产生许多想象。例如“迷你型”收音机、超微缩胶卷的产生，都是缩小的结果。

（6）替代法。有没有别的东西可以代替这种东西？有其他成分、其他材料、其他过程或其他方法可以代替吗？例如，镀金代替黄金，从而产生了镀金项链、镀金手表等商品，物美价廉。

（7）重组法。零件互换、部件互换、因果互换、程序互换，会产生什么结果呢？例如，在时装创新上，把口袋装在袖子上、上臂部位、臀部等。

（8）颠倒法。正反互换怎样？反过来怎样？互换位置怎样？例如，火箭是探空用的，有人就颠倒一下。发明了探地火箭，它可以钻入很深的地下，探索地球深处的奥秘。

（9）组合法。把这种东西和其他东西组合起来怎样？例如，我们常常用的橡皮头铅笔，就是把铅笔和橡皮组合起来，使人感到方便。为了使检核表法更加通俗化，人们逐渐改造，提炼出 12 个“一”的“和田技法”：

①加一加。加高、加厚、加多、组合，等等。

②减一减。减轻、减少、省略，等等。

③扩一扩。放大、扩大、提高功效，等等。

④变一变。变形状、颜色、气味、音响、次序，等等。

⑤缩一缩。压缩、缩小、微型化。

⑥联一联。原因和结果有何联系，把某些东西联系起来。

⑦改一改。改缺点，改不便、不足之处。

⑧学一学。模仿形状、结构、方法，学习先进。

⑨代一代。用别的材料代替，用别的方法代替。

⑩搬一搬。移作他用。

⑪反一反。能否颠倒一下。

⑫定一定。定个界限、标准，能提高工作效率。

如果把这 12 个“一”的顺序进行核对和思考，就能从中得到启发，诱发人们的创造性设想。

（五）联想法

联想法就是由甲事物想到乙事物的心理过程。具体地说，就是借助想象，把相似的、相连的、相对的、相关的或者某一点上有相通之处的事物，选取其沟通点加以联结，就是联想法。联想是广告创意中的黏合剂，它把两个看起来是毫不相干的事物联系在一起，从而产生新的构想。

联想法是一种“有意而为之”的创造技法。一般地说，联想表现为以下 5 种情形。

（1）接近联想。特定时间和空间上的接近形成的联想。比如，由傍晚联想到下班、由鸡舍联想到农田等。又如法国地依云矿泉水就成功利用了儿童的可人形象——它用儿童的特征来类比产品，其关联性很能突出产品的特质和功用。具体说来，它是用婴儿的纯洁无瑕引起丰富联想来类比水质的纯净健康。

（2）类似联想。在性质、形状和内容上相似的事物容易发生联想。比如由记者联想到公关人员，由汽车联想到火车。类似联想可以化抽象为想象，使人们更清楚地把握事物的特征。例如，鸡蛋与传呼本无联系，但一机两用、虚拟传呼给消费者提供的利益承诺就是“生与熟，决定了我们的来电关系”——通过性质的相似性，化腐朽为神奇。广告在“生与熟”上着力，以生熟鸡蛋比喻，当然形象。

（3）对比联想。在性质上或特点上相反的事物容易发生联想。比如由“黑”想到“白”，由“水”想到“火”，由自私想到宽容，由燥热想到清凉。许多冰箱广告、饮料广告、洗涤用品、化妆品广告都是采用对比联想展开创意。例如，MCI 长途电话服务公司做过这样一则广告：

一对夫妇刚到美国电话电报公司，给千里之外的儿子打完电话，母亲双手一摊，眼泪汪汪地问："你知道我们打这个长途电话花了多少钱吗？"这则广告就是用对比联想法告诉人们：MCI 公司的电话价格公道合理，比美国电话电报公司便宜得多，请接受我们公司的服务吧！

（4）因果联想。在逻辑上有因果关系的事物容易发生联想。比如从成功联想到能干，从畅销联想到质量好、功能全。这是广告创意中最常采用的一种方法。比如"全国驰名商标""出口销量第一""最受消费者喜爱产品""金奖、银奖""省优、部优""总统用的是派克""我只用力士"（国际著名影星）。这些充满诱惑力的语言，很自然地引发消费者的因果联想"既然如此，一定不错""既然不错，何妨一试呢？"广告目的由此达成。

（六）组合法

组合法就是将原来的旧元素进行巧妙结合、重组或配制以获得具有统一整体功能的创造成果的创意方法。

创造学家认为，组合是创造性思维的本质特征，世界上一切东西都可能存在着某种相关性。通过巧妙的组合，便可以产生无穷的创意。我们所生存的这个纷繁复杂的物质世界，也无非是 100 多种元素、200 多种基本粒子的不同排列组合。比如，元素的重组过程就好像是转动的万花筒，每转动一下，万花筒的碎片就会发生新的组合，产生无穷无尽、变幻莫测的全新图案。人的思维活动，也如同转动万花筒，人的大脑就像一个能产生无数图案的万花筒。如果你能够将头脑中固有的旧信息不停地转动，重新排列组合，便会有新的发现、新的创造。

组合法主要有以下四种类型：

（1）立体附加。这种组合就是在产品原有的特性中补充或增加新的内容。比如，现在许多洗衣粉广告，讲的"干净"比较多，碧浪洗衣粉的广告创意是"为你解开手洗束缚"。它用三种形式进行了表现：中国古代的刑具、西方的手铐、牢房的栅栏。它把衣服与之相结合就产生了神奇的效果——思想与行动方面的改变。这个系列的广告告诉我们洗衣粉不但能洗净衣物，而且还能带给我们自由。

（2）异类组合。两种或两种以上的不同类型的思想或概念的组合，以及不同的物质产品的组合，都属于异类组合。例如，手表与手链、日历与收音机。

异类组合的特点是组合对象（思想或物品）原来互不相干，也无主次关系；参与组合时，双方从意义、原则、功能等的某一方面或多方面互相渗透，整体变化显著。

比如，松下音响和索尼音响的异类组合广告，表现重点就是通过荒诞手段造成一种豪迈壮阔的艺术形象和壮丽的美学风格，使受众产生一种联想，从而在心目中树立起索尼、松下音响的产品形象：纯真、自然和原声效果。企业形象：高大、奇伟和富有生命力。

（3）同物组合。同物组合即若干相同事物的组合，如“母子灯”“双拉锁”，等等。同物组合的特点：组合对象是两个或两个以上的同一事物。组合后其基本原理和结构没有发生根本性变化，但产生的新功能、发生的新意义，则是事物单独存在时所没有的。

例如，国外有一种昂贵而高质的劳温堡啤酒，在广告宣传中要突出这种高质、昂贵的品质，如果用“劳温堡啤酒——超级品质”这样的标题，就很平常普通。如果能将劳温堡和另一种象征高品质，又被广泛认可的东西，如香槟酒组合起来，便产生了非凡的创意。

（4）重新组合。重新组合简称重组，即在事物的不同层次上分解原来的组合，然后以新的意图重新组合。组合的特点是组合在一件事物上进行，组合后会成为新的东西，主要是改变了事物各组成部之分间的相互关系。比如搭积木、转魔方就是一种重新组合。

卢布里德姆润肤液用鳄鱼与皮肤重新组合的手法表现其优良的品质。广告中，女郎的皮肤光滑润泽，与之相对照的是一只大鳄鱼，如此暗示该润肤液的功效可谓独具匠心；广告语也很简洁，上句“卢布里德姆润肤液保持长久的湿润”，下句“因为你的基本要求是保护皮肤”。

十、广告创意评价标准

对广告创意进行评价，是使创意更趋完善的重要手段，也是促使广告收到预期效果的关键措施。广告创意的评价就好比是一个过滤器，它能够过滤掉低劣的、平庸的创意，而让优秀的、有价值的得以通过和执行，使其充分地体现广告战略和广告主题，并使用于广告表现的图文富有活力，从而提升广告传播的效果。

（一）创意评价

创意活动是一个过程，创意作品本身的完成，并不意味着创意活动的结束。一个创意诞生以后，在执行前需要测定；执行过程中，又要依环境、条件的变化而做出相应的调整；执行后，还需要对创意活动进行全面的总结。依据创意活动的发展过程及其规律，我们将创意评价的意义分为以下几个方面来加以阐述。

（1）创意过程中的评价性思考。创意过程中的评价性思考是一种前瞻性的评价。创意人员开始着手进行广告创意，他们需要思考创意的切入点、创意的主题、创意的表现等诸多问题。然而，在诸多问题中，有一个方面的问题是必不可少的，那就是有关该创意的评价性思考，也就是说，尽管该创意还没有成形，或者说还没有影子，有关创意的评价性思考就已经存在了。

评价性思考往往制约着创意的方向。一个创意应该达到什么标准、能否达到、通过什么诉求才能更好地达到广告目的——在创意过程中，创意者应有鲜明的目的指向。创意过程中的评价性思考始终就像一根指挥棒，充分调动创意中的多种元素，使其按照同一个目标和谐、统一运作。如果创意过程中没有评价性思考的话，那么创意活动就会出现“南辕北辙”的情况，甚至会犯“差之毫厘，失之千里”的错误。

正是由于创意过程中评价性思考的存在，创意人员才能更明确创意的宗旨和目的，才能够将创意这个手段更好地服务于其目的，并且在创意活动中不断地纠偏。一个创意刚刚出现时可能是不完整的、不清晰的，需要对其进一步发展和完善，而评价性思考则在创意完善过程中起着催化剂的作用，不断地催生着更好、更新、更有创造性的创意出现。

（2）创意执行前的评价。创意执行前的评价是整个创意评价活动中的关键环节。经过创意人员的集体智慧和艰辛努力后，一个创意作品完成了，下一步的工作是将创意付诸执行。然而，在付诸执行前，能不能保证这个已完成的创意是优秀的创意呢？能不能保证在执行后能获得预期的效果呢？这是一个令人担忧的问题，如果该创意是低劣的，在执行后将给整个广告运动带来灾难性的后果。因此，对已完成的创意作品进行评价就显得十分重要了。这种评价等于对已完成的创意再次进行审验，以确保其良好或优秀的程度，预防执行低劣的创意可能带来的不良后果。形象地说，创意执行前的评价好比是配电房里的“保险”，一旦创意低劣，“保险丝”中断，评价通过不了，创意便终止执行。

创意执行前的评价，不仅是对已完成的广告创意作品的评价，以便决定执行与否，而且还可以从多个方案中经过比较、评判和取舍，筛选出最佳方案，以保证最新颖、最有创造性、最能吸引受众并直接达到目标消费者的创意作品得以通过，从而顺利付诸实施。

（3）广告活动中的创意评价。广告活动中的创意评价是一种动态评价。对于创意人员来说，创意评价不仅仅是在完成创意作品之后才发生的，而是在整个广告活动中都应随时随地进行的评价性思考，从而检查创意作品能否发挥其效果和作用。

广告活动中的创意评价，是具有积极意义的。它可以在实践中进一步检验创意的可行性、有效性，验证创意作品是否发挥了其应有的效果，从而使这一环节成为衡量创意作品的“试金石”。对于不能得到令人满意结果的创意作品，播出途中也可能停下来，将创意予以修改，有的甚至被废止而“另起炉灶”进行重新创意。

我们知道，事物总是不断变化的。广告活动也会因环境、条件甚至竞争对手策略的变化而变化，作为广告活动服务的创意手段也应由此做出相应的调整。那么，对创意进行评价性思考更是理所当然的，它可以为如何调整创意提出一个可供参考的依据。

（4）广告活动后创意评价。广告活动后的创意评价更多的是一种总结性的评价。一个创意付诸执行后，乃至广告作品已经面世以后，创意人员为了从创意中得到参考借鉴，要对各个广告的创意进行评价；广告学研究者和广告人员从专业研究的角度或知识拓展的目的出发，也要进行创意评价；听者也可能出于兴趣对广告创意进行评价。因此，创意评价的意义不仅在于对一个创意做最后审验，还在于对一切广告创意的导向可能发生积累性影响。而这一切都有赖于广告活动后的创意评价。

广告创意的评价活动是在一个较大范围内、较广的空间内进行的，它不仅在创意诞生前就应该有，创意形成以后包括执行过程中，甚至执行完成以后，都有一个评价性思考的问题。综合起来看，创意评价的意义是多方面的，其中主要体现在两点：其一，是保证创意能够使广告传播收到预期效果，或者说使广告传播的效果最大化实现；其二，是为以后的其他创意活动积累经验和教训，提供参考和借鉴，以利于更好地提高广告创意的水平和有效性。

（二）创意评价的一般标准

广告创意评价的标准问题是一个十分复杂的问题。对于如何建立创意评价标准、什么是科学的创意评价标准的问题，长期以来有许多不同的意见和看法，可谓“仁者见仁，智者见智”。

（1）创意评价原则。创意应具有相应的评价标准，其评价标准应遵循统一性、科学性和实用性等原则。

①评价标准的统一性。从理论上讲，建立一个评价标准，并且能够得到大家的公认，对任何创意都可以适用，这是有可能的，然而在实际中却很难办到。因为每一个人在思想观念、知识结构、年龄、职业、习惯、心理状态、评价动机乃至兴趣爱好等各方面都存在差异，对同一个广告作品或广告创意会有不同的看法。因此，从人们的主观因素出发，不可能有统一的评价标准体系。

例如，加利福尼亚“李氏”（Lee）牛仔裤裁剪得体，具有原始的扣边，以保证正宗。它有一幅广告是一个年轻女郎穿着吊带衫和Lee牛仔裤，微闭着眼睛，手拿两个圆球似的瓜放在胸前。这则广告在美国获得了好评，但在我国许多人却可能不以为然或持批评的态度。

同样，在我国获得好评并取得切实效果的广告，在国际上有些也难以得到理解和认可，这一方面是因为国家民族间语言和人文的客观差异造成理解上的偏差，另一方面也因为广告创意的评价标准存在差异。

②评价标准的科学性。一个评价标准体系要具科学性，它必须注意以下问题：

第一，体系内各项标准之间应有内在的联系，而不是零碎项的简单堆砌；

第二，该评价标准体系在整体上应该与广告创意活动的规律性相吻合，而不能离开创意活动的规律性另外拟订标准；

第三，该评价标准在使用时不会导致或引起知识上或理解上的混乱；

第四，该评价标准使用起来是有效的，即用它去评价某个或某几个创意，能得出有意义的结果。

建立科学的评价标准体系，才能保证创意评价的客观、全面及合理。

③评价标准的实用性。一种标准应该是评价者能够把握的。如果标准太细太琐碎，不容易把握各项标准的覆盖范围界限，容易出现评价标准交叉使用的情况；反之，如果标准太粗大简略，则不容易得出明确的结果，对最优秀的创意和最低劣的创意来说，这两个极端的评价可能准确，而对大量的处于两极中间的创意的评价，则可能会得出同样的结果。这正如教师对学生试卷答案的评价，用百分制就非常琐细，用及格和不及格两等级制就太粗略。只有粗细适度的标准，对评价者的把握使用才有实用意义；也只有所制定的标准具有实际操作价值，才能在实际中得以运用，从而产生积极的意义和作用。

（三）广告创意评价的一般标准

广告创意虽然没有具体的方程式，却要遵循一些共同的原则。从传播学的角度看，创意的过程其实也就是编码的过程，广告作品是广告传播者对所要传播信息的一种编码。广告活动的传播效果如何，取决于受众对广告作品理解的程度如何。换句话说，广告活动要有效，广告作品就必须最大限度地利用受众解码，即广告作品的编码必须优秀。

什么样的编码最优秀，或者说什么样的创意是最成功的呢？从总体上讲，能够实现广告预期目标的，能够体现广告整体战略和策划意图的，也就是能够给广告主带来最终利益的创意就应该是优秀的创意。笔者认为具体内容如下：

（1）创意的主题应符合总体营销战略和广告战略，即创意活动并不是漫无边际、无拘无束的，而是有直接的目标指向。如果创意的主题背离了总体战略的话，那么再好的创意作品也是徒劳的、无效的，其结果只会导致广告费的损失和浪费，投入越多，浪费越大。

（2）冲击力强。所谓冲击力，就是唤起受众注意的能力。这是一切广告作品获得成功的前提条件，一则广告如果不能引起人们的注意，就会立即淹没在广告的汪洋大海之中，毫无踪影。这就意味着这则广告失去了与受众接触的机会，从而也就从根本上失去了成功的可能。所以，不能一下子脱颖而出的广告作品即便信息再重要，对消费者再钟情，消费者注意不到也是枉然。广告首先要取得目标对象的注目和参与，为此广告作品必须具备在视觉、听觉甚至心理上的冲击力，要能够让观众受到震撼，使他们注意到该广告作品的存在，否则一切都无从谈起。

研究实践表明，一条30秒钟的电视广告开头的5秒钟左右最为重要，因为在5秒钟内观众的注意力最为集中。如果观众的注意力没有在这段时间内被吸引过来，下面的内容再怎么精彩，观众的注意力也很难再集中起来，即使集中起来也很难将前后的内容串联起来。

是否具备冲击力对电视广告作品来讲则更为重要，因为电视观众基本上都是在被动状态下观看广告的，再加上每条电视广告的时间又极为短暂，所以，如果不能在瞬间把观众的目光吸引到你的广告上来，广告创意与制作的一切努力就都白费了。有关调查表明，消费者每天通过大众媒介接触到的大量广告信息中，仅有5%是有意注意的，而其余的则是处于无意注意状态之下。其实只要稍微留心就会发现，观众一般都只关心自己喜欢的综艺节目，而很少会有人专门等着收看电视广告，绝大部分观众都是快速地穿过“广告的丛林”。因此，如何能拦住他们、叫一声“嗨，看我”就显得特别重要。

（3）创意新颖。简单地说，创意即点子、立意、构思，它是一件广告作品的灵魂。如果一条电视广告的开头只是靠声音或视觉的刺激把观众的注意力吸引了过来，但是接下来却没有什么新招，没有好的点子，没有好的想法，总是老一套（如洗发、护发用品总是事先告诉你一个“秘密”，然后就慢动作甩头发，或是什么连念三遍的顺口溜之类），观众还是会再次转移视线，继续干自己的事情。所以单凭开始几秒钟暂时把受众吸引过来是不能持久的，最主要的还是要靠巧妙的创意，让观众折服。例如：

英国中部商业银行的电视广告并没有直接吹嘘自己的银行多么强大、美元储备有多少、英镑储备有多少，而是通过小人国企图打败大人国这样一个人人皆知的故事从侧面表现了中部商业银行的实力，巧妙地将企业比喻为不可战胜的大人国。广告片开始的5秒钟营造了一个紧张、奇特的场面：成千上万的小人从耗子洞里冲出来，齐心协力把一个熟睡的巨人缚住。当他们费尽九牛二虎之力把巨人捆住之后，巨人醒来睁开眼睛不费吹灰之力便挣断了绳索，小人国的人们望风而逃。广告创意的高明之处在于，把银行与小人国这两个完全没有关系的事物巧妙地联系在一起，暗示巨人是不可战胜的，而那巨人则正是广告的主角——中部商业银行。这个创意极其形象地表达了中部商业银行实力的强大，令人信服。

（4）趣味性强。趣味性就是广告是否有趣、是否有意思，它决定着观众今后是否愿意再看这条广告。这个标准虽然很高，但是很重要。因为广告只有让人记住才能发挥作用，而要让人记住，一个重要的条件就是适当的重复，否则一般人是很难形成记忆的。而枯燥无味的东西反复出现时人们就会反感或躲避，所以广告必须有趣、好玩、耐看。如果一条广告能让人们在不知不觉中看过两遍以上，相信观众一定会记住这条广告。在电视文化泛滥的今天，遥控器是那么轻巧灵活，如果一则电视广告不能在情节上、画面上、音乐上、语言上、色彩上，给观众奉献一些有价值的东西，给观众留下一些可琢磨的闪光的东西，让观众每次都能保持那个兴奋点，观众就会没有印象，不买你的账，甚至会立即转换频道。

Scottex 卫生纸的广告（小狗篇），就是一条很有趣味性的广告。应该说这是一条难度相当大的广告，因为它所宣传的产品是厕所里所用的卫生纸。但是创作者却出人意料地选择了一个人见人爱的小宠物——小狗来担当主角，借小狗玩耍纸卷，将 Scottex 这种品牌手纸的吸水性、韧性与长度表现得淋漓尽致。画面中的小宠物，憨态可掬、趣味无穷，让人百看不厌。

（5）信息鲜明。广告信息能否准确到位，是衡量广告作品是否优秀的重要标准，因为传达信息是广告的根本价值所在。我们常见一些广告或威武雄壮或柔情蜜意，或展示俊男靓女，或云集大腕明星，但常常在云飞雾散之后却不知所云：是卖皮鞋还是卖袜子，是卖西装还是卖手表，让人难以分辨。必须强调的是，广告为引人注意而采取的种种艺术手段和技巧绝不是目的，它们不能干扰主信息的传达，更不能喧宾夺主。

2003 年上半年，新飞节能冰箱的电视广告引起很多消费者的注意，其“0.4 度电”的新信息给人以深刻的印象。广告片一开始就提出了一个问题“0.4 度只能——”，然后用十分夸张的手法列举了极小的电量在生活中的作用：一个男人用电动剃须刀刮胡须，只刮了半边脸；一个女人用电吹风吹头发，还有一半的湿发在滴水……最后主体出现，新飞节能冰箱只用 0.4 度电就能运行一整天。广告以高度的夸张和鲜明的对比来突出新飞冰箱的节能功效，信息集中简单。

我们所列举的几则优秀的电视广告案例都有一个共性，那就是都在开始的瞬间先声夺人，一下子抓住观众的注意力，引起观众的兴趣，然后再展开情节，但最后都准确无误地、不失时机地把所要传达的广告主信息传达给观众。

（6）富有感染力。所谓感染力，就是广告唤起行动的能力。当然这是一项综合性的指标。这个标准看似抽象，但实际上是完全可以感受得到的。优秀的广告应当具备一种内在的力量，是一种持久的张力，能让人心动，给人一种鼓舞或激励。我们决不能只满足于广告作品外在的表现形式，而应该注重挖掘与创造影响受众行动的力量。例如：

央视公益广告“洗脚篇”就很有感染力。一个五六岁的小男孩，看到自己的妈妈在帮她的妈妈洗着脚，随后小男孩踉踉跄跄地端着一盆满满的清水朝着母亲走来，边走边喊：“妈妈，洗脚”。这纯真的童音、这动人的画面，怎能不给人以强烈的感染和心灵的震撼？

广告创意受创意人员心志因素的影响很大，因而使用以上标准评价创意，很难用数量关系精确地表示评价结果。即使在实验测试中，数量关系也只能表明某种趋势或某种限度。这种情况给把握标准带来一定的难度。在上述六条标准中，第一条标准是由广告策划者的主观认识而定，一般容易把握。其余五条标准则主要是由该创意在消费者意识中的影响来决定，因而评价者在把握这些标准时，一定要有“沟通”“承诺”观念，一定要用消费者的眼光来衡量。

第三节 广告创意的核心过程

当发展了创意策略之后，你就知道了广告该“说什么”。但是，广告怎样把要“说”的“说”出来呢？这就到了广告创意的核心过程，即“怎么说”。要实现“怎么说”这一步，你就必须运用自己的创造力构思。虽然有许多规律性的方法可以帮助这个核心过程的进行，但是此过程就像一个神秘的黑匣子，没有任何确定的公式或方程能够完全解释其中的真正奥秘。然而，也许正是有一定的无法揭开的不可知性，核心的创意过程才会令无数人为之如痴如醉。

一、构思

广告创意是一种传播活动。广告的构思方法，就是如何去发现有效传播信息的方法。因为广告创意也是一种创作活动，因此，一般意义上创作构思方法对于广告创意是适用的。注意，适用于广告创意的是一般意义上的构思方法，并没有什么特别之处，只不过构思在策略限定的空间内进行。常用的构思方法如下：

（1）发散性思维。从多角度观察和思考问题。

（2）逆向思考法。从相反的角度思考问题。

（3）联系和比较。把需要解决的问题与其他事物进行联系和比较。

（4）分解和组合。

（5）联想法。

要提高自己的创意构思能力，就必须加强自己各方面的学习，多想多练。作为一个广告创意人，尤其要不断加强对自己的创造性思维的训练。就笔者自己的看法，所谓的创造性思维就是：“能创造具有‘关节点’性质的新的确定性的思维活动”，“要创造性思维中的‘关节点’必须要经过强烈的、自觉的努力”。你必须自觉地去探索思维的规律，不断培养自己的创造力。

二、广告创意产生的过程

广告创意大师詹姆士·韦伯·扬这样比喻创意的产生：“我想，创意应该具有类似冒险故事里的神秘特质，就像在南海上骤然出现的魔岛一般。”但是，在经过长期的思考并且密切观察所结交的创意人员后，他提出了这样的看法：“创意奇想的过程就与福特装配线上生产汽车一样；也就是说创意的发现过程，心智是遵循着一种可学习、可控制的操作技巧运作的，这些技巧经过熟练的操作后，就跟你使用其他任何工具一样。”

广告创意大师詹姆士·韦伯·扬通过对自己的经验的总结和分析，认为产生广告创意大致包括以下五个过程：

（1）收集资料——当前相关问题的资料及将来会增长你一般知识的资料。

（2）在你的脑海中消化运动这些资料。

（3）孵卵阶段，将一些东西丢入潜意识中进行合成工作。

（4）创意出生阶段——可高呼“我找到了”的阶段。

（5）最后整修及改进，使创意（点子）可以被有效地运用。

詹姆士·韦伯·扬写过一本小册子，名叫“产生创意的技巧”。这本小册子写得轻松流畅、精练简洁，有时间的读者可以去拜读一下。

三、广告创意管理

如果能进行有效的广告管理，必然会有助于成功广告创意的诞生。在广告公司里，人们常常运用“头脑风暴法”来激发广告创意并进行广告创意的有效管理。所谓的“头脑风暴法”就是把一群创意人员集中在一起发现创意，在这个过程中，不对提出的想法进行批评，大家相互激发创意。

奥美环球广告公司总裁肯纳斯罗曼认为：“把握创意首先要遵循容忍过失的原则”，“……出色的创意工作无论在概念还是实施上都独一无二，所谓独一无二就意味着从未有人尝试，因而要冒一点儿风险”。在奥美广告公司，罗曼的创意冒险哲学通过以下几种管理原则加以实现：

（1）保护新创意。创意就像一个初生的婴儿，小小的、不成熟、尚不成型，所以广告公司和广告主要保护这些创意，直到它们成熟为止，因为世界上没有哪个创意毫无意义，或者产生之时就完美无缺。

（2）准备受惊。独出心裁的标准之一便是“惊异效果”。创意代表着变化且常常向某个固有成见挑战，创意越别具一格，就越显得在干出格的事。

（3）寻找“魔术师”和“管道工”。广告公司既需要那些能干创意的人，也需要那些能维护“机器”运转的人。

（4）为创意创造一个环境。尽量倾听，将创意的评估与创意的产生区分开。

（5）勿将调查与创新混淆起来。人们往往错误地使用调查。调查有助于创意的产生，但其本身却极少产生创意。

（6）保持和谐。与外界保持和谐，创意产生常出自偶然，而那些早有准备的人就会抓住它不放。

（7）将资料转换成意义，再将意义转换成战略。我们处于各种统计数字的包围之中，我们必须超越这些数字，从中发现它们对消费者的意义。

（8）重新制作“车轮”。寻找一条重新考虑创意的途径，广告业中跑得最好最快的车轮便是你觉得由你自己制作的那个。

（9）微笑，许多创意具有幽默感，请和它们一起微笑。奥美广告公司在自己的创意管理之下，创作出许多成功的广告。许多著名的广告公司都有各自的创意管理办法。各种核心管理办法对激发核心创意过程具有巨大的意义。

第四节　核心创意的执行者——创意小组

在广告公司中，进行广告创意工作的是创意部。创意部的工作具体到一个广告任务，通常是以创意小组的形式进行的。

广告创意小组一般是以创意总监为中心，在创意总监的带领和指导下开展工作。他们受创意总监的领导。创意小组最基本的人员构成包括艺术总监和广告文案撰稿人。在日本的广告公司中，通常还包括 CM 策划人。有些时候，还会有创意制作人配合创意总监开展工作。他有时承担着广告制片人的角色。

一、创意总监

创意总监简称 CD。创意总监是创意工作的负责人，担负广告客户委托的有关广告的策划和创意工作。创意总监负责所主管的广告——客户的广告——从战略方针的制定到广告表现的实施的整个创意作业流程。

二、艺术总监

艺术总监简称 AD。艺术总监负责广告表现的视觉形象的创意和制作。在日本的广告公司中，艺术总监主要负责印刷媒体的广告表现。在这种情况下，广播、电视广告的表现策划和制作通常由 CM 策划人负责。

三、广告文案撰稿人

广告文案负责广告表现用语、文案的写作。广告文案包括印刷广告的文字文案及广播、电视广告的声音和音响文案。在日本的广告公司中，广告文案主要负责印刷媒体的广告表现用语、文案的写作。在这种情况下，广播、电视广告的文案表现策划和制作通常由 CM 策划人负责带领专门的人员实施。

四、CM 策划人

广播、电视广告的表现策划者和制作人。

制作总监或创意制作人。

在制作方面，配合创意总监工作的还有一个制作总监，有时也称作创意制作人。制作总监或创意制作人是制作实施方面的负责人，主要负责根据创意总监领导的创意小组的策划和创意，和外部协作实施制作任务，主要进行制作品质管理、制作成本控制。

第五节　几种常见广告类型的创作

一、平面广告创作

（一）把创意视觉化

你需要寻找视觉元素。如果你要创作一个印刷广告，你就得考虑大标题应该在哪里、它要占据多大的地方。你可能还需要一个副标题，还有正文。你需要写多少字呢？文案并不仅仅是文字，它也是视觉性的元素，因为它占据空间。

（二）传统的布局

大家所熟悉的传统布局是竖长方形或横长方形的。图片通常被放在长方形的上部，下面是广告标题和正文，以及一些小的图片。

许多广告专家批评这种布局没有创意。但是，最重要的是你的创意。如果你的广告概念和文案是具有创意性的，那么没有一个有创意的创意总监会对你的布局有任何非议。无论你想在布局上出新招，千万要记住，让你的布局从你的创意出发。

（三）标题

印刷广告（包括报纸广告、杂志广告等）中，标题是一个很关键的因素。你的广告如果有一个好的标题，就有可能让人读下去。有时你可能还需要副标题。副标题的作用是进一步引起读者的注意，让他有读下去的兴趣。

你在开始写标题和副标题之前，要根据你的创意想一想你的广告在完成后的大概样子，确定一下广告的基调和风格，考虑一下你需要写长文案还是短文案、采取哪种文体、使用何种文风。做出这些选择的时候，千万要想着你的目标消费群，你是在对他们说话。并且，你应该想象一下他们当中的一个就坐在你面前，你是要同他或她说话。现在你可以开始写标题、副标题了。

（四）正文

一写出来标题，你千万别以为大功告成了。如果你的正文没有力量，你的标题就会成为一个空中楼阁，成为一个空洞的噱头。笔者曾翻阅了十年来《北京晚报》《新民晚报》《羊城晚报》等报纸上数千条的广告，许多广告的大标题犯了这个毛病。要克服这个毛病，一定要牢记创意是核心，却并不是要噱头。创意一定要让潜在消费者意识到他们会得到利益。

文案是长好还是短好，广告人历来都各抒己见。笔者个人认为，文案长短并无规则，关键是要根据创意的需要而定。比如，针对受过较高层次教育的人，长文案，理性诉求往往是有效的，他们希望对事实做出自己的判断，你有时甚至可以在长文案中列数优点之后把产品的缺点告诉他们。他们的理性会告诉他们万事无完美，有时缺点反而会成为使人确定购买的动力。因为，他们会认为，敢承认缺点的产品是自信的、诚实的产品，更何况这些的确无关紧要。长文案往往可用于高卷入度的产品，如汽车、住房等。在实际写文案正文时，一定要投入，尽量使它有足够的卖点，并且尽量有趣，有告知性。

（五）正文中的小标题

如果你打算写长文案，最好在文案中安排几个小标题来分割内容。广告不同于书本，有些书是需要人慢慢坐下来深究的。小标题通常用粗黑字体，比正文字体稍大一点，但千万别让你的小标题看起来花里胡哨的，否则它们反而会分散读者对你核心信息的注意力。

小标题有这样三个目的：

（1）它们可以抓住尽量多的潜在消费者。

（2）它们使正文看起来轻松易读，饶有趣味——一大段文字会使许多读者不愿看下去。

（3）它们可以调节读者在阅读中的阅读动力。它们使读者可以有选择地读文案，许多读者没有那么多时间去读所有的文字。

小标题应该是连续的、有逻辑的安排，这并不是说你的小标题要枯燥、单调无味，相反，它们应具有和整体相符合的风格，为你的文案增光添彩。

（六）修改

鲁迅先生曾谈过文章修改的重要性。修改对于广告来说同样重要，删减常常是修改中最重要的工作。删减不是要删除任何重要的东西，它是一个浓缩和提炼的过程。删减，在某种意义上说是使你的广告卖点更有冲击力。

（七）文字和视觉性元素的配合

你的广告常常需要插图或图片，因此就需要美工和艺术指导的配合。他们会用视觉性元素配合你的文字。创意总监会把握文字和视觉性元素的协同工作。如果做不到这一点，艺术的成分往往会远离广告的传播任务。这点在“思想的轨迹”那部分中已经提到了。

（八）摄影师

制作好广告照片后你需要一个好的摄影师。每个摄影师都有各自的专长，有的擅长拍人物，有的擅长拍物品和食品，有的擅长拍风景。艺术指导会选择一个好的摄影师。

我国的印刷广告许多都是偷懒结出的果子，许多广告图片直接取自图片库，更有粗糙者直接从杂志上拷贝图片，所以许多广告的图片和文案看起来牵强附会、图不对文。

（九）户外广告

户外广告看起来简单，但往往是最难处理的媒体。使户外广告如此难做的原因是：你的受众把注意力集中在开车或集中在行路上，而非读广告上。而且汽车以高速掠过广告牌时，如果广告真的引起了司机的注意，它也只能持续两三秒钟。在如此短的时间内通过平面传播一条有效的信息实在是种挑战。户外广告可以是高速公路广告牌，公共汽车两边或出租车顶部的招牌，城市公共汽车行李架，火车月台上的招牌，地铁里的灯箱，等等。

（十）户外广告创作的规则

有专家建议说，广告牌信息应该大得足以看见，而且使用尽可能少的文字。他们认为户外路牌广告最好不要超过 9 个字（指英文）。户外广告最重要的是醒目和简洁，只有这样才可能有视觉冲击力。当然，不能缺少创意。

（十一）平面广告制作

平面广告的制作根据发布媒体的不同，制作工艺会有不同。制作工艺是一门专门的学问，你可以在相关的书籍中了解到。

二、广播广告创作

（一）广播广告

本书前面没有提到广播广告作品的分析，现在我们要简单学习一下广播广告。

广播广告借助声音来传播信息，却要借助视觉来发挥广告作用。认识到这一点相当重要。

当你听广播时，你必须借助自己的想象力去创造画面，你在自己的头脑中描绘你听到的声音发出的环境、说话人的声音等画面。你不要低估想象力的能量，真实才能使声音发挥威力，使广播广告产生巨大的感染力和影响力。

（二）声音的选择

声音的选择是创作广播广告要做的重要工作。

声音的选择主要考虑以下几个因素：

（1）广告中人物的性别；

（2）广告中人物的年龄；

（3）广告中人物的职业；

（4）广告中人物的社会角色；

（5）广告中人物的口音；

（6）广告中人物的态度；

（7）广告中背景音的选择；

（8）广告中的音乐。

背景中的音效和音乐的选择，可以使听者利用想象力想象时间、地点、环境，并把时间、地点等抽象的因素转化为具体的情景等形象化的因素，广播广告因此可以更具感染力。

（三）选择长度

你还要决定广告要多长。在广播中，除常用的 15 秒、30 秒的广告外，也可能有 60 秒的广告。

（四）广播广告中文案时间的计划

你必须精心考虑广播文案的长短，因为时间是有限的。下面是一些广播广告文案时间控制的技巧：

职业播音员通常比未经专业训练的人大声读作品时读得慢得多。这一点广播广告创作人常常忽视。通常情况下，你千万不要为广播广告写太长的文案。播音员需要时间去表现广告中人物的性格，去加快或变慢语速来强调卖点。一个 60 秒的广播广告要诵读的文案不要超过 50 秒，30 秒广告不要超过 25 秒。如果广播广告中要使用音乐，要诵读的文案在 60 秒广告中，通常情况下不要超过 45 秒，30 秒广告不要超过 22 秒。广播广告中也要为音效安排出时间。

三、电视广告的创作

（一）电视的制作费

在中国，目前一条 30 秒的电视广告的平均制作费用大概在 35 万元，也就是说每一秒钟制作费要花 1.17 万元左右。所以，你最好让每一秒的广告都可以被看到、被听到。否则，浪费实在是巨大的。

（二）故事板

故事板是一种意图的陈述，是一种传达创意的途径。故事板对于电视就如同粗略的设计等待印刷，故事板不能从字面理解，因为它实际上不能做电视所做的事。它不能有运动，不能有歌声，因为它显示的是一系列无运动的镜头，它不能有连续的表演。

故事板可以帮助你向导演和项目经理等有关人员确切地表述你的创意。一旦他们同意了，你就可以用故事板向你的客户解释你的创意。这从来就不容易，因为客户常常并没有经过对视觉语言使用方法的训练，很少有想象力，因此，你的故事板要清晰，使人信服，并且有趣。

（三）故事板应具备的内容

一个故事板通常应具备以下内容：

（1）你想拍多少种场景？

（2）一共有多少场景？

（3）场景展示的顺序是什么？

（4）主要演员是哪些人？

（5）演员看起来怎样？

（6）每个场景会有什么动作？

（7）每个场景多长时间？

（8）演员在荧屏上会说什么台词？

（9）画外音说些什么？

（10）每个场景需要什么音效？

（11）将会有什么样的音乐？

（12）将会在哪儿用到什么特技？

（13）跑龙套的角色有哪些？

（四）故事板的注意事项

你的故事板应该能完整有效地说明问题，不需要你在旁边解释个没完没了。你的故事板除了能明确传达信息外，还应该看起来富有娱乐性。确保有制作手段可以实现你的故事板所表现的内容，不要天马行空。

（五）故事板的法律许可

在导演、经理和客户同意之后，故事板有时还要到客户公司的法律部门审核。保险起见，你还可以送到广告审查机构让那儿的审查人员看看。

（六）故事板是拍摄的指南

故事板可以帮助制片公司了解需要多少花费来做这个广告。这使他们可以提出制片的价格。

制片公司预计他们的导演需要多少拍摄时间，哪些场景需要在当地拍，哪些最好搭景。然后，他们计算出需要多少胶片或录音带、胶片的花费是多少。制片公司还要进行剪辑的预算。他们要计算需要的设备的开支，导演要给你找的演员多少附加费用，设备装置、道具服装的开支，场地的费用，还有照明需要多少电力。他们还要计算需要多少人，并列出工资单，他们还要预计整个小组和制片公司、代理人、客户的早餐和午餐的费用。

（七）关键镜头板

有时你会需要关键镜头板。这种故事板只显示一张图，这一张图就是整个视觉效果的关键。在这张图下，你需要写上画面说明、声音说明、音效及音乐的说明。

（八）工作故事板

工作故事板是最普遍的使用格式，它通常包含一些长方形的画框，这些画框是图片出现的地方。画框的旁边或下面是画面说明和文案，另一边是声音说明、音效及音乐说明。

说明画面间变换的用语通常有以下几种：

（1）切换。

（2）渐隐渐显或叫淡入淡出。

（3）慢速渐隐渐显或叫慢速淡入淡出。

（4）快速渐隐渐显或叫快速淡入淡出，也叫软切换。

（九）演示图片动画

有些客户要求广告公司制作演示图片动画来阐述广告创意。

（十）关于电视广告的创作

创作平面广告的许多原则对电视广告同样适用。其中最主要的原则可能就是广告一定要简单。下面还有许多从实际工作中得出的经验。

好的电视广告一定要有好的构思，不要把希望压在制作手段和特技上。电视广告文案的工作在有了一个构思之后其实刚刚开始。这只是一条长路的开始。在开始制作之前多动脑筋，要让你的构思尽量富有冲击力和说服力。这样，你可以充满信心和兴趣地去完成以后的工作。

在开始创作之前，你还应该弄清楚广告主愿意花多少制作费。这样你的创作力才能向“钱”方飞。你可以通过你的客户经理去了解客户到底有多少制作费。

学会用视觉的手段解决问题。电视是视觉性的媒介，你必须学会用视觉语言、视觉手段解决问题。尝试着不用语言进行诉求，不要向消费者唠唠叨叨。只用画面向他们讲故事。

让制作技巧为广告构思、广告创意服务。了解最新最好的制作手段、制作技巧。但是要为广告构思、广告创意寻找最合适的制作技巧。学会在简单中寻找伟大。广告制作费少的时候，是检验你的创意能力的好机会。

如果你能在电视上演示你的产品，你就应该让事实说话。眼见为实，没有什么比你亲眼看到的东西更令你信服了。

如果你能在一秒钟之内让你的广告抓住观众的眼光，那你不要用两秒钟。一条电视广告最好从头到尾都富有娱乐性，在最后一秒钟仍然让观众圆睁双眼。电视广告有一个出人意料的结尾就够了，这是一种误解。好的广告应该让消费者百看不厌。

不要勉强你的电视广告看起来和你的印刷广告一样。其实，你做到的是所有媒体上传达的信息一致、声音一致。注意，是一致，而不是一模一样。不同的媒介有时需要不同的表现手段。

要战略性地思考问题，你的电视广告应该有延续的潜力。

画面上正在表现的就不要再用语言来解释了。语言解释的东西应该给画面赋予额外的意义。

（十一）关于电视广告的制片人和导演

如果要开始制作电视广告，创作组的第一件事是和广告代理公司的制片人接触。你把故事板给他看，解释广告内容、基调等情况。通过这次会面，创作人员和制片人会就挑选演员的细节问题、外景地、布景、服装、视觉效果、音乐设置和广告制作中的其他要素等问题达成清楚的共识。制片人往往会向你推荐适合的导演和制片公司，并安排你看一些导演的作品。关于这些作品，一定要仔细看，看灯光、摄影技巧，仔细评价、分析，等等。

你会接触到很多导演，他们各有所长，有善于拍人物的，也有善于拍美食的，但这并不意味着他们只会干其专长，事实上，他们都能保证做出几乎所有你想要的效果来，但当然不可能和你设想的一模一样。

导演通常会决定具体需要什么人，如摄影助手、灯光师、静物摄影员、化妆师、道具员，等等。

下面一些事项是你需要关注的：

（1）尽量早地和你的制作人员接触。

（2）寻找合适的导演，开价高的不一定就好。

（3）每个导演都有自己的拍摄风格，都擅长某种题材的拍摄。

（4）像同客户解释你的创意一样，向导演阐述你的创意。

（5）尽量向导演描述你想要看到的电视广告的样子及演员的风格、电视广告的基调，等等。

（十二）关于演员

广告节目演员的挑选工作，常常也颇为复杂，一般先有试镜，让候选者演一段台词什么的，若是导演觉得还不错，便会给他复试的机会。第二次挑选后，若是导演认为这个人非常有潜质，或十分能传达广告意图，便会敲定他做该广告的演员。

为你的电视广告找一些可选择演员，要找那些能演的演员。如果你想用名人，就要确保他或她和你的产品利益点有关联。

（十三）其他

不要忘了画外音、配音演员的选择。选择配音员时，是你考察文案的又一次机会。

（十四）关于拍摄

拍摄前会议是很重要的。在正式开始制作广告前，有一件很重要的事，就是开一个制作前的筹备工作会，以确保每一个这项工作的参与者都对工作有非常清楚的概念。除了工作人员以外，客户代表应出席。广告代理公司这边，广告制片人、创作总监等重要人物也应参加。

如果开始拍摄了，广告创意人员要注意和广告制片人保持步调一致。通过导演和演员说话。当你不同意导演想法的时候要说出来，但是最好把导演拉到一边说。要尊重导演的专业角色。在拍摄时信息渠道应开放，准备应对变化。在拍摄前尽量完善脚本。

（十五）关于后期制作

为广告寻找合适的剪辑师。

为广告选择合适的音乐，必要的时候请作曲家进行专门创作。

注意合成一定要精细和到位。

为客户拷贝可在家用机上播放的录像演示带。

为你自己保留第一版的带子。

四、网络广告创作

网络广告是一种方兴未艾的广告形式。由于网络广告兼具平面广告和电波广告的特性，因此，理想状态下，平面广告和电波的创作方法应该同样适用于网络广告的创作。

但是，由于网络广告的被动性很明显，所以，它对注意力的吸引比平面广告和电波广告要更加困难。你可以想象一下，当你打开电视（只要你打开），如果你不马上去洗手间的话，电视广告绚丽的画面就会闯入你的眼睛、悦耳动听的声音就会闯入你的耳朵。在高闯入性的电视广告面前，你无力反抗，甚至有时你根本没有反抗。而报纸广告的闯入性虽然比电视广告要弱，但是，大版面、诱人的标题也会让你把注意力慷概奉送。在网络上，情况却不一样，许多人都有明显回避广告的倾向，除非他们主动去搜索这方面的广告信息。

到目前为止，网络广告较难吸引人们的注意力主要有两个原因：

（1）上网需要时间，而且需要付费（至少需要电话费或者上网费），时间成本和金钱成本都比较高。

（2）单幅网络的广告面积有限，很容易被人视而不见。网络广告创作的首要任务是吸引注意力，增加点击率。因此，在网络广告的创作中，设计的重要性增强了。但是，网络广告的创作仍然离不开两个要点：

（1）本身有吸引力的讯息。

（2）吸引人的设计。

现在正在出现许多新的增加点击率的办法。

随着网络的发展和人们对网络生活的熟悉和观念的演进，按客户喜好分类汇总的网上广告专页开始盛行。利用附加浏览点数把网络广告的浏览和电子购物的让利挂钩可能出现网络广告的促销效果。网络的发展可以用一日千里来形容，也许，下一秒钟的网络世界和这一秒钟的网络世界会完全不一样。所以，也许掌握发展规律比记住简单的事实更为重要。毋庸置疑，网络广告的创作要接受发展规律的洗礼。

第五章　影视广告概论

第一节　广告概说

广告是现代社会中一种颇具品位和艺术色彩的文化现象。作为一种特殊的时代文明，它不仅贯穿于人类经济社会的方方面面，而且波及人类的社会生活、道德生活、文化生活乃至政治生活；它不仅在很大程度上支配着人们的消费观念、消费方式、消费文化、消费节奏，而且影响着人们的自然观、社会观、价值观、生活观。人类社会的所有时空都弥漫着广告的气息，人类生活的各个方面都不同程度表现着广告文明、展示着广告文化。广告已成为现代社会之必需，也是现代社会的标志；广告业作为一项知识密集、技术密集、人才密集、智能密集的高新科技产业，日益受到社会的重视，成为市场经济的先导和知识经济的先锋。广告与经济有着密切的关系，同时广告本身也是一种特殊的经济形态。在建设社会主义市场经济的过程中，广告的经济功能、社会功效、文化效用日趋凸显。因此，应系统地掌握现代广告的基本理论和知识，不断提高广告创意、策划、设计和操作的技能，繁荣广告经济，以此为契机进一步繁荣市场经济，具有特殊的意义。

一、广告定义探究

不可否认，我们生活的世界是一个广告的世界，从下水道的铁盖到空中的气球，从街头的垃圾桶到高尔夫运动场的茶杯，无论物品大小长短，都留下了广告的痕迹，广告已经渗透我们生活的每一寸空间。难怪会有人惊呼“这是一个广告的世界”。你或许喜欢广告，你或许讨厌广告，但你不得不接触广告，这是一个不争的事实。有人曾经这样断言：“在这个世界上只有两种人不会受广告的诱惑，一类是圣人，另一类是傻子。”所以人们不可避免地都会受到广告的影响。事实上我们又离不开广告，我们吃饭，需要广告的引导；我们穿衣，需要广告的指点；甚至我们生病了，也需要广告告诉我们怎么吃药和治疗。还有人说，“失去广告的世界，将是一个没有任何颜色的世界”。广告如此的重要，那么，究竟什么是广告呢？

作为广告从业人员来说，应该从一个专业的角度来认识广告、思考广告。学习和从事任何一门学问，我们首先必须了解其定义，广告也是如此。究竟什么是广告？广告有什么特点？对于这个既是广告理论又是广告实践的基本问题，却历来众说纷纭，目前在国内也尚未形成一个公认的解释。许多从事广告实际工作的广告人也都感到给广告确定一个定义非常困难。实际工作中，广告的定义到底是什么也许并不重要，但是如果希望在实践中减少盲目性，那么，一个明确的定义或许会给我们很大的帮助。

首先我们应该承认，广告的概念是随着时代的发展而发展的。早期的广告概念来源于拉丁语“Advertere”，意为唤起大众对某种事物的主意，并诱导于一定的方向所使用的一种手段。而在汉语中的“广告”，顾名思义，则是“广而告之”的意思。这与拉丁语的原意非常相似。历史上给广告下定义的人很多，形形色色的广告定义也不胜枚举。纵观国内外有关广告的定义，大致包括以下几类：一类是中华人民共和国成立前以蒋裕泉的“广告二字，其意即为广告于众，欲使广众咸知之意”定义为代表的；另一类是以中华人民共和国成立后以广告界前辈徐百益老先生给广告下的定义为代表的，他的定义如下：广告就是有计划地通过各种媒介向消费者介绍商品和劳务的科学和艺术；还有一类是以国外的广告定义为代表的，他们更倾向于把广告认为是一种传播信息的手段和要支付费用的特点。本书对广告的定义是基于《中华人民共和国广告法》而提出的，《广告法》总则第 2 条规定：“广告，是指商品经营者或者服务提供者承担费用，通过一定的媒介和形式直接或者间接地介绍自己所推销的商品或者所提供的服务的商业广告。”我们可以这样解释：

（1）广告主（广告活动的发起者）是第一推动力，也就是说，任何一则广告作品的诞生其背后都有广告主在支持，没有广告主的广告不能称为严格意义上的广告。

（2）广告必须由广告主付费，因为广告的发起者是广告主，广告的目的也是为了广告主的利益，而且广告的创意、制作、发布都需要资金的投入，所以广告必须由广告主付费。

（3）广告必须借助一定的媒介。广告制作完成后，必须借助一定的媒介，包括语言媒介、人体媒介、印刷媒介、电子媒介等多种媒介来发布。

（4）以艺术的形式实现经济的目的，这是广告的本质。

二、广告观念新发展

然而，随着市场经济的发展，广告界许多从业人士越来越感到传统的有关广告的理念已经不能适应经济的发展，基于传统广告观念而创作的大部分广告作品发布之后，目标消费者并不买账，于是了解广告界出现的新观念便显得尤为重要了。

（一）广告目的论

我们一再强调，广告的目的最终是经济目的，也就是俗称的销售效果；而且从整体上看，广告也是为营销服务的，于是大多数人想当然地就认为广告的目的就是销售，认为广告是属于营销范畴的。那么，营销的目的是什么呢？被称为现代营销学之父的美国人彼得·杜拉克认为营销的目的是创造与满足顾客。他在阐释创造与满足顾客的目的时说："营销的目的在于深刻地认识和了解顾客，从而使产品或服务完全适合他的需要而形成产品自我销售。理想的营销会产生一个已经准备来购买的顾客。剩下的事就是如何便于顾客得到产品或服务……"

因此，我们认为广告是为营销服务的，其目的是创造与满足顾客。当能够创造与满足顾客的时候，产品的销售已不是问题；在不能创造与满足顾客的时候，销售永远是个问题，即使有些销售业绩，那也是暂时的。以销售为目的的广告最终不能达成长久的销售。

（二）广告方法论

传统的广告一直被认为是一种说服的艺术。在这种广告方法论影响下的广告不可避免地表现出以产品为中心、以广告主为本位的价值取向，消费者被置于可有可无的地位，消费者的需要得不到应有的尊重，使广告无法实现与消费者的沟通。"国际认证""国优、部优、省优""大树底下好乘凉，长岭空调""世界看中国，中国有先科"等都是相当极端的实例。

我们前面已经说过，广告的真正目的是创造与满足顾客。在这种广告目的论背景下，广告的方法自然就不再是说服，而是与消费者真正的、彻底的沟通。

在沟通论的背景下，广告是以消费者为中心的，广告是基于消费者的需要、欲望（而不是基于产品本身）来启动沟通，并且以关注消费者的反馈来实现持续沟通。广告也不再封闭在产品销售的狭窄范围里与消费者沟通，而是开放式地与消费者进行全方位的沟通，以及在价值观、生活方式、文化情感、流行时尚等各方面的认同。于是，广告也渐渐地走向了"非广告"的方向。

（三）广告革命论

那么，广告如何创造与满足顾客，如何与消费者进行真正的、彻底的沟通，在旧广告的领域中是难以很好地解决这两大问题的。20 世纪 90 年代以后席卷全球的整合营销传播思想为我们解决这两大问题提供了崭新的思路。在整合营销传播理论的影响下，广告不再是静态的广告作品，而是动态的传播活动，是 advertising，而不仅是 advertisement。现代广告是一个开放的行为系统，广告作品只是其中的一个"动作"。在传播手段上，广告也无疆界的约束。广告媒介也仅仅局限于传统的四大媒介，各种各样的传播媒介和传播手段被越来越多的使用。在整合营销传播的观念中，广告活动需要把从产品研发到售后服务的各个环节纳入，在必要时对之提出有利于传播的改进性建议。因此，传统的广告概念已被现代广告观念所抛弃，广告发生了革命。现代广告的实质是营销传播。现代广告的范围是“以广告作品为代表的传播活动+营销服务”。

（四）品牌中心论

20世纪90年代以来，品牌主义成为世界范围的营销传播潮流。培育品牌资产、塑造品牌形象随之成为广告运作的核心任务。那么，品牌究竟是什么？奥美广告公司把品牌简洁地概括为“消费者与产品之间的关系”。联合利华董事长perry说：“品牌是消费者如何感受一个产品，品牌代表消费者在其生活中对产品与服务的感受而滋生的信任、相关性与意义的总和。”过去有人把品牌等同于商标。实质上商标关注的是显著性（标识性），而品牌强调的是沟通性，也就是说商标是有形的，品牌是无形的。比如可口可乐是一个品牌。提到可口可乐，人们想到的不仅是碳酸饮料，更是洋溢着欢乐、自由气氛的美国文化。“买得起，买得到，乐得买”与美国文化一起密切地维系着与消费者的关系。而耐克品牌，其“Just do it”张扬着自由、个性、向上的体育精神，提到耐克，人们想到的不仅仅是运动服装和鞋，在这里体育精神密切地维系着与消费者的关系。我们可以这样说，产品是可以替代的，而品牌是不能替代的。产品只满足了消费者的实体需要和实体利益，而品牌使消费者的心理需要和心理利益同时得到满足。产品的生命是有限的，而品牌的生命是无限的。因此可口可乐夸口说它不怕被烧光。策划大师史蒂芬金说：“产品是工厂所生产的东西，品牌是消费者所购买的东西。”另一位营销专家Larry说：“未来的营销是品牌的战争——品牌互争长短的竞争。商界与投资者将认清品牌才是公司最珍贵的资产。……唯一拥有市场的途径是先拥有具有市场优势的品牌。”必须下大力气培育品牌，这是保证企业立于不败之地的关键。

而在品牌培育过程中，广告起着举足轻重的作用。联合利华董事长perry说，“杰出的产品概念需要杰出的广告变成杰出的品牌”。这是因为，品牌存在于消费者的心中，而要使品牌进入消费者的心中，唯一的途径就是传播。培育品牌，成了广告的核心任务。

三、广告功能

（一）传播信息功能

有人曾经把广告行业归为“信息行业”，也有人把广告看作是“社会的润滑油”，这充分地说明了广告的传播信息的作用。从广告定义中我们可以看出，广告本身就是向消费者传递商品和劳务信息的，广告活动本质上是一种大众性的信息传播活动，传播经济信息是广告最重要的功能之一。其传播的速度、广泛性与经济性是其他信息手段难以比拟的。经济学家C.A.卡克哈特立克曾把广告看作是“为了预期的最大利益，以劝说买方为目标的大众情报宣传”。广告起码能使消费者知道有某种产品（特别是新产品）的存在，了解它所能提供的服务，扩大选择的余地，增大经济信息的储备。随着信息业和广告业的发展，广告也成了当代消费者的商品和劳务信息的主要来源。

（二）促进销售功能

促销功能，是广告得以生存和发展的原动力。广告大师威廉·伯恩巴克说过："广告业界中的任何人如不说他的目的是销售，则他不是无知就是骗子。"最大胆地肯定广告社会作用的美国经济学家 J.K. 格鲁布斯说："恐怕相当多的人是以自己有本事使消费者上当而感到自豪的。"这里，"使消费者上当"虽然比较夸张，但它还是幽默地、准确地说出了广告对社会经济作用。

（三）指导消费功能

广告能指导消费者的消费，因为它能够说服消费者，使消费者按它的劝导指引去行动。广告的说服作用，是说明广告在传递信息的同时，实际上起了一种指引选择和诱导消费的作用，使消费者在其诉求劝说之中同情、理解、信服、接受。广告的说服性绝非强制性或论辩性的，不论是图文并茂的平面广告，还是声像并举的电波广告，都是把其劝导的实质寄希望于"暗示性"。

（四）创造需求

广告的创造需求的作用，实际上是指广告能在说服消费者、指导消费的同时，刺激其需求。购买商品的前提是认识商品，广告不仅起到介绍商品的作用，更重要的还在于刺激需求。广告往往会针对消费者的兴趣和需求去进行频繁的刺激，以引起购买的倾向。这种创造需求的刺激，使流行商品出现、消费习惯形成。所以广告能创造流行、形成习惯、造成时尚、吸引消费、团结消费群。

（五）美化环境

就像我们前面所说的"失去广告的世界，将是一个黑白的世界"。广告不仅是科学，它还是一种艺术，是一种能创造美的艺术。广告能给人以精神上美的享受。新颖的画面、健康的品牌形象、悦耳动听的广告歌曲、生动美好的语言等，都可以引起人们丰富的生活联想。一幅好的广告作品就像一件珍贵的艺术品，供人们欣赏，提高人们的审美水平和对艺术的鉴赏力。诚然，广告还有其他方面的作用，比如有利于企业经营和竞争、促进社会财富的增长、有益于社会大众教化、提升人民生活品质等等。在这里，就不再一一赘述。我们的目的就是要让人们了解广告在我们生活中的重要作用，虽然人们有时候非常讨厌它，但真的离不开它，这就是广告。

四、广告要素

广告存在于市场经济环境之中，是市场经济环境系统的一个子系统，受制于市场经济环境、文化环境、政治环境诸方面，服从市场物质环境和文化环境的要求。但是，作为一个整体，广告本身也是一个系统，主要包括直接参与主体（广告主、广告经营者、广告发布者）、间接影响主体（管理机关、研究机构、目标受众和社会公众等。）

（一）直接参与主体

广告的直接参与主体主要指的是广告活动的提议者、策划者、创意者、实施者，主要有三个方面，即广告主、广告经营者、广告发布者。根据《中华人民共和国广告法》的规定，广告主特指“为推销商品或者提供服务，自行或者委托他人设计、制作、发布广告的法人、其他经济组织或者个人”；广告经营者特指“受委托提供广告设计、制作、代理服务的法人、其他经济组织或者个人”；广告发布者特指“为广告主或者广告主委托的广告经营者发布广告的法人或者其他经济组织”。广告包容着广告主的市场动机和投资回报欲望，渗透着广告策划者的精神劳动成果。所以说，直接参与主体是广告活动的基础。

（二）间接参与主体

广告作为一个行业、一门科学，作为社会文化生活的重要组成部分，不仅仅包括直接参与主体，还有其他的一些组织和个人在管理着、研究着、关注着广告活动，所以广告系统还包含其他的组织和个人，比如说为了规范广告活动、促进广告业的健康发展、维护社会秩序而存在的广告活动的管理机关（我国广告的管理机关是国家工商行政管理总局）；为了给广告业指引前进方向和为广告业培养人才的研究机构和教育机构；还有广告活动的对象、广告的目标受众，甚至关心广告活动的其他社会组织和人等等，他们也都是广告系统的重要参与主体。

五、我国广告业发展概况

过去多年，中国广告活动的主流趋势是“销售主义”压倒“品牌主义”。“销售主义”的盛行符合现时期中国国情，中国的消费者对价格敏感而对非价格因素不敏感。90 年代中期以来价格竞争是中国市场竞争的主旋律，消费者状态、企业状态、中国市场发展程度迫使广告公司进行“销售主义”。但是，从未来发展的角度衡量，“销售主义”又限制了中国广告业的发展。进入转折时期，最重要的是核心竞争力，其焦点在于中国本土广告公司必须向国际水准看齐，因此，中国广告业只有从战略上向“品牌主义”发展，才能具有国际水平的竞争优势。

（一）销售主义主导时期

销售主义的特点是广告的目的和动因都是增加销售。广告只追求短期的效果，关注的是“现在的竞争”。广告公司的作用和价值体现在“能否促销”上，典型的口号是

"做有销售力的广告"，最喜欢引用广告大师奥格威早期的名言"我们的目的是销售，否则便不做广告"。

中国企业的现状是，相当多的企业的首要问题是生存而非发展，绝大多数广告主关心的首先是销售，加上八九十年代中国消费者总体价格敏感性高，使得建立品牌在许多情况下是心有余而力不足，或者表面上重视品牌实际上仍是重视"销售第一"。这是本土广告公司以"销售主义"为导向的重要外部原因。

中国过去 40 多年的国情使许多企业还停留在销售主义，而跨国广告公司在乎长远的效果，有时和中国现实有太远差距，同时也丢掉了本土客户，但这正是我们本土广告公司的机会。但是反过来，从长远来看，新一代消费者和企业成长起来以后，这种短期策略又会失去一些东西——最大的价值和长期优势。

（二）进入转折时期

中国广告业现在正处于转折时期，值得关注的基本情况如下：

随着中国企业的成长，广告主正走向更高、更长远的目标，中国的部分优秀企业更强、更大，迈向国际化，广告主正在追求更高、更长远的发展。

中国第三代消费群兴起。21 世纪中国消费群体结构有明显变化，年轻的第三代消费群是消费主力军，将成为主要的消费市场。第三代消费群在不同的社会文化环境中长大，其消费群体的特征是感性消费趋势上升、重视和突出个性化、对价值的关注超过对价格的关心、受品牌的影响越来越显著。广告活动必须更重视这些新的消费者对象。

IT 技术互联网对传统广告的冲击。IT 技术的发展，国际互联网对传统广告的冲击，网络营销将会销售、促销乃至传播使产生深远的变化，包括销售方式改变、促销方式改变、传播方式改变等。

（三）品牌主义

"品牌主义"特点：以建立和发展品牌为广告的目标；追求长期的广告效果；重视形成差异化的优势；广告公司的作用和价值是提升产品为品牌，典型说法是"品牌管家"。

"品牌主义"是跨国广告公司谋取中国市场的首要工具和最大卖点。20 世纪 90 年代以来，跨国广告公司战略有重大变化，相继提出品牌主张为竞争制高点。如奥美提出"品牌管家"、萨奇提出"全球品牌策略"、电通提出"品牌传播"、达彼思提出"品牌轮"、智・威・汤逊提出"整合品牌建立"、精信提出"品牌性格"、奥美台湾公司总裁宋秩铭提出"致力于协助客户创立、培育和发展品牌"、盛世长城前任首席执行官黎景辉提出"构筑中国品牌长城"、盛世全球首席执行官 K. 罗伯特提出"中国品牌应成为世界冠军"、精信总裁陈一木丹提出"帮中国建立世界级的名牌""用品牌冲锋陷阵"，等等。

广告公司为促使客户卖产品出谋划策，只是小价值；广告公司的真正价值在于通过广告把企业的产品转化为品牌。

（四）如何赢得主动

或许有人会问：目前中国市场环境造成了市场竞争以价格战为主，而且，企业如果没有销量，就不能生存，又谈何“品牌主义”呢？强调转向“品牌主义”是否不切实际？

其实，品牌主义和销售主义是两个相关概念，是主与次的关系，其比重不同，效果也不一样。关键在于战略眼光和战略选择，执行何种市场策略。尽管对不同的客户要用不同的策略，要根据实际决定策略的重心和比重；但是，面对未来发展，中国的广告业必须有先进的思维和长远的目光，必须不局限于短期的、目前的利益，必须迅速建立新的竞争优势。中国优秀的广告人应该敏锐地察觉到变化的方向和把握各种新的可能机遇，以迎合企业新的需求和下一代新的消费环境，这正是强调品牌主义的基本出发点。

40 多年来，我国广告公司中的优秀者有了很大的进步，实力不断充实，竞争力正在提高；但一般而言，本土广告公司对品牌建立的运作，品牌管理专业水准、基本功还不够。要想赢得主动，还必须建立符合中国国情的新的品牌管理平台。关键是具备学习能力——创新能力。未来的强者不在于过去有什么业绩，而在于学得有多快、创新能力有多强。

第二节　电视概论

从广告传播的角度来看，电视无疑是一种较为理想的广告媒介形式，它不但可以向受众详细地介绍产品的各种性能，而且能形象地将产品各种功能及包装特点直观地展示在受众面前，从而可以更大程度地起到诱导购买的作用，难怪在许多国家和地区，电视已经成为“第一位”的广告媒介。

一、电视媒介发展

要说电视媒介的发展，不得不先说电磁波的发现者，它是德国物理学家亨利希·赫兹在研究中发现的，并证明了电磁波具有反射、折射、衍射、绕射等性质。在这项发明的基础上，1926 年英国人贝尔德成功地完成了电视画面的播送及接收试验；1927 年，通过电话线成功地实现了从伦敦到格拉斯哥的电视画面传送；1928 年，又成功地利用无线短波，将图像从伦敦送到了纽约。因此，贝尔德被誉为“电视之父”。1929 年，英国广播公司（BBC）就开始电视试播，使用的就是贝尔德发明的机械电视，开始播出的是无声图像。1930 年，BBC 播出了第一个声像俱全的电视节目。1936 年，BBC 在伦敦以北6英里处的亚历山大宫建立了世界上第一座电视台。第二次世界大战后，世界电视事业得到蓬勃的发展。50年代出现了“彩色电视制式”，彩色电视面世。20世纪60年代，通信卫星的发射和应用，极大地打破了广播、电视等传播的时空限制。

电视发展初期，广告主仿照广播的做法，用电视主办节目，以此来吸引观众，并扩大企业及其产品的影响力。例如，骆驼牌香烟从1947年起资助全国广播公司的新闻节目后，就禁止播放那些无意中摄入的“不准抽烟”的新闻片段。尽管如此，但广告主独家资助主办电视，却使公众受益匪浅，因为这可以给他们带来各种各样的好节目。20世纪50年代的节目常有公众喜欢的杂耍、戏剧和直播剧等，所以很多人怀念那个时期，称之为商业电视的“黄金时代”。

但随后赞助节目的形式发生了变化，出现了“多家协办”节目，也有人称之为“插播广告”。当时，有一个年销售额5万美元的名叫哈泽尔·毕晓普的小型唇膏公司很想宣传自己的品牌，却花不起独自主办节目的大笔费用，经协商，电视台允许它在节目间隔中插入一条与前后节目毫无关联的纯广告信息。不料，广告产生奇效，产品销量激增。其他公司得知后纷纷效法。于是，电视联播网办起了所谓的“插播广告”，即在节目间隔中插入若干个资助者的短小广告，并且，联播网在实践中发现，比起独家主办节目，这种方式播出广告每小时能给他们带来更多的经济效益。自此以后，这种被统一成为“多家协办节目广告”的形式变成影视广告的主要形式。

20世纪50年代，英美两国都出现了有线电视，当时它是用于改善边缘地区和山区接受商业电视节目的手段。到60年代，许多大城市也将它作为共用天线电视，以避免高层建筑对电视接收效果的影响。从70年代中期起，有线电视系统开始提供各种特别服务，用户为其使用电视广播频率而付费，从而传送电视信号。用户只需将一个频率转换器接到收机上，即可收到这些电视信号。20世纪70年代中期发明的光纤电缆可以传送无限量的频道。时代公司下属的一个付费电视公司发出的信号，从远离地球22300英里的一颗人造通信卫星上反弹回来，开辟了全国有线电视联网的发展新纪元。卫星将远处的电视节目传递给地面，有线电视系统再把它们传递到千家万户。

二、电视媒介的优势与劣势

（一）电视媒介的优势

1. 传播迅速，到达面广

电视利用光电转换系统传播信息，不受时间和空间的限制，传递迅速，影视广告信息可以传递到电波所覆盖区域的任何地方。通过电视机的接收，影视广告可以深入到家庭，从而拥有各个消费层的受众，产生强大的宣传攻势和广泛的影响效果。

2. 直观形象，说服力强

影视传播声画结合，符号多样，制作技术手段丰富。立体信息场的传播使影视广告形象具有直观性、生动性和感染力。以家庭为单位接收，面对面地交流，能够产生身临其境的真实感，容易引发观众的情感体验，对产品产生认同，促成购买行动。

3. 播出频率高，强化信息

对于观众来说，影视广告播出具有不定性，广告主可随节目收视率及观众对象的差别，灵活选择播出时段，使广告更具有针对性。同一则影视广告可以在不同的时间里闯入电视观众的视野，从而使观众被动接受影视广告信息，久而久之强化观众的记忆，潜移默化地影响消费者或潜在消费者，实现理想的广告目标。如果影视节目的收视率高，广告密集安排播出可快速取得收看效果。

（二）电视媒介的局限

1. 线性传播，无法掌控

影视广告以电波为载体，进行的是线性传播，稍纵即逝。影视广告本身受播出时间的限制，一般只有几秒、十几秒的长度，观众有时还没看清楚就消失了，难以形成记忆。不可重复收看，是影视广告的一大局限。克服这一局限，只有从提高广告创意、制作质量入手。

2. 强制接受，观众厌烦

影视广告以插播的方式播出，经常打断观众的收看情绪，易使观众产生逆反的心理。当观众被迫接受广告信息时，受收看节目影响的情绪越高涨，产生的逆反心理就越强烈，当被强制接受广告信息超过一定的限度，观众“忍无可忍”就可能换频道了。针对影视广告播出的这一劣势，保证广告信息较高的到达率，我们应该做到插播的影视广告总长度尽量不超过与节目规定的时间比例，以减少其负面效应。

3. 干扰因素多，广告的到达率差

影视广告传播，其受到客观干扰和制约的因素有多方面，有来自传播技术方面的；有来自受众收看方式、收视习惯方面的；也有来自影视广告制作者制作水平方面的，等等。为避免干扰，影视广告发布者应掌握充分的第一手材料，有针对性地工作，尽可能地排除干扰，避免多因素干扰的发生。

4. 制作复杂，成本高

影视广告需要在短时间内达到诉求的目的，正所谓“时间紧，任务重”，需要在制作上投入大量的人力、物力以保证制作出高效广告。影视广告制作的技术含量高、工艺复杂，需多工种配合。另外影视广告的播出费用更是昂贵得惊人，一些中、小企业是承担不起的。

第三节 影视广告概述

一、影视广告含义

在现代市场经济竞争中，影视广告似乎具有更大的优越性，并对其他广告媒介形成了强烈的冲击，从全世界范围来看，影视广告已经成为一种成熟的广告形式。

影视广告，即通过影视媒介传播，运用音画组合表达方式，传播特定广告信息内容的广告。简单地说，就是利用影视媒体作为传播方式的广告形式。

二、影视广告的分类和特点

（一）按影视广告制作类型分

按影视广告制作类型分有现场直播广告、FM 电影胶片广告、CM 电视摄录广告、幻灯片广告、字幕广告、电脑合成广告等等。

1. 现场直播广告

现场直播广告是在演播现场直接拍摄、制作、转播的广告。一般是插播影视广告片，或者由演员现场做广告，也可以让广告主直接介绍广告内容，具有真实感和现场感。这种广告插播在影视节目中，随着节目进行，广告的到达率高，播出效果好。

2.FM 电影胶片广告

FM 电影胶片广告是以拍摄电影的方式拍摄的电视影片广告。用电影摄影机将广告内容拍摄在 35mm 或 16mm 的电影胶片上，然后转录到电视磁带上播放。35mm 的胶片广告不必转成磁带，可直接放映。这种广告利用电影的拍摄技术和各种表现手法，具有理想的视觉效果，艺术感染力强。电影胶片广告制作费用一般比较昂贵。

3.CM 电视摄录广告

CM 电视摄录广告是用电视专业摄像机拍摄的影视广告。它把广告内容记录在电视录像磁带上直接在电视台播出。这种广告摄制过程简单快捷，随着电视摄录设备技术的日新月异，电视摄录广告的拍摄质量也在不断提高，因而被广泛采用。

4. 幻灯片广告

幻灯片广告是用专业照相机拍摄广告内容，制成幻灯片，在电视台播出。其画面是静止的，叠加字幕，或配音乐，有画外音解说。也可利用电脑和电视编辑机的色键处理制作幻灯片广告。这类电视广告简便灵活，投资少，播放及时。一般在设备条件比较差的地方才采用这种制作方式。

5. 字幕广告

字幕广告是用简洁的字幕打出广告内容，伴随节目的进程在电视屏幕不显眼的地方随时播映。因为没有声音，位置不显眼，不太干扰电视观众的视听，观众在观赏节目的同时也了解了广告讯息，广告效果比较好。字幕广告一般可以播出时效性比较强的信息，字幕以游动的方式出现；也可以是赞助商的品牌字幕，静止叠加在屏幕的一个角落。

6. 电脑合成广告

或采用电脑制作技术制成单纯的二维或三维动画广告转录到电视磁带上播出；或把电脑制作的动画与电视摄录画面合成到一起制作成合成的电视广告。电脑动画的神奇与电视画面的真实相结合使电脑合成广告具有极大的魅力。

（二）按播出类型分

按播出类型分有节目广告、插播广告、冠名广告。

1. 节目广告

节目广告是广告主（企业）向电视台购买或赞助一个电视专栏节目，在节目中播映自己企业的广告。广告内容和播出时间依据广告主付费而定。这类广告播出方式和播出内容灵活、多样。

2. 插播广告

插播广告是穿插于播出的节目与节目之间，或某个节目中间，是目前影视广告的一种常规形式。根据观众的欣赏习惯和对影视广告收视承受能力，影视节目的长度与影视广告时段的长度应有合适的比例。广告主可以自由地选择不同广告时段插播自己的广告。插播广告播出费用要比专栏节目广告费用少得多，因此，为了提高广告播出效果，广告主对同一个广告可以选择在不同时段播出。

3. 冠名广告

由于广告主付费，有的影视节目出卖节目的名称给广告主，把影视节目的名称上冠以广告主的名称或广告商品名称；也有的在节目片尾冠以广告主的名称或商品名称，以“独家赞助”“特约播映”“协助播出”或者与广告主品牌标志结合等方式出现。

（三）按功能类型分

按功能类型分有影视商品广告、影视节目广告、影视公益广告、影视形象广告。

1. 影视商品广告

影视商品广告是通过电视媒体传播，用音画结合的表达方式，向受众传播商品（服务）信息的广告形式。

影视商品广告和其他各类商品广告（如报纸广告）一样，承载着广告主所期望的市场营销作用，广告主想通过影视商品广告的投放，使自身的品牌知名度、美誉度得到提高，并能从心理上鼓动消费者采取购买行动。影视商品广告在影视广告中处于主体地位。

为了完整、准确、清晰而又技巧性强地在影视商品广告中表达一种商品的广告信息，需要根据影视商品广告的表现特点，采用针对性强的表现策略。

2. 影视节目广告

影视节目广告是传播影视机构自身某些具体栏目或影视机构某些具体服务的一种影视广告。影视节目广告按其承担的诉求主题的不同，可以分为节目预告、栏目宣传广告、栏目片头三部分。

3. 影视公益广告

在影视媒体经营日益商业化的今天，影视仍然承担着巨大的社会教化责任，因此，各家电视台经常播放大量的公益广告来影响受众，促使社会文明的进步、人际关系的和谐。影视公益广告从其的“公益”二字，就可以知道其内容是对公众行为进行有益引导的，旨在修缮社会上某些群体间的不和谐。影视公益广告发布的主体，或者说影视公益广告的倡导者，一般是政府或政府部门、社会团体式国际组织、特殊行业的厂商、一般厂商。

4. 影视形象广告

影视形象广告是影视机构向公众播放的形象类广告，有影视机构自身的形象广告和企业形象广告两大类。

形象广告是相对于具体的商品广告和具体的影视栏目广告而言，有别于只宣传商家或影视机构的某些具体产品和服务，而只采用隐喻、暗示、通感的手法，表现企业总体或媒体总体的形象的影视广告。也可以这么说，影视商品广告和影视栏目广告都诉求微观、局部、准确的信息。而影视形象广告是表达企业或电视媒体整体、宏观和气质上的信息。现代商家和影视机构本身都十分重视利用影视形象广告来塑造自己品牌的亲和力。

以上是几种主要的影视广告分类方式。此外，还可以按照发布方式的不同，将影视广告划分为联播广告、定点广告、点播广告；按影视媒体传播范围的不同，把影视广告划分为国际广告、全国性广告、区域性广告和地方性广告，等等。科学地划分影视广告的种类，有利于我们深刻地理解影视广告的基本特征，充分发挥电视媒体的优势，掌握影视广告的功能，提高影视广告效果。

三、影视广告的历史和现状

在中国内地，影视广告的历史并不长。1979 年 1 月 28 日上海电视台播出了中国内地第一条影视广告——“参桂补酒”的影视广告。这条广告片长 1 分 35 秒，以 3—5

个插片的静止画面构成，没有运用运动镜头，很像电视新闻片。尽管如此，这对我国广告的历史来说仍是一个具有重要意义的时间。也就在同一年的 3 月 15 日，中国内地的首条外商广告——“瑞士雷达表”在上海正式登场。国外影视广告的进入为中国影视广告的快速发展提供了良好的机遇。

我国著名广告学者唐忠朴先生，将我国影视广告的发展大致分为三个阶段，与我国实际情况基本相符。

（一）初创期（1975 年至 1985 年）

这段时期，我国影视广告业务发展速度极慢。由于当时的体制决定，制作设备都集中在电视台，因此影视广告制作部门有极大的压力。当时的专业广告代理公司力量薄弱，无力介入广告制作。而电视台从事广告制作的人员多是由新闻、专题、电视剧等部门转过来的，缺乏广告和市场方面的知识，广告的观念也比较落后。因此这一时期影视广告的主流是新闻报道型，绝大多数都是以商品功能为诉求重点，画面不外乎是企业的厂门、车间和奖状等，“誉满全球”“实行三包”“省优、部优、国优”等终日萦绕于耳，创意低劣，制作也相当粗糙。

（二）探索期（1986 年至 1988 年）

随着改革开放的不断推进和日益扩大的国内市场需求的刺激，同时在国际交流的催化之下，影视广告界对提高影视广告制作品质、增强传播效果越来越重视。广告创作人员也积极探索、努力实践，希望找到适合中国国情的正确道路。这个时期，在中国广告协会电视委员会的领导下，连续举办优秀影视广告评选、创意培训班，并组织出国考察，引进先进设备和技术，使中国影视广告取得了明显的进步，这主要表现在以下方面：

开始重视对产品、市场和目标对象的分析研究，逐渐从纯主观的艺术创作倾向中摆脱出来。

表现形态走向多样化，注重创意、运用感性诉求、蕴含人情味的广告作品日益增多。本时期较为突出的是广东威力洗衣机广告——“献给母亲的爱”。

开始出现广告公司为客户的广告提供总体策划和运作机制，影视广告创作被纳入广告策略范畴，传播效果得到强化。

一些实力较强的省级电视台，加大影视广告制作力度，购置了先进的制作设备，在制作方式上也由个体作业向群体作业发展。出现了专职的导演、摄影师、美工师、灯光师和音乐编辑、文案作者等，他们组成了一个小班子共同作业，因而，影视广告的总体品质得到了显著的提高。这个时期出现的一些好的广告片，主题突出，定位准确，信息传达清晰，画面紧凑，光、色彩、音效与商品特征比较吻合，广告语精练而有个性。

（三）成长期（1989 年至今）

经过前一时期的探索，专业知识和创作经验都得到积累，在市场经济的推动下，我国影视广告出现了多方面的变化：

广告代理公司和专业影视广告工作者纷纷介入影视广告制作，打破了过去电视台一统天下的局面，形成了一个由电视台、广告代理公司、专业影视广告工作者和其他从事影视广告事业人员诸侯割据的局面。

电影、戏剧、音乐等有关业界参与影视广告制作，一些著名的导演、演员、摄影师、作曲家也进入影视广告创作行列，使创作人员的素质大为提高。

加强了影视广告创作理论研究，制定了比较规范的影视广告作品评审标准，并试行对影视广告理论传播的调查评估，推动了影视广告制作逐渐走向科学化。

影视广告表面普遍脱离模仿，追求创新，注重格调与品位，作品开始被赋予较为深刻的内容；诉求重点由商品讯息向社会文化范畴扩展，公益性广告增多。

能够运用影视广告的语言，即画面、声音和文案三者相统一的视听语言来传情达意，增强了赏心悦目的效果。

第四节　影视广告文化

黄昏，麻石小巷，挑担的母女走进幽深的陋巷，一盏油灯在担子上晃晃悠悠。

小男孩挤出深宅，吸着飘飘而来的香气，伴着木屐声、叫卖声和民谣似的音乐。

画外音：“小时候，听见芝麻糊的叫卖声，我就再也坐不住了……”小男孩搓着双手，神情迫不及待，看着大锅里浓稠的芝麻糊，垂涎三尺；卖糊母亲的铜勺提得老高，往碗里倒芝麻糊；

小男孩埋头猛吃，碗几乎盖住脸，研芝麻糊的小姑娘好奇地看着他；

小男孩站在大人后，大模大样地将碗舔得干干净净，小姑娘捂着嘴笑；

卖糊母亲爱怜地又给他添上一勺，轻轻抹去他脸上的残糊；

小男孩抬起头，露出羞涩的感激；

画外音：“一股浓香，一缕温暖”。

古朴的街景、旧式的穿着、橘红的马灯、熟悉的叫卖声，共同构成了一幅立体的画面。几许乡情、几许温馨、几许关怀、几许回忆，涵盖于此。这时候没有人再去怀疑广告仅仅是一种经济行为了。南方黑芝麻糊通过一个我们都很熟悉的场景，一段我们儿时经历的回顾，那充满古朴之美的场景透露出的是人们对往事的眷恋，能深深打动受众心理的是广告中那扑面而来的文化气息。

毋庸置疑，广告已经不是一种单纯的经济行为，而是一种现代文明的标志。有广告的地方就有文明，有广告的地方就有文化，难怪有人把广告称为“第九文化”，位于诗歌、戏剧、音乐、舞蹈、绘画、雕塑、建筑、电影之后。而且随着广告的发展和繁荣，广告文化的影响已经不甘心位于“八大文化”之后，越来越有凌驾于其上的趋势。

那么究竟什么是广告文化?

所谓的广告文化，即是蕴含在广告过程中的，逐渐被人们所接受和认同的价值观念、风俗习惯等生活方式的总和。广告文化以广告为载体、以创造和满足受众需要为动力、以改变人们的消费观念和行为为宗旨，也是一个社会价值观念不断被传送、强化和公众接受的社会文化教化的过程。这一过程包含两个方面：一是公众接触、接受广告及其认同广告与其所含文化的过程；二是广告主和广告代理商精确地把握社会群体期望或文化圈的继承，并进而超越自身所在群体文化传统的过程。

随着电视这一传播媒介的发展和繁荣，广告也借助电视的威力迅速地发展。在许多国家和地区，电视已经成为广告主的第一媒介选择，由影视广告形成的强大的冲击波已经遍及人类社会的各个角落、各个领域。影视广告带来的社会、民族、国家及个人的价值观念、信仰追求、思维方式、行为规范、伦理道德等的深刻变革，形成了规模宏大、影响深远的影视广告文化。

因为影视广告文化与影视文化、广告文化之间的相互关系比较复杂，难以驾驭，所以，对影视广告文化的研究以及对其的调控、规范，成了现代影视广告界的一个颇受关注的课题。

众所周知，由于电视媒介的发展，才有了影视广告的发展，有了影视广告的发展，才有了影视广告文化的发展，而影视广告文化归根结底还是一种广告文化。具体来说，影视广告文化主要有以下特性：

（一）综合性

我们在前面已经介绍过，影视是一种综合性的媒体，它是借助于视听综合的传播优势而发展的。而且影视广告是各类艺术的综合，诗歌、戏剧、音乐、舞蹈、绘画、雕塑、建筑、电影等艺术形式在影视广告中都有体现。

（二）大众性

电视媒介对受众的受教育程度要求较低，影视广告大多数为没有受过多少教育甚至根本没有受过任何正规教育的受众，在接受上也不存在或很少存在障碍。因此，影视广告受众具有极大的广泛性。一个没有读过书的人不会看报纸、看杂志，却可以看电视，正因为如此，这就要求影视广告要努力做到雅俗共赏，要努力为尽可能多的受众服务。

（三）社会性

曾有学者做过调查，在国内的家庭中，拥有一台以上电视的家庭已经占到多数。

而绝大多数的家庭拥有一台电视。人是一种社会性的动物，人的本质属性也在于他的社会性，而家庭则是最小的社会单位，影视广告传播使孩子获得了许多家庭、学校所没有给予的大量知识，成人也可以在工作之余从影视广告中接受再教育、获得新信息。广告使人们越来越见多识广，进而加速了人自身的社会化进程。

当然，不可否认，现在许多影视广告传播的知识存在大量虚假、误导等现象，这就对我们从业的影视广告人提出了更高的要求，一定要遵循国家法律法规和社会伦理道德的要求进行影视广告传播。

（四）互跨性

随着中国加入 WTO，国内广告市场竞争已经越来越激烈，国外知名广告公司纷纷进驻中国，以合资、独资或合营的方式来分割国内广告市场这份蛋糕。面对这样的竞争局面，我们的广告人已经不能仅仅喊喊“狼来了”就可以解决问题，而且，中国已经与世界接轨，他们能进来，我们为什么就不能出去呢？而要做到“与狼共舞”，甚至“只身虎穴”都需要一定的本事，而其中最重要的因素莫过于对广告文化的把握了。

我们先来看看 1997 年可口可乐在中国推出的《风车篇》影视广告，该广告是以中国东北地区村民庆祝农历新年为题材摄制，并供全球播放。片中欢笑的孩子及迎风转动的风车寓意吉祥，象征新年的好景象，表达向全世界华人社会恭贺新年的一片心意。它向全球的华人传达一个信息：农历新年不仅是展望未来的时候，也是家人团聚、温馨喜悦的日子。《风车篇》影视广告中传统中国色系的朱红色纸风车，在雪原上接引东风，穿着棉袄的小孩则一副东方脸孔笑逐颜开。然后随着传统乐器吹奏的旋律、飘飞的雪花、随风摇曳的红缨穗、驾驭马车赶集的人们等熟悉的中国文化元素的使用和出现，宛如小时候听来的遥远的故事，让人既陌生又倍感温暖，令全世界的华人陷入街头没有“瑞雪兆丰年”的乡愁联想。对照时下国内不少企业努力让自己的广告沾上些“洋味”，作为全球著名企业的可口可乐却向观众推出了这部极富中国味道的影视广告片，颇值得国内广告界思考。

我们已经说过，广告是一种特殊的文化现象，它深受民族文化特质的制约。而文化的本质是社会历史的，具有极强的社会渗透力和历史穿透力。所以说，广告必须植根于民族文化底蕴的土壤之中。然而，现代广告又是生成于近代的工业文明之中，工业文明形成了对视觉刺激和功能节奏的追求，与我们的传统文化正好相悖，因为我们的传统文化注重含蓄深沉和安稳怀旧的情感，这从南方黑芝麻糊的电视广告中可见一斑。

在当今社会的现代化进程中，仍然脱离不了“民族文化”的影响，尤其对于一个具有五千年历史文化背景的民族来说，其民族情结更为难解。社会在传统与现代中发展，现代广告的发展也一样。传统与现代从来都是辩证统一的，没有传统，现代就没有产生的基础和条件；没有现代，传统就无法保存和发展。

然而，我们却发现这样一个规律，就是在世界广告市场中，越具有民族性的广告，就越为世界所认可。我们前面所举的可口可乐事例就是如此。另外世界著名品牌万宝路的牛仔形象因具有美国特色而世界闻名。但在中国，因为民族文化的过于含蓄与现代广告的时空限制反差太大，往往会出现两难现象——一种情况是因广告表达过于含蓄让人不明其意，国内某著名导演执导的某则印刷企业的影视广告看了就让人百思不得其解。另外一种情况就是表达过于直白而显得意境全无，早期我国的广告大部分属于此类。

问题是如何让中国的广告走“民族化”道路而又不陷入“传统的困境”，这首先需要广告人准确把握现代人的心理。随着现代化进程的推进，中国人在价值观念、思维方式和审美趣味上都发生了很大变化，与原先趋于单向性、保守性、封闭性的传统特征相去甚远，消费观念也有较大转变。而如今国内广告在进行诉求时仍囿于传统模式，庄重有余，但活泼不足，消费者不愿意看，更不愿意接受。

我们再来看两则利用中国人的民族情结而诉求的两则影视广告。一则是孔府家酒的“想家篇”。背景音乐是大家耳熟能详的“北京人在纽约”的主题曲。画面：雾霭晨曦中飞来一班客机，机场内一家人昂首期盼，渐渐露出既惊且喜的表情，他们终于迎来了远游的亲人（王姬饰），镜头切换到温情暖意的家庭，她送给亲人带回来的礼物，家人为她接风洗尘。刘欢极富磁性的嗓音唱起：“千万里，千万里，我一定要回到我的家。我的家，永生永世也不能忘。”最后，王姬的面部特写，旁白“孔府家酒，叫人想家”，意味深长。

另一则是红豆衬衫的“唐诗篇”影视广告。情谊暖暖的三口之家，妈妈叫女儿背唐诗，女儿摇着小脑袋，口齿清晰地背诵：“红豆生南国，春来发几枝，愿君多采撷……”怎么也想不出下一句。这时，父亲拿着盒装的红豆衬衫走过来，续道：“此物最相思。”妈妈会意地笑了。

这两则广告都蕴含着丰富的民族文化，凝结着深厚的民族文化情结。它们的广告将传统表现得很好，让人自然而然地融入那份情感中，没有丝毫的做作和矫情。

事实上，每一则脍炙人口的广告莫不融入了人类的基本情感。中国的民族文化经过历朝历代的扬弃和充实，几千年传承下来，已经深深地潜入人们的心里。可以说，“民族”活在每个人的灵魂深处，且民族文化中更富有浓浓的人性内容。中国人特有的民族文化是取之不尽的宝藏，我们应该善于利用。因此，从某种程度上来说，“越是民族的，就越是世界的”的说法是有一定道理的。

第五节　影视广告人素质能力培养

一、广告人

广告人就是指一切从事替广告主购买广告版面、时间，替媒体所有者销售广告版面、时间，以及在广告代理公司或其他的地方做广告服务的各种人的总称。

真正意义上的广告人应该是具有知识、技术、经验及洞察力，能为广告主建议怎样能最好地使用广告去达到他们的目的，并且能使建议有效执行的人。

影视广告人的思维特征包含着感性、理性及艺术性。由于影视是多符号的、立体信息场的传播，因此影视广告人的思维特征是立体信息的场性思维，运用创造性的思维方法进行广告创意。

二、影视广告人素质能力培养

（一）勤于动脑，保持丰富的想象力

杰出的广告人，他们不断进取，永远勤于用脑并且保持丰富的想象力。提高想象力的最有效的一种方法是巧妙地运用“假设”的方法。采用这种方法能将自己的想象力从传统、规范等种种束缚之中解放出来，从而获得一个广阔的思维空间。

另外，联想力与想象力是分不开的。从一件事物出发，联想出许许多多其他的东西，也是培养想象力的一种有效方法。

（二）变换角度思考问题

变换角度对于我们认识事物十分重要。事物是客观存在的，我们从不同的角度去认识，往往会产生不同的认识结果，其实，我们所观察的事情往往没有改变，改变的只是我们的观念。然而，我们中的许多人早已习惯从某一固定角度去观察、认识事物，他们将永远只能看到早已看惯的东西，是不可能再从中发现一些新的东西的。

然而，作为广告人却常常需要变换角度、改变观点。在创意过程中灵活地运用这种方法，往往是解决问题、获得成功的关键。

设身处地站在别人的立场上去思考问题是一种变换角度的思考方法。由于广告人的最终目的是要将自己的创意传达给广大消费者，与他们进行沟通，只有消费者接受并理解了广告人所要表达的意思，这样的创意才算成功。因而广告人应常常站在消费者的角度去审视自己的创意，这样才能不断对自己的创意加以改进，取得良好的效果。

逆向思维也是一种变换角度思考问题的方法。逆向思维就是从与平常完全相反的方向来思考问题。在人们对某一件事的认识已经形成定式的时候，打破常规的创意往往能够获得意想不到的效果。逆向思维法就是产生打破常规创意的思维方法基础。由于许多人已经习惯于传统的、常规的思维方式，因此培养逆向思维是有一定的难度的。但是，只要我们坚持多角度思考就一定会有所收获的。

（三）结合影视特点进行场性思维

影视声像结合、视听兼备是最具综合表现特色的传播媒介，由此决定了影视的思维特性是场性的，影视广告的创作必然离不开电视特有的场性思维。

打一个比方，电视的场性思维如在脑库中架起了许多“电线”，把一切有关信息吸引来、贮存着、联系着，使思想处于一触即发的状态，一旦接触到触发点，人脑就会像打开电钮一样，全部线路突然贯通，沿线蓦地大放光明，从而我们会发现被寻找的那些表现因素在“灯火阑珊处”，我们可以把它们一个一个地叫出来进行排列组合。

训练影视的场性思维从注意力的培养开始。影视媒介的场性思维的特性决定了注意的对象或活动是多样化的，这种多样化使我们注意的范围比一般思维状态下注意的对象要广。培养注意的稳定性能使我们进行影视的场性思维时相对持久地把注意力保持在某一个影视表现要素上，这样能更好地获得对这一个影视表现要素清晰而完善的印象。注意的分配力使我们相对保持对某一个主要表现要素认知的同时，把注意力分配到其他表现要素上，从而照顾到各方面影视表现要素，不至于使有价值的表现要素被遗漏。注意的转移力根据多变的情况，使我们能主动地把注意从一个影视表现要素转移到另一个表现要素上去。注意的扩张力使我们注意的范围扩大，我们在有限时间内认知的影视表现要素越多，越有利于影视广告的创作。

影视媒介的多符号传播特性决定了影视思维特性是场性的，影视广告创作离不开场性思维。

第六章　影视广告策划概述

第一节　策划及广告策划相关概念理解

一、策划概念的理解

春秋末期成书的《孙子兵法》是我国古代最早的军事著作，该书总结了春秋末期及其以前的作战经验，揭示了战争的一些重要规律，如书中曾经提出“知己知彼，百战不殆”的著名战争格言，并且强调了修明政治、调查研究和敌情分析等的重要性，这些内容都包含了朴素的唯物论和辩证法。《孙子兵法》中的《孙子·计篇》中有这样一段话:“夫未战而庙算胜者，得算多也；未战而庙算不胜者，得算少也。多算胜，少算不胜，何况无算乎！”意思是战前要有充分准备，策划周密，取胜的机会就大；而策划不周或根本不做策划，就不可能获胜。《孙子兵法》作为传世兵书，虽然论述的是军事上的作战谋略，但其中却蕴含了丰富的策划思想，其运筹定计的原则和思想很值得我们现代策划行业借鉴。

同样地，我国古书《史记·高祖本纪》也有这样一句话“运筹帷幄之中，决胜千里之外”。它的意思是，在营帐中进行事先的周密策划，可以使远在千里之外的决战取得胜利。这句话充分总结了策划的作用，可见高明的统帅的制胜之道在于正确预见事物的发展，通过周密的策划，以智取胜。

另外中国《三国演义》《三十六计》等一批著名的古代史书也都记载了与策划相关的政治、军事、经济活动，其中都包含了丰富的策划思想，对我们现代商战仍然具有重要的借鉴作用。

纵观人类文明史中策划思想与实践的发展，策划多集中在政治、军事领域及一些宏伟工程的建设，还没有广泛应用于其他领域。随着现代工业文明和科技文明的发展，在人类的社会生活中竞争现象也越来越受到人们的重视，而现代工业文明和科技文明的结晶——企业更是面临着巨大的竞争。为了在竞争中占据有利的位置，求得自身的生存和发展，策划的思想也逐渐被运用到经济领域，并且发挥着越来越重要的作用。

现代的策划概念最先产生于公共关系领域。世界上最早的公共关系策划实践活动是由美国著名的公共关系专家艾维·莱特贝特·李所开创。1904 年他创办了美国第一家专门从事公共关系业务的企业——宣传顾问事务所，开展了一系列公共关系活动。他们在开展业务时，巧妙地进行了公共关系策划，处理了一系列的劳务纠纷，协助企业与公众建立良好的关系。其中最著名的案例是1906年他受美国无烟煤矿矿主的委托，处理矿主与罢工工人的关系，取得了良好的效果。

虽然艾维·莱特贝特·李在实践领域已采用策划手段，但“策划”一词的正式提出确是在 20 世纪 50 年代。1955 年爱德华·伯内斯在《策划同意》一书中提出了这一具有挑战性的概念，开始将“策划概念”全面引入公共关系的理论和实践活动，得到人们的普遍认可。很快，策划思想及工作方法迅速在西方广告界和公关界普及开来。

在现代社会，策划手段的运用远远超出了它最先使用的军事领域，也超出了最先明确提出策划概念的公共关系领域，进而深入了社会各个机构和生活的各个方面，“策划”已经成为现代社会中具有方法论意义的思维方式运作方式，尤其在广告界。那么究竟什么是策划呢？从字面上理解，策划就是筹划或谋划，这显然不能诠释策划的真正意义。策划活动的多元化，也导致了对策划概念的多元化理解。海内外学者对策划概念的理解，大致有如下几种类型。

1. 事前行为说：认为策划是为将来行动作当前的决策，是事前的准备过程。

2. 管理行为说：认为策划是一种管理行为，策划与管理是共生的，策划与管理分离，则无效率可言。

3. 选择决定说：认为策划是管理，从多种方案中选择可行的目标、策略、程序及具体计划的活动。

4. 思维程序说：认为策划是策划者对于未来行动科学合理的构想或理性思维程序。

以上几种理解，都不同程度接近了策划的本质和特性，都有其合理性，但都是从策划的某个角度进行分析，所以说都不全面。

而美国“哈佛企业管理丛书”编委会关于策划的概念可以说是以上几种概念的集大成者，可以让我们对策划的概念有一个全面、透彻的理解：策划是一种程序。……策划是针对未来要发生的事情做当前的决策。换言之，策划是找出事物因果关系，衡量未来可采取之途径，作为当前决策之一举。亦即策划是预先决定做什么、何时做、如何做、谁来做。策划如同一座桥，它连接我们目前之地与未来我们要经过之处。策划的步骤是以假定的目标为起点，然后定出策略、政策以及详细的内部作业计划，以求目标之达成，最后还包括成效的评估和反馈，再返回起点，开始策划的第二次循环。我们来看看这个概念如何理解：

首先，我们要明白策划是建立在深入了解现实条件的基础上的，必须尽可能多地掌握各种现实情况，全面了解形成客观实际的各种因素及其信息，寻找出问题的实质和主要矛盾。

其次，策划具有明确的目的性，都是要通过构思、设计、选择行动方式以达成某一目标。任何无目标的策划无论多么高明，都是无的放矢。

再次，策划具有前瞻性，是对未来将要发生的事情做当前的决策。

最后，我们还必须明确，策划具有逻辑的程序性，是按特定程序运作的系统工程。现代策划为了保证策划方案的合理性和高成功率，不可避免地趋向程序化。由于程序是成功实践经验的逻辑精华，因此程序实际上就是优化的步骤。

这里我们有必要把策划和计划区别开来，策划更多地表现为战略决策，包括分析情况、发现问题、确定目标、设计和优化方案及最后形成具体工作计划等环节，它是制订计划的前提。计划很大程度上只是以具体的方式表达策划的最终结果，是在策划的基础上，对目标、战略和任务都已明确的情况下为即将进行的活动提供可具体操作的指导性方案。

二、广告策划概念理解

策划概念虽然出现在1955年，但引入广告领域却是在20世纪60年代，英国BMB广告公司创始人斯坦利·波利坦率先在广告领域使用了“策划”这一概念，很快，策划思想及工作方法在西方广告界普及开来。

广告策划引入中国却是在20世纪80年代中期，北京广告公司和中国广告联合总公司率先在国内广告界提出了“以策划为主导，以创意为中心，为客户提供全面服务”的现代广告代理业务观。

由于对策划概念的理解不同，再加上广告策划的概念引入我国的时间较短，各广告公司在不同的实务环境中形成了自己的广告策划的实际操作程序和手法，因此我国广告界对广告策划有不同的理解，主要有以下不同的认识。

广告策划概念1：

广告策划是广告人通过周密的市场调查和系统的分析，利用已经掌握的知识（情报或资料），科学、合理、有效地布局广告活动的进程，并预先推知和判断市场态势、消费群体态势和未来的需求，以及未来状况的结果。（杨荣刚《现代广告策划》）这一概念指出广告策划是布局广告活动进程的一种活动。

广告策划概念2：

广告策划是根据广告主的营销计划和广告目标，在市场调查的基础上，制订出一个与市场情况、产品状态、消费群体相适应的，经济有效的广告计划，并加以实施、检验，从而为广告主的整体经营提供良好服务的活动。广告策划，实际上就是对广告活动进程进行的总体策划或者叫作战略决策，包括广告目标的制订、战略战术研究、经济预算等，并诉诸文字。（北广《广告学——理论与应用》）这一概念指出广告策划是对广告活动进程的战略决策。

广告策划概念 3：

台湾广告界把广告策划叫作“广告企划”，认为广告企划是“执行广告运动必要的准备动作。在实务上，……理想的过程可以是下列行动的组合：产品—市场分析、竞争状况评估、客户简介、目标设定、预算、目标对象设定、建立创意及媒体策略、创意的执行、媒体的购买及排程、媒体执行、与其他行销组合机构的配合、执行完成、效果评估。”（朝阳堂出版《现代广告事典》）这一概念指明广告策划是一系列“准备动作”的组合。

广告策划概念 4：

广告策划是根据广告主的营销策略，按照一定程序对广告运动或者广告活动的总体战略进行前瞻性规划的活动。它以科学、客观的市场调查为基础，以富于创造性和效益性的定位策略、诉求策略、表现策略、媒介策略为核心内容，以具有可操作性的广告策划文本为直接结果，以广告运动（活动）的效果调查为终结，追求广告运动（活动）进程的合理化和广告效果的最大化，是广告公司内部业务运作的一个重要环节，是现代广告运作科学化、规范化的重要标志之一。（徐智明、高志宏《广告策划》）相比较来说，概念 4 还是一个较为严谨而全面的定义。笔者依据这个定义来阐述广告策划概念的核心内涵：

1. 广告策划的依据是广告主的营销策略。广告是营销组合的重要因素，直接为广告主的市场营销服务，因此广告策划应服从于广告主的营销策略。

2. 广告策划有特定的程序。虽然不同的广告公司对广告策划概念的理解不同，广告策划的程序也不尽相同，但这些程序都必须是科学的、规范的，以保证广告策划不是天马行空的想象和缺乏章法的随心所欲。

3. 广告策划应该提出广告运动（活动）的总体战略。也就是说，广告策划是对广告运动（活动）进程的整体战略和策略的运筹规划，而不是停留在具体行动计划层次上的“广告计划”。

4. 广告策划以市场调查为依据和开端。虽然广告主的营销策略为广告策划指明了策略方向、定下了基调，但它并不能取代周密的市场调查。成功的广告策划需要对消费者、产品和竞争对手所构成的市场全貌有较全面、深入的了解，而这些都需要市场调查来完成。

5. 广告的诉求策略、定位策略、表现策略和媒介策略是广告策划的核心内容。诉求策略、定位策略、表现策略和媒介策略在广告策划中虽然都要分别论述，但它们彼此之间是密切联系、相互影响、相互制约的，必须事先对它们进行周密的、具体的策划，广告运动（活动）才能有条不紊地顺利进行。

6. 广告策划的结果以广告策划文本（书）的方式展现。广告策划书有固定的规范和格式，并且必须具有可操作性。

7. 广告效果的测定方法应该在广告策划中预先设定，这是确保广告运动（活动）成功的前提，也是以后的广告运动（活动）的借鉴。

8. 进行广告策划的目的是追求广告进程的合理化和广告效果的最大化，也就是广告运动（活动）要符合市场的现实情况并能够适应市场的发展，要提供能够产生最佳广告效果的策略和方法。

三、广告策划相关概念理解

（一）电视广告目标及其分类

1. 电视广告目标

广告目标是什么呢？ ANA（Association of National Advertisers）全国广告主协会对其的定义是：“广告目标是在一定的时期，对特定的对象（听众、观众、读者）实行交流传达任务。”在何种市场环境中，面对怎样的竞争对手，以什么姿态来展开市场营销战役，必须要明白广告策略，并且要决定广告表现的方向，这就是最基本的东西。从这个意义上来看，最能明确表示广告目标的无疑是广告的词与句所组成的创意作品。

2. 广告目标分类

我们在进行广告创意时，需要正确地认识和理解的是为什么要使用这些创意，创意人员首先需要正确把握广告目标。

在创意构思阶段，“首先必须留意的不是怎么说而是说什么”。从这个意义上来说，广告目标不是“怎么决定”，而是“决定什么”。广告是活的东西，想去套用成功广告的类型和过去的成功例子是徒劳的。要寻找合适的东西，广告目标必须找准合适的诉求对象和招徕顾客的路线和方向，必须认识到广告目标是广告系统和广告路线的核心。

“一个虚弱的消极的人的话语一点也不值得回味。但是，一个健康充满活力的、精力充沛的人说同样一句话可以震撼世界。”这是罗曼·罗兰的名言，具有明确目标的广告让人联想起“健康有活力”的劝导者。

决定广告目标不仅是创意人员的工作，而且是整个广告战役的核心。创意人员在决定广告目标的讨论会上，要给予最强烈的关心，同时一定要具备有关广告目标的所有知识。

就广告目标来说可以是多种多样的，大致可分为如下几项：

（1）品牌形象的提升；

（2）商品知名度的提高；

（3）商品认知率的提高；

（4）商品知识的普及；

（5）商品概念的转换；

（6）商品和企业活动（服务等）的通告；

（7）即时性的销售额增加；

（8）流行的创造；

（9）企业形象的提升及形象的转变；

（10）制造舆论和舆论高涨；

（11）消除抵触，增加对企业活动的理解；

（12）新生活方式的提示；

（13）其他。

还可将广告目标做如下细分：

（1）心理性目标

a. 将产品新的使用途径或服务及新的构思传达给消费者；

b. 产品必须与消费者能得到的最大便利联系起来；

c. 告诉消费者，使用该产品不会产生任何厌烦；

d. 将产品与消费者广泛认可的人物或符号联系起来；

e. 将产品与消费者共有的心愿或理想联系起来；

f. 将产品与一种独特的东西联系起来；

g. 促使消费者回想起先前有过的经验；

h. 表明该产品或服务如何满足基本需求；

i. 利用消费者的潜意识需求；

j. 要改变消费者原有的态度。

（2）行动性目标

a. 鼓励消费者增加使用的次数；

b. 鼓励消费者提高更换产品的频率；

c. 劝说消费者购买非时令产品；

d. 鼓励消费者试用某一产品的代用品；

e. 感动一个人，让这个人影响其他人来购买该产品；

f. 向消费者推荐试用品；

g. 让消费者前去点名购买该产品；

h. 采取试样和其他形式的咨询；

i. 欢迎消费者来商店浏览。

（3）企业的目标

a. 表明公司富有公众意识；

b. 搞好内部员工之间的关系；

c. 增强股东对公司的信赖；

d. 使大众了解公司是行业中的先锋；

e. 吸引从业人员进公司；

f. 表明公司的产品和服务范围广泛。

（4）营销的目标

a. 刺激对该产品的基础性需求；

b. 确立对该产品的选择性需求；

c. 使本公司的推销员热情高涨；

d. 鼓励商家扩大销售本公司产品；

e. 扩大本公司产品的零售网络。

（二）广告主题

就一件具体的广告作品而言，在明确了广告目标和广告对象之后，按正常的思路，接下来，该是进行创意了，但国外某著名广告人曾经说过这样一句话："广告创意无非就是解决一个说什么和怎么说的问题。"这里"说什么"就是广告的主题，也就是我们平常说的中心思想，一则广告必须鲜明地、突出地表现广告主题，使人们在接触广告之后，很容易就能理解广告究竟是在广告什么，这样的广告才能在信息社会给人留下印象。那么，究竟什么是广告主题呢？我们认为，所谓广告主题，就是广告为了达到某种目的而要说明的基本观念。而这一观念是从广告商品或品牌中提炼出来的，对目标受众而言，有着实体上或心理上的利益。广告主题，就像一根红线贯穿于广告活动（运动）之中，使组成广告活动（运动）的各种要素有机地组合成一则完整的广告作品。

广告主题如此重要，究竟如何才能有效选择和确定广告主题呢？比如对于冰箱这种家电产品而言，省电、节能、绿色、环保、保鲜等都是诉求点，在这些诉求点中，哪一个诉求点应该成为广告主题？哪一个诉求点最具有震撼力和吸引力？这一些问题的解决就必须考虑到广告主题的构成要素。广告主题是由广告目标、信息个性和消费心理三个要素构成的。广告目标是广告战略的核心。广告主题的确定要依照广告目标的要求，要依照企业营销的目标进行，离开广告目标，广告主题的确定就是无的放矢，就无效果可言。所以说广告目标是广告主题的出发点。信息个性是指广告的内容一定要有特点，跟同类产品相比较能突出现实的区别性特点。所以信息个性是广告主题的基础和依据。而广告目标和信息个性，一定要符合目标受众的心理需要，也就是必须考虑消费者心理。《爱犬沙发》电视广告（1993 年全国电视广告"印象奖"一等奖）

描述了这样一个画面：大铁球反复撞击沙发。广告语："不打不相识！爱犬沙发1991年通过国家检测，经沙发试验机五万次击打仍然完好无损，被市政府授予'优质产品'称号。千锤百炼，气度非凡。爱犬沙发，打出来的名牌。"在这则案例中，我们可以看到，该沙发广告主题绝对符合广告目标，也有信息个性，但忽略了一个最重要的问题，就是不符合目标受众的心理需要，没有哪一个消费者购买沙发是天天用来练习打击的。而产品日益同质化的今天，广告主题的确定应该更加关注目标消费者的心理。如何确定广告主题，需从以下方面入手：

1. 从产品实体因素考虑

市场营销学告诉我们，产品概念包括三个层次，分别是核心产品、有形产品和附加产品。核心产品是指产品向消费者提供的某种利益和效用，它是消费者购买产品的根本动机和目的，是产品概念中的灵魂；有形产品是产品的躯壳，一般至少有五个特征：质量、特色、式样、品牌和包装，这样才能使核心产品成为看得见、摸得着、叫得出、认得清的具体的东西；附加产品是消费者购买产品时得到的附加服务和利益，如运送、维修、安装、保险等，这种为产品增加内容的延伸服务，已日益成为吸引消费者的重要手段。我们这里所说的实体产品，主要指的是核心产品和有形产品，从产品实体因素考虑，确定广告主题主要包括以下几种方法：

（1）从产品的品质、原料、构成成分、结构、性能等方面考虑。比如丽臣牙膏含有丁香、薄荷，因此在广告创意中，他们依据这个广告主题，提出了"轻松愉快三十秒，满口清新一整天"的广告口号。

（2）从产品的生产和管理的方法、生产过程、生产条件、生产环境、生产历史等方面来考虑。例如"乐百氏"纯净水"二十七层净化"的广告主题就是从产品的生产过程中提炼出来的。

（3）从产品的外观、品牌、包装等因素考虑。红牛饮料的两头撞在一起的红牛的品牌标志及其"困了累了喝红牛"的广告口号在国内市场上确立了功能性饮料的地位。

2. 从商品的使用情况出发

商品的使用情况也就是消费者在商品的使用过程中所获得的利益，这是在广告中大量出现的主题，但也最不容易把握。广告创意人员总是在一厢情愿地认为消费者购买手表关注的是走时准确、买电视关注的是图像清晰，等等。不能说这样的广告主题不正确，但这一类的广告主题忽略了确定广告主题时应考虑的两个重要因素，即信息个性和消费者心理。没有信息个性的广告主题，消费者不会记忆更不会购买；而忽视消费者心理需要的广告主题更是理发匠的挑子——一头热。因此，从商品的使用情况挖掘广告主题具有更大的挑战性。

（1）从产品的用途和用法考虑广告主题的确定。为人熟知的"白加黑"感冒药的广告主题"白天吃白片不瞌睡，晚上吃黑片睡得香"就是这样确定的。

（2）从产品使用的实际价值和效果，也就是产品可能给消费者带来的利益来考虑，这就超出了核心产品和有形产品的范围，达到了附加产品的范畴。“孔府家酒，叫人想家”，就是使用产品后给消费者带来想家的感觉。

（3）从消费者对产品使用的反映来寻找广告主题。国内著名化妆品品牌“大宝”的广告主题“物美价廉”就是通过不同身份的消费者（教师、女工、京剧演员、摄影记者）对产品使用的评价而传播的。

3. 从商品价格、档次出发来确定广告主题

此类广告主题的确定方法比较简单，因为每个企业对自己的产品在价格、档次上都有一个定位，而这一定位也可以被选择作为广告主题。例如，“雪佛莱”轿车的广告主题就是“全球最豪华的低价汽车”，而同时这也是“雪佛莱”轿车的定位。

4. 从消费者对产品的关心点和期望点出发来确定广告主题

我们必须明白我们的广告是做给谁的，不是广告主，也不是我们自己，而是消费者。我们的广告是做给消费者看的，但这样一个简单的道理却有好多广告人在这里栽跟头，不从消费者的心理需要出发，而单纯地以自己为出发点来进行广告传播。所以不可避免地出现了这样的情况：某广告主认为自己企业生产的保险柜相当结实，从十层楼往下摔都没事，而没有一个消费者购买保险柜是为了从楼上往下摔，他们注重的是安全。因此，在确定广告主题时，一定要站在消费者角度来考虑。

5. 从产品和相关产品的关系出发确定广告主题

人们生活的需要是相互关联的，而一种产品却只能满足人们生活的部分需要，而有了这部分需要又常常引发对另外部分产品的需要。有了西装，要配领带；买了电脑，需要安装软件，等等，此类情况不一而足。而广告通过点明这种产品的相关联系，间接地解释和引出了广告商品，从而唤起人们对该种商品的需求，此类主题确定方法构思相当精妙，很值得我们学习。比如日本 NEC 打字机的广告，在广告语“与名牌电脑 IBM 配套使用，强劲搭配，无懈可击”中烘托出了其“质量可靠、档次较高”的广告主题。

6. 从产品与竞争品牌之间的关系出发确定广告主题

从竞争关系出发，通过对比更能突出自己产品的价值。比如著名的“两乐之争”《售货机篇》的电视广告，画面是一个小孩，走到售货机旁，投进两枚硬币，出来了两罐可口可乐，看到这里，观众可能以为这是可口可乐的广告；但没有想到，小孩把两罐可口可乐踩在脚下，用手按下百事可乐的标志，然后，小孩拿着百事可乐满意地离开了，而两罐可口可乐却被留在了售货机旁。通过这样的竞争广告，百事可乐更是突出了自己“更美味”的广告主题。

7. 从产品的主观价值出发确定广告主题

韦伯杨在《怎样成为广告人》一文中写道：“由于人活着并不是只吃面包，广告人可以进一步去给产品附加各种无形的价值，这样可对消费者产生超过具体有形价值的

真正满足感。科技进步趋向导致产品间的日益雷同，致使广告增加产品主观价值日益重要，主观价值实际上并不比有形价值逊色，我要在此阐述得非常重要的论点是主观价值在生活中扮演的重要角色。”

赋予产品主观价值，是一种主观性的想象，这些主观价值是人们对产品的感受、联想或象征意义的挖掘；它不是商品中实质性的存在，但它可能在人的心理中存在，它存在于商品与人的心理和文化之间的一种精神性联系中。这种确定广告主题的方法主要包括下面几种：

（1）产品给人的感觉。人是通过自己的感觉来感知客观事物的，这种感觉常常会给消费者带来一些积极的或消极的体验，如舒畅、惬意、可心、美妙、快活或痛苦、不舒服等。而这些感觉也可以成为我们的广告主题，如养生堂的农夫山泉“有点甜”的广告主题的确定就属于此类。

（2）产品的性格。产品的质量、形态、功效、档次给人的感觉、感受等，使其在消费者的心目中有了一定的性格特征，这是人类感知和理想过程中自我投入和移情的结果。Edwin.W.Ebel 在《广告计划》中曾说：“每种商品都有其性格，是什么东西赋予其性格？制造商希望他的商品所得到的印象又是什么？它是男性的商品，还是女性的商品，或者是属于两性的？它是有限市场的高价商品或者是以价值诉求的低价商品？或者它是一种低价品，但如果做得好会有一种高价品的印象？”广告人通过对以上问题的思考，可以大致了解或界定商品的性格，它是粗犷的，还是温顺的？高贵的，还是粗俗的？而广告则可以从商品的性格为出发点，来确定广告的主题。例如，由张曼玉出演的爱立信手机《相遇篇》就充分表现了爱立信手机高贵典雅的性格。

（3）产品的象征。产品的档次、品位、品牌形象及它给人们的感觉、感受，与社会文化的关系等，都会成为个人的某种象征，如个人身份、地位、事业、命运、能力、品格、权威、个性等。这正如 T. 维什得克和 K. 希沃德在《广告语言》一书中所说：“广告应当是每一位读者都感到某种身份有某种需要，使个人感到自我展示能证明其生活方式和价值观念。这也证明了他们的生活方式和价值观念的正当性，从而产生关于世界以及自己在世界中的位置的意识。这里，我们所面对的是一种赋义过程，这个过程把某种特定商品转化为一种具有特定内容的生活方式和价值观念的表达。显然，这种赋义过程的最终目的，是把某种特定的商品同所期望的身份联系起来，以使对某种身份的需要转变为对特定商品的需要。”曾经有人对购买劳斯莱斯汽车的人做了一次调查，发现劳斯莱斯汽车的使用者有如下特征：三分之二的人拥有自己的公司，或者是公司的合伙人；几乎每个人有数处房产；每个人都有一辆以上轿车，除劳斯莱斯以外，主要是奔驰；50% 的人有艺术收藏；40% 的人拥有游艇；平均年龄在 50 岁以上。由此可见，劳斯莱斯体现了一种豪华的、社会地位显赫的生活方式。

8. 从挖掘产品潜在价值、创造产品新价值角度出发确定广告主题

产品的价值，有些是消费者能够感知的，有些则是消费者未能感知的，因此，在确定广告主题时，应突破传统观念的束缚，把产品放在更为广阔的关系中考虑，可能会有意想不到的广告主题产生。例如“白箭”口香糖把口香糖与健美运动联系在一起，提出全新的广告主题——运动你的脸。从挖掘产品潜在价值、创造产品新价值角度出发确定广告主题，主要包括以下几种方法：

（1）唤醒消费需求。就是消费者除了对产品有现时需求之外，还有潜在需求，即消费者还没有意识到的消费需求。曾有人做过统计，在消费者的消费行为中，只有28% 是有意识的行为，而 72% 的购买行为则是受朦胧的欲望支配的。要想让这 72% 的朦胧的欲望变成现实需求，消费者的生理或心理上的内在刺激固然重要，但也可以由外来刺激引起需求，从而产生购买行为。比如中国某厂家生产的速效救心丸的广告中，在老头因心脏病突发而昏倒的时候，其老伴和孩子焦急地等其醒来，醒来时对他说：这速效救心丸不但要在急救的时候吃，平时也要吃。确定了这样的一个广告主题，该药的销量便大大上升。

（2）创造消费需求。因为消费者对某一种产品处于一种“无需求”的状态，也就是说我对你不感兴趣或者漠不关心，而广告可以起到引导和刺激消费的作用，所以广告主题的确定可以挖掘产品的新价值为出发点。例如，“玉兰油”防紫外线润肤露的广告主题就是通过此类方法确定的：“玉兰油不仅能防止阳光下的紫外线，也对阴暗中的紫外线有防止作用，能使您的皮肤更加白皙。”

（3）突破消费观念的障碍，挖掘产品的价值。在一定的社会文化背景和生活方式下，往往会形成人们特定的观念，这种观念往往会影响人们对客观事物的认识和评价。因为人们有时候并不根据事实来做决定，他们只是用事实来支持他们的决定，这就是知觉的选择性特征。观念在人们面临某一问题时，往往会成为一种先入为主的成见，符合人们观念时较为乐意接受，不符合时则拒绝接受，甚至会加以排斥。在这种情况下，广告主题的确定应避开那些与消费观念相冲突的主题，选择那些切合受众观念的产品价值。或者，通过一定的宣传转变旧观念建立新观念，使广告主题能被人们接受。宝洁的帮宝适纸尿布为妈妈免除了清洗、晾晒尿布的麻烦，又能保持婴儿皮肤干爽，是一种好产品。但是一开始销路很不好，经调查发现，妈妈一般不愿别人看见自己给孩子用这种尿布，因为广告一直强调产品使妈妈免除了麻烦，使用它就给人一种自私懒惰的印象。发现了消费者的心理障碍，宝洁改变了广告主题的诉求，把为妈妈免除麻烦改为使孩子肌肤更干爽舒适。这样，帮宝适销路大开，妈妈都争先恐后地使用它了，因为使用它就意味着关心孩子，就意味着自己是个好妈妈。宝洁的广告主题由“给妈妈免除麻烦的纸尿布”变成“让婴儿皮肤干爽的纸尿布”，创造了一个世界名牌。

（4）逆向思维，从产品的负加值中挖掘新价值来确定广告主题。根据哲学理论我

们知道，世界上任何一种事物都是矛盾的，产品也是如此，产品不仅有正价值也有负价值。巧克力固然好吃，但吃多了会长胖；啤酒美味不假，但喝酒之后会有大肚子；开名车、住洋房、穿高档衣服当然很有面子，但口袋里没有钱，什么都免谈。这就是产品的负价值，这些负价值有时候造成消费者的动机矛盾，影响消费者对产品的接受。广告可以利用或避开这些负价值，或恰如其分地给予解释，这也是确定广告主题的一个角度。比如“有好口味，但不会有大腰围”的某啤酒广告主题、“不戒香烟，只戒烟油”的某香烟广告主题等都属于此类广告主题的确定方法。其中最负盛名的莫不属于美国人杨格给自己苹果做的广告“高原苹果的特有标志”，不仅使自己的苹果畅销，还使其他品牌的苹果滞销，让人不得不佩服其高明之处。

（5）从产品的社会价值角度出发确定广告主题。著名社会学家马斯洛的“需要层次论”告诉我们，人的需要分为五个层次：第一层是人的生理需要，即我们最基本的需要，衣、食、住、行等；第二层是人的安全需要，没有危险，感到安全，避免疾病、失业等；第三层是人的友爱与归属需要（社交需要），与别人交往，被周围人接受，有所归属；第四层是人的尊敬需要，即获得成功，取得地位，得到承认、肯定、赞扬；第五层是人的自我实现的需要，也就是实现理想、抱负，寻求成就和发挥潜力，“能成为什么就成为什么”。从第三层开始，人的需要基本上是希望得到社会的承认，也就是常说的社会需要。而这时的广告不仅要刺激消费者个人，更要挖掘产品的社会价值，使这一价值在其社会关系中扩散，从而体现消费者的社会价值，就是我们常说的友情、亲情、爱情等。20 世纪 70 年代，功学社的千叶钢琴在台湾市场占有率很高，所以，传播的目的不是与对手竞争，而是希望通过让更多的孩子来学钢琴，从而促进钢琴的销售。功学社建立了山叶音乐教室来推广钢琴艺术，把广告业务委托给台湾向阳传播公司。当时，一方面，台湾很多孩子沉湎于“小蜜蜂”“小精灵”之类的电子游戏；另一方面，青少年犯罪现象也相当严重，这令家长十分担心。而学钢琴向来被看作是件非常高雅的事。根据上述情况，功学社的报纸广告确定了诉求重点。

学琴的孩子不会变坏

———功学社让父母的期盼真实地呈现出来

正文：童年，是奠定孩子日后人格发展的基础，也是脑力发展最迅速的时期；而音乐，最能启发孩子创造力的最高层面。

山叶钢琴教室——让孩子拥有最快乐的学习方式，也让孩子“不但好，而且更好”！

山叶音乐教室招生中图案：一个小女孩在一个成年女性指导下学琴的照片。

案例：自由的选择

一、背景

1993 年开始，香港的移动电话市场一直持续高速发展，竞争强度也由弱及强。到了 1996 年，随着各种竞争性服务措施的出台，竞争强度达到了白热化。变化迅速、对手如林的移动电话市场看似已经无利可图。

香港电讯公司（TCSL）一直是香港电讯业的市场领袖，以其独特的服务和良好的信誉在消费者心中树立了卓越的形象。其 1010 牌手机以商业用户为目标市场，占有相当大的市场份额。但 TCSL 不满足于此，努力寻找着新的市场机会。

二、选定目标市场

注重市场研究的 TCSL 发现:（1）从整体上说，手机价格呈下降趋势，技术创新逐步加快，手机消费开始倾向于轻型化、时髦化。而具有快节奏、高流动性、休闲性生活方式的年轻人是这一消费趋势的主要驱动力。（2）从目前的消费群体看，有一部分用户与传统的用户有很大不同，他们多是女性，很年轻，不太富裕，手机多作休闲和交际用途。这些情况表明，以前被忽略的年轻人市场现在正逐渐成为巨大的手机消费市场。TCSL 决定，紧紧抓住这个新市场。

三、品牌策略

TCSL 的 1010 牌手机以商业用户为目标市场，早已享有很高声誉。利用 1010 的品牌优势开拓年轻人手机市场，这对很多厂家来说是一个现成思路。但 TCSL 在对商业用户和年轻的休闲用户两个目标市场进行认真分析后发现，两个目标市场的需求是显著不同的，商业用户更注重手机的实用功能（如发传真），而休闲用户更注重手机外形、颜色等方面。如果把 1010 重新定位为集商用、休闲为一体的手机，将大大损害原有品牌形象，并把品牌搞得不伦不类。所以，TCSL 决定采用双品牌策略——对商业用户仍沿用 1010 品牌，对休闲用户则推出新品牌“自由 2”（one2Free），新品牌的设计力求体现当代年轻人的生活观念和个性。这样，既保证了原有品牌的忠诚度，又开拓了新领域。

四、主题突出的整合传播

1. 品牌名称

“自由 2”，展现自由，充满激情，适合年轻人的价值观。“one2Free”声调铿锵有力，朗朗上口，符合年轻人的审美口味。

2. 产品设计

一改往日手机黑色的呆板外形，从外形到颜色都趋向多样化、时髦化。这样，使手机不仅能满足沟通交往的需要，还可作为装饰品，迎合年轻人追求时尚，既个性化又休闲的生活方式。

3. 附加利益

为客户提供免费使用期（以使用次数计算）；还有免息分期付款，以利于较不富裕的客户购买；另外，在客户购买时附带提供极具时尚特点的附件与富有生活情趣的商品。

4. 专卖店服务

在每个巴士站都设有一个大型“自由 2”专卖店，极大地提高了购买的便利性、灵活性和自由性。专卖店有凉爽宜人的购物环境，使顾客在轻松愉悦的氛围中选购手机。

5. 广告

发布的系列电视广告是“自由 2”最具创意的广告活动。

（1）第一节电视广告

男主人公 Roy（摄影记者，由新生代的代言人郭富城主演）正要送女友 Avy（有古典之美）去机场，他的寻呼机突然响了——有一个重要会晤等他去摄影。怎么办？去送 Avy 还是去摄影？犹豫之后，他选择了后者。在众多记者拥挤抢拍的时候，女摄影记者 GiGi（有现代之美）的相机不慎跌落，Roy 疾速飞奔过去将相机接住并交给 GiGi。GiGi 投以感谢的目光。这时，Roy 的寻呼机又响起——Avy 已在机场。怎么办？去机场还是继续拍摄？

Roy 该如何选择呢？广告将处理故事结局的权利交给了观众，观众可按广告提示的联系方式参与讨论。这种参与式的广告给消费者注入了兴奋剂，许多观众积极与电视台联系，告诉自己的构想。

这个广告的情节中虽没有出现“自由 2”，但吸引了大批“自由 2”的目标受众，因为爱好休闲的年轻女性很喜欢电视广告提供的话题。

（2）第二节电视广告

广告片按大多数观众的意见进行：

Roy 选择了继续拍摄。几天后，在“自由 2”专卖店里，Roy 偶遇 GiGi，两人同时看中了同一款“自由 2”，于是两人开始相识相知并相恋了。在一个星光灿烂的夜晚，正当他们要拥抱接吻时，他们的“自由 2”手机响了，该不该接电话呢？

这个选择权又交给了观众。

整个广告的设计从内容到风格不仅符合当代年轻人的审美观，还体现了他们自由自在的生活方式及沟通与选择的自由，从而凸显了“自由 2”的“自由”理念。

五、业绩

在业务开展不到 6 个月，专卖店由 2 个扩展到 130 个。到 1997 年 4 月，其业务用户已达 7 万人（比原定目标多一倍）。4 个月后又增至 14 万人。据调查，60% 的人为初次使用手机，70% 的人年龄在 18~30 岁之间，50% 是女性，65% 是个人用户，这些恰恰与目标市场的客户范围一致。1997 年，“自由 2”的市场策划在第 12 届 HKMA/TVB 杰出市场策划奖评选中一举夺冠，其电视广告获本届比赛的优异电视推广策略奖。

第二节　影视广告策划程序

影视广告策划是一个系统性工程。按照一定的科学的程序进行策划，是策划成功的必要条件。因此，影视广告策划，要明确先做什么、后做什么，按照一定的步骤、章法去思考问题，在符合客观规律的前提下去做。一般来说，影视广告策划主要包括以下四个部分：市场分析阶段、战略规划阶段、制订计划阶段、形成文本阶段。这四个部分是动态地结合在一起的，而不是独立的。而先做什么、后做什么，并不是由广告主或者广告代理商说了算，而是来自市场，来自目标消费者。

一、市场分析阶段

（一）市场调查

市场调查是影视广告策划成功的前提。没有市场调查就像一个人被蒙住了双眼，走在坎坷不平的山谷之中；没有科学的市场调查，就没有科学的广告目标，当然也就没有电视广告策划的成功。著名的“广告之父”大卫·奥格威明确表示：“我对什么事物能构成好的文案的构想，几乎全部从市场调查来而非个人主见。”奥美广告公司总是以是市场调查来引导创作。首先通过调查来发现市场难题，找出广告应该解决的问题是什么。那么，市场调查究竟调查什么呢？我们首先要明白，广告是为了解决问题，因此市场调查就是要调查能对解决问题有帮助的资料和数据。简单来说，市场调查就是资料的收集过程。具体地说，这些资料应包括以下两大类：

1. 企业内部资料

对企业内部资料的收集：一是产品资料，通过对产品的调查，应着重掌握产品的特点和优势，为以后确定广告主题提供素材；二是企业的资料，因为企业在社会上的形象和信誉往往会直接影响到企业产品的声誉和销量；三就是销售渠道，市场调查一定要对产品的销售渠道有全面的掌握，只有这样才能使我们的广告活动（运动）与销售渠道密切配合，使消费者能在看到电视广告后马上就能在市场上见到广告产品；四是还应包括收集企业的广告情况，应对其广告计划、广告费用等有初步掌握，不论是成功的还是失败的，都可以从中总结经验或吸取教训，作为我们本次策划的参考依据。

2. 企业外部资料

企业外部资料涉及的范围相当广，但主要应包括企业的外部环境。一是与市场营销相关的资料，主要有政策法规、人口构成、民俗风情等，对这些外部环境的了解，有助于在广告策划中更好地适应市场，提高广告效果。二是市场资料，研究分析市场需求信息和产品供应信息，把握市场需求总量和潜在量，找出产品最佳的销售时机。三是消费者资料，要对目标消费者进行全面的了解，把握他们的消费心理、消费需求和消费动机，从而追求最大化的广告效果。最重要的还有竞争对手的资料，广告是市场竞争的重要手段，必须掌握同竞争对手有关的各种资料，否则就难以使广告在竞争中发挥最佳效果。

（二）市场分析

1. 营销环境分析

企业营销环境主要包括微观环境和宏观环境。宏观环境指的是影响企业的巨大的社会力量，包括人口、经济、自然、科技、政治、法律、社会文化环境等。这些因素都对企业的市场营销起着制约作用。比如说人口总量、人口构成、人口结构的发展变化决定着消费者需求、消费者对产品的选择取向、市场规模和市场前景的变化；而经济因素决定着企业能得到足够的资金、消费者的购买力、供应商和中间商的能力和积极性等等。微观环境主要包括企业自身、企业的供应商、产品营销中间商、顾客、竞争者和广泛的社会公众，如企业自身的历史、生产管理、企业内部公众的素质都对企业的营销能力起着重大的作用。

2. 消费者分析

消费者是广告活动的对象，因此对他们的分析是市场分析中相当重要的一部分。狭义的消费者指消耗商品或服务的使用价值的人。广义的消费者包括产品或服务的需求者、购买者和使用者。对于广告传播来说，笔者研究的主要是广义的消费者。对消费者的分析主要包括以下方面：

（1）性别：对有些消费品如服装、食品、家庭日用品，女性的冲动性购买行为较易发生，而男性则很少参与购买。所以这些产品的广告基本上是做给女性看的，广告也就多采用感性诉求方式。

（2）年龄：老年人对保健用品如按摩器、治疗仪等的需求很容易产生，其购买行为相当审慎，对产品的质量、功能、价格等必经反复推敲、比较才会决定购买。而年轻人对这类产品的需求相对不够强烈，不少是为孝敬父母才购买的，所以也重视质量、功能，但对价格看得并不是很重，因为价格高一点更能表明孝心。根据这种情况，这类产品的广告主要是做给老年人看的，多进行理性化的功能诉求；同时可以做给年轻人看的广告，唤醒、强化其孝心，那么可以进行非常感性的诉求。

（3）收入：收入高的人对一些高档商品如高档服装、高档烟酒等的需求较易产生，购买决策过程较短，这不仅是因为其收入高而使价格不成为障碍，更是因为高档商品恰恰与其经济地位相符并显示了其身份。根据这种情况，高档商品的广告应该侧重塑造高贵的品牌形象，使品牌成为经济地位的象征符号。对收入低的人群，企业致力于推出物美价廉的产品，广告也多诉求物美价廉。不过，应该注意到，一些时尚商品、现代产品如寻呼机、手机、掌上电脑（PDA）等，即使是收入不高的人群也有相当一部分人会购买，所以塑造品牌的现代感仍是重点。

（4）文化程度：不同文化程度的人虽然都重视产品的质量、功能、价格等，但对产品的附加值有不同的选择。同样的家用电器，那些具有高科技的品牌内涵，较易获得文化程度高者的好感而缩短其购买决策过程，并在使用过程中有满足感；而加上“福”“禄”“寿”之类的副品牌，则较易获得文化程度低者的好感。

另外，对消费者的分析还应包括职业、地区、民族及对广告的态度等等。消费者的差异是十分复杂的，又往往是不能一概而论的，这里仅仅是举例说明而已。在电视广告策划中，策划人必须针对产品、针对目标消费群进行深入细致的研究，这样才能真正把握这种差异并找到较好的广告传播对策。

（三）产品分析

著名广告人伯恩巴克曾经说过：“如果要我给任何一个人忠告的话，那就是在他开始工作之前，先要彻底了解他所要广告的商品。你的聪明才智、你的煽动力、你的想象力及创造力都要从对商品的了解中产生。”

对产品的传统理解是：通过有目的的生产劳动所制造出来的物质资料。这里说的产品是实体形态的物质产品。这种概念是不完整的，只能说是产品的狭义概念。因此这种理解是不全面的，现代产品的现代概念是在更为广泛的意义上确立的。产品不仅指有形物质实体，还包括一切能够满足消费者需求和利益的无形服务及其他因素（如运输、储存、设计、安装、保证、信贷、咨询等等），即凡是能够满足消费者需要的因素都属于产品范畴。该概念认为产品是核心产品、有形产品、附加产品三个层次的组合。

1. 核心产品，又称实质产品，指向消费者提供的基本效用或利益，是产品的核心内容。例如洗衣机的核心产品是减轻人们洗衣服的家庭劳务负担。

2. 有形产品，是核心产品借以实现的形式，也就是产品的实体和劳务的外观。它包括产品的品牌、价格、质量、包装、式样和设计特色等等。

3. 附加产品，又称延伸产品，指消费者购买有形产品时所能得到的利益总和，也就是有形产品所产生的基本利益和随同提供的各项服务所产生的利益之和，如交货、维修、安装、试用指导、产品担保和各种售后服务等等。

现代产品概念对产品三个层次的划分具有重大意义，为广告策划与创意拓展了思路。例如，一种新产品在推广时期所应传播的一般是其核心产品，如洗衣机的“星期天，它工作，我休息”；而在产品普及之后，核心产品就失去了与同类竞争产品相区别的意义，这时传播的重点理应是质量、价格、设计特色等有形产品，如洗衣机宣传引进日本技术、喷泉式水流、大容量等；在产品高度同质化的时候，传播的重点就可能落在附加产品上，如海尔的售后服务“红地毯工程”。

核心产品有时是一目了然的。如国外一种无酒精啤酒，其核心产品当然是驾车者可以饮用的安全啤酒。广告策划与创意都于此自然找到了利益点。平面广告之一是暗红色地板右上方是啤酒瓶盖，居中一行文字：“执照和注册卡？当然有。警官，帮我拿一下啤酒好吗？”右下是广告语：现向指定司机供应无酒精啤酒。之二是居中一行笔直的黄色脚印。表现驾车者自如应付警察的检查。之三居中是zyxwvutsrqponmlkjihgfedcba，表现喝了这种啤酒仍能将26个字母倒背如流。

对一些产品特别是无明显功能特征的产品来说，如何确定核心产品是个大问题。确定核心产品的唯一依据是消费者的第一位需求。而对消费者的第一位需求会有不同的认识，认识不同所确定的核心产品就不同。如一种饮料，有人将其核心产品确定为消暑解渴，而有人却确定为体育精神或个性自由。比如娃哈哈集团最近推出的激活饮料倡导的就是个性自由，销售的是无形产品——个性自由。

（四）企业竞争对手分析

前面已经说过，广告是市场竞争的一个重要手段，那么对竞争对手的准确把握是我们广告成功的必要条件，所谓的“知己知彼，百战不殆”就是这个道理。对企业竞争对手的分析主要应包括以下几部分：

1. 主要是生产、经营同类产品的竞争者数目、规模、市场占有率及变化特点。对竞争对手此类的分析可以使我们对整个市场环境有完整的认识，而且通过此类分析，也可以更好地确定本企业在市场中的地位，是做市场的领导者还是挑战者或是追随者，抑或是做个市场拾遗补阙者。
2. 竞争对手的销售服务和售后服务方式，以及消费者的评价。
3. 竞争对手的生产经营管理水平。
4. 各竞争者所采用的广告类型与广告支出。

二、战略策划阶段

以上基本上是属于市场分析阶段，下面笔者将要讨论的就是电视广告策划的第二个阶段，即战略规划阶段，这一阶段主要包括两大部分，即广告媒体策划阶段和广告诉求策划阶段。

（一）媒体策划阶段

对于电视广告策划来说，这一阶段相对比较简单，主要是广告如何来选择电视媒体。具体说，就是根据上面对企业营销环境的分析、产品的分析、消费者的分析及竞争对手的分析，从而确定电视广告是选择全国性的媒体、还是地区性的媒体、还是地方性的媒体。媒体的确定，不仅可以使广告的效果达到最优，还能最大限度地节省广告费。因为有时候在地方性媒体投放广告就能解决问题的，就没有必要再去中央电视台了。

（二）广告诉求策划阶段

广告诉求策划主要包括理性诉求、感性诉求和情理结合诉求三种：

1. 理性诉求

理性诉求通过真实、准确地传达企业、产品、服务的客观情况，使受众经过概念、判断、推理等思维过程，理智地进行购买。所诉求的客观情况通常是产品质量、性能、价值、经济等。

例如：VOLVO 轿车平面广告的文案。

标题：为了每加仑能行驶 45 英里而甘冒生命危险值得吗？

内文：娇小的车子虽然省油，可是根据汽车意外事故的统计数字来看，它们并不安全。一部 VOLVO 在高速公路上每加仑平均可行驶 29 英里，在城市中是 19 英里。不过，我们提供的生命保障价值胜过省油价值。

VOLVO 轿车的车厢由六根钢柱支撑，每根都很坚固，足以支撑整辆车的重量。容易冲撞的地方如车的前部与尾部，都经过特殊设计，可以承受冲撞的压力，不像其他车子会将冲撞力转嫁给乘客。

事实上，联邦政府亦信赖 VOLVO 轿车的价格。政府单位已成为本公司最大的客户之一。政府购买了超过 60 部的 VOLVO 轿车，让它们以 90 英里的时速互相冲撞，目的是建立安全的标准。

所以，在你想选购下一部轿车时，请先衡量你想获得什么与损失什么。一部大而坚固的 VOLVO 轿车，不只是讲求省油而已，它更能使你保存一些特别珍贵的事物。

广告口号：

VOLVO，值得你信赖的车。

由此优秀文案可见，理性诉求注重运用事实材料（包括数据），促使受众形成有利于广告产品的判断、推理。

理性诉求一般用于消费者需要经过深思熟虑才能决定购买的产品或服务，如上面的文案虽用于轿车，但也不尽然。

例如影视广告“松下电器产业·松下之光”(1999年获日本建设者协会奖)。画外音：“假如这支灯管消耗的电力等于普通灯泡的75%，那么我们将追求更高的效率。同样的亮度，这支荧光灯消耗的电力是普通灯泡的23%，而用与荧光灯同等的电力，新型的经济荧光灯的亮度要增加12%。新型经济荧光灯真空管的线圈间隔缩短了千分之一厘米，这样就可以节省5%的电力。虽然这种进步只是一点点，但是积少成多。这就是未来之光，松下之光！”字幕：National。画面都是黑底反白字，如“为地球服务”。

另外还有我国第八届电视广告获奖作品乐百氏的“二十七层净化”也是理性诉求的典范。成功的理性诉求不仅可以帮助受众认知产品，同时使受众自然产生喜好的情感，易于形成信赖的态度。上述几例都是如此。

2. 感性诉求

感性诉求通过表现与企业、产品、服务相关的情绪与情感因素来冲击受众的情绪与情感，促使他们产生购买产品或服务的欲望和行为。

一般认为感性诉求多用于装饰品、化妆品、饮料、酒类、其他时髦商品，但也不尽然，在同类产品同质化程度越来越高的今天，家用电器之类的产品也常用感性诉求方法。

感性诉求所传达的情感常有爱情、亲情、乡情、同情、恐惧、生活情趣、悠闲、乐趣、欢乐、幽默等和个人的其他心理感受如满足感、成就感、自豪感、归属感等。

关于感性诉求策略不用再多举例，因为，现在的广告绝大部分是基于此种策略而进行传播的。

现代营销和营销传播越来越重视情感的作用，重视与消费者的情感沟通，甚至提出了情感营销的观点。现代广告中感性诉求的成分越来越多，其原因大致有三：

（1）产品同质化程度越来越高，使得以产品质量、性能等为主要内容的理性诉求难以体现差异性。

（2）消费者除了重视满足实体利益之外，越来越重视心理利益的满足。

（3）品牌形象理论对广告界的影响巨大，感性诉求不管是从信息角度还是从形式角度来看，都更易引起人们对品牌的联想与回想。

理性诉求与感性诉求并无高低之别，要它们取得理想的诉求效果，关键在于对消费者“见机行事”。

3. 情理结合诉求

理性诉求对完整、准确地传达广告信息非常有利，但是容易使广告显得生硬、枯燥，影响受众对广告的兴趣。感性诉求容易引起受众的兴趣，但是过于注重对情绪情感的描述往往会影响广告信息的传达。所以，纯粹的理性诉求与纯粹的感性诉求是各有优缺点的。为了扬长避短，将两种诉求方法结合起来是取得理想诉求效果的思路，这就是情理结合诉求策略。

对于报纸、杂志、广告，情理结合诉求方法最普通的做法是：文案介绍产品特点，偏于理性诉求；图案创造一种感性气氛，偏于感性诉求。如厦华彩电曾发布“新”“型”“音”“色”系列报纸广告，文案介绍了产品特点，如“采用进口显像管”“全功能红外线遥控”等等；图案分别是新型客机、女性靓丽剪影、音乐指挥家指挥造型、女性身着多彩阳帽和衣裙的背影，洋溢着生活情趣。

情理结合诉求的另一方法是：广告传达一个理性的广告主题，即一个有利于广告目标的判断，而使受众形成这个判断的手法是感性的，是能够激发受众的情绪和情感的。这成了情理结合诉求的最常见方法。它同于理性诉求的是传达了有关产品质量、功能等方面的信息，它同于感性诉求的是感性的表现激发受众的情绪和情感。例如，1993年力士推出了含有“PIB”弹力呈型因子的洗发水“亮丽呈型系列”，产品的卖点是“轻松恢复漂亮发型”，广告传达的主题就是这样一个判断：“力士亮丽呈型系列洗发水可以使你轻松恢复漂亮发型。”广告片由张曼玉主演，张曼玉开着红色奔驰跑车出席一个重要典礼，在敞篷车里张曼玉的秀发与其助手的头发形成鲜明对比。张曼玉一直轻松自在，任秀发随风飘动；而助手却手忙脚乱地不停地整理头发，直到抵达会场，她也没能把头发整理好；而张曼玉只是自信地把头发轻轻一拨，就恢复了漂亮发型。这一刻，巨星风采，光亮耀人。

三、制订计划阶段

对于电视广告策划而言，制订计划阶段比较简单。这一阶段主要就是根据市场分析、产品分析、消费者分析和诉求策略的选择再加上对广告主媒体预算的准确把握，制订合理的广告实施计划。

四、形成文本阶段

电视广告策划的最后一阶段是形成文本阶段，也就是以上所有分析结果和媒体策划以及诉求策略选择的结果，最后都要以文本的形式来体现。一个完整的策划文本主要应包括以下几部分：

（一）封面

一份完整的电视广告策划书应该有一个设计精美、策划要素齐全的封面，以便给阅读者良好的第一印象。具体而言，主要应提供以下信息：

1. 电视广告策划文本全称。比如说某啤酒电视广告策划文书等这样的字样。
2. 广告主的全称，本着IMC的原则，广告主全称最好有企业的标准字和标准色。
3. 策划机构的名称。

4. 策划文书的完成日期。

5. 策划文本的编号。

当然，也并不是说，电视广告策划书的封面必须包括这些内容，一切要视情况而定。因为有的时候，出于某种原因，我们可以略去其中的某项内容。下面将要介绍的整个策划文书的内容也不是绝对的，在具体操作过程中，并不需要面面俱到，只选择相关的项目展开论述即可。

（二）电视广告策划小组名单

提供策划小组名单，不仅可以让广告主感到广告策划的正规性，也可以表示一种对策划结果负责的态度。具体应包括姓名、职责、所属部门和执笔人。

（三）目录

目录，实际上就是策划书的简要提纲，应把各部分的标题列出来，一方面可以使策划书显得规范，另一方面也可以使阅读者对策划文书有个全面大概的了解。

（四）前言

前言主要是对策划的缘由、目的、意义、过程等策划要素进行简要的概括，其中应着重对广告主的产品或者是企业面临的问题进行论述，以便使广告主能迅速把握策划书的要点。

（五）正文

第一部分 市场分析

这一部分应包括上面市场分析的全部结果，以便为后面的广告策略部分提供有说服力的依据。

1. 营销环境分析

（1）企业市场营销环境中宏观的制约因素：

1）企业目标市场所处区域的宏观经济形势

总体的经济形势

总体的消费态势

产业的发展政策

2）市场的政治、法律背景

是否有有利或者不利的政治因素可能影响产品的市场

是否有有利或者不利的法律因素可能影响产品的销售和广告

3）市场的文化背景

企业的产品与目标市场的文化背景有无冲突之处

这一市场的消费者是否会因为产品不符合其文化而拒绝产品

（2）市场营销环境中的微观制约因素

企业的供应商与企业的关系

产品的营销中间商与企业的关系

（3）市场概况

1）市场的规模

整个市场的销售额

市场可能容纳的最大销售额

消费者总量

消费者总的购买量

以上几个要素在过去一个时期中的变化

未来市场规模的发展趋势

2）市场的构成

构成这一市场的主要产品的品牌

各品牌所占据的市场份额

市场上居于主要地位的品牌

与本品牌构成竞争的品牌是什么

未来市场构成的变化趋势如何

3）市场构成的特性

有无季节性

有无暂时性

有无其他突出的特点

（4）营销环境分析总结

机会与威胁

优势和劣势

重点问题

著名的 SWOT 模式分析

2. 消费者分析

（1）消费者的总体消费态势

现有的消费时尚

各种消费者消费本类产品的特性

（2）现有消费者分析

1）现有消费者群体的构成

现有消费者的总量

现有消费者的年龄

现有消费者的职业

现有消费者的收入

现有消费者的受教育程度

现有消费者的分布

2）现有消费者的消费动机

购买的动机

购买的时间

购买的频率

购买的数量

购买的地点

3）现有消费者的态度

对产品的喜爱程度

对本品牌的偏好程度

对本品牌的认知程度

对本品牌的指名购买程度

使用后的满足程度

未满足的需求

（3）潜在消费者

1）潜在消费者的特性

总量

年龄

职业

收入

受教育程度

2）潜在消费者现在的购买行为

现在购买哪些品牌的产品

对这些产品的态度如何

有无新的购买计划

有无可能改变购买计划的品牌

3）潜在消费者对本品牌吸引的可能性

潜在消费者对本品牌的态度如何

潜在消费者需求的满足程度如何

（4）消费者分析的总结

1）现有消费者

机会与威胁

优势和劣势

重点问题

2）潜在消费者

机会与威胁

优势和劣势

重点问题

3）目标消费者

目标消费群体的特性

目标消费群体的共同需求

如何满足他们的需求

3. 产品分析

（1）产品特征分析

1）产品的性能

产品的性能有哪些

产品最突出的性能是什么

产品最适合消费者需求的性能是什么

产品的哪些性能还不能满足消费者的需求

2）产品的质量

产品是否属于高质量的产品

消费者对产品质量的满意程度如何

产品的质量有无继续提高的可能

3）产品的价格

产品价格在同类产品中居于什么档次

产品的价格与产品质量的配合程度如何

消费者对产品价格的认识如何

4）产品的材质

产品的主要原料是什么

产品在材质上有无特别之处

消费者对产品材质的认识程度如何

5）生产工艺

产品通过什么样的工艺生产

在生产工艺上有无特别之处

消费者是否喜欢通过这种工艺生产的产品

6）产品的外观和包装

产品的外观和包装是否与产品的质量、价格和形象相称

产品在外观和包装上有没有欠缺

外观和包装在货架上的同类产品中是否醒目

外观和包装对消费者是否具有吸引力

消费者对产品外观和包装的评价如何

7）与同类产品的比较

在性能上有何优势、有何不足

在质量上有何优势、有何不足

在价格上有何优势、有何不足

在材质上有何优势、有何不足

在工艺上有何优势、有何不足

在消费者的认知和购买上有何优势、有何不足

（2）产品生命周期分析

产品生命周期分析的主要标志

产品处于什么样的生命周期

企业对产品生命周期的认知

（3）产品的品牌形象分析

1）企业赋予产品的形象

企业对产品形象有无考虑

企业为产品设计的形象如何

企业为产品设计的形象有无不合理之处

企业是否将产品形象向消费者传达

2）消费者对产品形象的认知

消费者认为产品形象如何

消费者认知的形象与企业设定的形象符合吗

消费者对产品形象的预期如何

产品形象在消费者认知方面有无问题

（4）产品定位分析

1）企业的预期定位

企业对产品定位有无设想

企业对产品定位的设想如何

企业对产品的定位有无不合理之处

企业是否将产品定位向消费者传达

2）消费者对产品定位的认知

消费者认为产品的定位如何

消费者认知中的定位与企业设定的定位符合吗

消费者对产品定位的预期如何

产品定位在消费者认知方面有何问题

3）产品定位的效果

产品的定位是否达到了预期的效果

产品定位在营销中是否有困难

（5）产品分析的总结

1）产品特性

机会与威胁

优势与劣势

主要问题点

2）产品的生命周期

机会与威胁

优势与劣势

主要问题点

3）产品的形象

机会与威胁

优势与劣势

主要问题点

4）产品定位

机会与威胁

优势与劣势

主要问题点

4. 企业和竞争对手的竞争状况分析

（1）企业在竞争中的地位

市场占有率

消费者认识

企业自身的资源和目标

（2）企业的竞争对手

主要的竞争对手是谁

竞争对手的基本情况

竞争对手的优势与劣势

竞争对手的策略

（3）企业与竞争对手的比较

机会与威胁

优势与劣势

主要问题点

5. 企业与竞争对手的广告分析

（1）企业和竞争对手以往广告活动的概况

开展的时间

开展的目的

投入的费用

主要内容

（2）企业和竞争对手以往广告的目标市场策略

广告活动针对什么样的目标市场进行

目标市场的特性如何

有何合理之处

有何不合理之处

（3）企业和竞争对手的产品定位策略

（4）企业和竞争对手以往的广告诉求策略

诉求对象是谁

诉求重点如何

诉求方法如何

（5）企业和竞争对手以往的广告策略

广告主题如何、有无合理之处、有何不合理之处

广告创意如何、有何优势、有何不足

（6）企业和竞争对手以往的广告媒介策略

媒介组合如何、有何合理之处、有何不合理之处

广告发布的频率如何、有何优势、有何不足

（7）广告效果

广告在消费者认知方面有何效果

广告在改变消费者态度方面有何效果

广告在消费者行为方面有何效果

广告在直接促销方面有何效果

广告在其他方面有何效果

广告投入的效益如何

（8）总结

竞争对手在广告方面的优势

企业自身在广告方面的优势

企业在以往广告中应该继续保持的内容

企业以往广告突出的劣势

第二部分 广告策略

1. 广告的目标

企业提出的目标

根据市场情况可以达到的目标

对广告目标的表达

2. 目标市场策略

（1）企业原来市场观点的分析和评价

1）企业原来所面对的市场

市场的特性

市场的规模

2）企业原有市场观点的评价

机会与威胁

优势与劣势

主要问题点

重新进行目标市场策略决策的必要性

（2）市场细分

市场细分的标准

各个细分市场的特性

各个细分市场的评估

对企业最有价值的细分市场

（3）企业的目标市场策略

目标市场选择的依据

目标市场选择的策略

3. 产品定位策略

（1）对企业以往定位策略的分析与评价

1）企业以往的产品定位

2）定位的效果

3）对以往定位的评价

（2）产品定位策略

1）进行新的产品定位的必要性

从消费者需求的角度

从产品竞争的角度

从营销效果的角度

2）对产品定位的表述

3）新的定位的依据和优势

4. 广告诉求策略

（1）广告诉求对象

诉求对象的表述

诉求对象的特性与需求

（2）广告诉求重点

对诉求对象需求的分析

对所有广告信息的分析

广告诉求重点的表述

（3）诉求方法策略

诉求方法的表述

诉求方法的依据

5. 广告表现策略

（1）广告主题策略

对广告主题的表述

广告主题的依据

（2）广告创意策略

广告创意的核心内容

广告创意的说明

（3）广告表现的其他内容

广告表现的风格

各种媒介的广告表现

广告表现的材质

6. 广告媒介策略

（1）对媒介策略的总体表述

（2）媒介的地域

（3）媒介的类型

（4）媒介的选择

媒介选择的依据

选择的主要媒介

选用的媒介简介

（5）媒介组合策略

（6）广告发布时机策略

（7）广告发布频率策略

第三部分 广告计划

1. 广告目标

2. 广告时间

在各目标市场的开始时间

广告活动的结束时间

广告活动的持续时间

3. 广告的目标市场

4. 广告的诉求对象

5. 广告的诉求重点

6. 广告表现

广告的主题

广告的创意

各媒介广告的表现

各媒介广告的规格

各媒介广告的制作要求

7. 广告发布计划

广告发布的媒介

各媒介的广告规格

广告媒介发布排期表

8. 其他活动计划

促销活动计划

公共关系活动计划

其他活动计划

9. 广告费用预算

广告的策划创意费用

广告的设计费用

广告的制作费用

广告的媒介费用

其他活动所需要的费用

机动费用

费用总额

第四部分 广告效果预测和监控

1. 广告效果预测

广告主题测试

广告创意测试

广告文案测试

广告作品测试

2. 广告效果监控

广告媒介发布的监控

广告效果的测定

附 录

在策划文本的附录中，应该包括为广告策划而进行的市场调查的应用性文本和其他需要提供给广告主的资料：

1. 市场调查问卷

2. 市场调查访谈提纲

3. 市场调查报告

封底：

一份完整的电视广告策划文本应该还包括一个设计精美的封底，一方面可显得正规，另一方面也是对策划书的总结和完善。

第七章　影视广告创意

第一节　影视广告创意的性质

一、影视广告的表现

广告，就像麦克卢汉所说，是一种“艺术，被完全否定时的一个巨大的艺术形式”。其含义是“让商品自身来扮演主人公，优美地、有意义地、直截了当地解决了广告含混不清的难题。影视广告真正的艺术性，不是制作了一出微型戏剧，而是将产品物理性的特征演绎为纯粹的真实感人的价值。影视广告不需要看不见硬件的空洞说辞，而是要把产品硬件转变为一种情绪”。

在这里，为了更有效地理解影视广告的创意，把现有的影视广告分为以下几种表现形式，并将各自的特性加以说明。

（一）直接式（Straight CM）

这是有关产品内容直接诉求的方法，主要采用说明文格式的文稿。直接式可作为影视广告最基本的表现形式，这种形式对被接受者来说错误地理解诉求点的危险也比较少。但是，因为文稿内容比较单调，表现上缺少魅力，这一点必须注意。另外，用这种形式起用名人的话，一定不要忘记要充分考虑名人与产品的联系。

（二）证明式（Testimonial CM）

证明式使用名人来说明商品，显示喜爱之处，进而向受众推荐。这依赖该名人的知名度的成分很大，以名人和商品的一体化为目标，来提高商品的名气。但是，必须注意名人的丑闻、去世等会给商品和企业造成很大的不利影响。所以在人选方面必须周全考虑。

（三）实证式（Demonstrate CM）

这是使用商品后，实践证明使用状况的方法。商品自身具备鲜明的特点是实证式的首要条件，这种形式对新产品和特殊商品而言，比其他表现手法更有说服力。但是，这种实证形式如果不让受众感到有趣味，交流就不成立，仅仅以广告策划者的自我满足而结束。曾经有这样一个圆珠笔厂家，拍摄了将圆珠笔装填进枪管发射的电视广告。圆珠笔扎进厚厚的木板拔出来后没被损坏，照样可以很流畅地书写文字。这便是实证形式的典型性例子。

（四）虚构式（Fiction CM）

这是不歪曲商品的内容和事实，而是在非现实性故事的基础上采用虚构的手法来传达商品信息。用新奇、夸张、空想等吸引受众，加深印象是其主要的目的。但是，不管用何种表现手法，夸大、虚伪和被误解的表现都是严格禁止的。

（五）实际生活式（Life Style CM）

原本商品是使用后才看得出其价值的，这种形式正是将商品置于实际生活的场景中来领会。“生活切片（Slice of Life）”的想法，曾是在纽约艺术总监俱乐部的年会上提出来的创意手法。这种实际生活式其实很简单，就是“描写生活水平的一个切面与商品相互之间的密切关系”。这种广告追求人与日常生活的关系，不会虚构。因为任意编造的话会导致受众反感，招致反驳。商品在日常生活中的定位情况，常常在若无其事、不引人注意的关系中可看出来。

（六）纪录片式（Documentary CM）

纪录片式有类似实际生活式的场景，但是，在这里是以现场报道的形式来领会商品的使用状况的方法。纪录片式电视广告需寻找出与商品有关系的各种各样的素材，在其原有的状态下来领会，尽管没有表演的生动魅力，却有很大的说服力。一般用这种形式时，不编造故事，而是采用写实手法来表达商品与人的关系。

（七）形象式（Image CM）

在今天这样流行化导向的时代，与以功能和品质来诉求相比，商品所具有的附加价值和形象往往更具有吸引力。何况商品之间没有根本性的差异时，形象式便成了习以为常的表现手法。这种积极地树立商品的形象，并将其当做销售上的武器策略，使用起来时，商品的形象设定是重要的决定性步骤。但是，切记与商品相差悬殊的形象，不但没有广告效果，而且将被看作一种虚伪的广告。虚伪广告给生活者以错误的形象，最终很难达到鼓励购买的目的。

（八）象征式（Symbol CM）

将商品特性和商品形象作为电视广告的诉求点来表现时，把其转化为象征的符号的方法就是象征式。象征符号一般使用人们所熟知的动物和花卉等。电视中也常常使用神话故事的主人公和虚构的人物角色等。这类广告也与形象式的情况相同，必须在充分研讨后再考虑向象征符号转化。

（九）比较式（Comparison CM）

这是一种在与其他竞争商品比较的基础上，诉求本公司商品的优越性的方法。如果把比较变成挑战的话，就容易成了诽谤其他商品的广告，有违反规则的危险。因此，这一点尤需注意。比较式的优势在于，对于受众来说，能对商品之间的优劣进行比较得出结论。但是，由于有国民性的差异，因而这种形式在广告中所占的地位就不一样。

除与竞争对手的商品做比较以外，还有本公司商品间的比较和商品的使用前、使用后的比较等形式。总之，对于该商品来说，找准比较的诉求点需要相当谨慎，当然也一定要根据客观实际情况而提出。

（十）惊人场面式（Spectacle CM）

这种形式不是常见的广告手法，而是通过新奇的拍摄装置给予受众以强烈冲击的广告。例如，乘上气球在空中飞翔、驾驶滑翔机冒险等，在意外性和壮观场面中确定商品的位置。这是一种以追求惊人视觉效果为目的，突出商品形象和功能的方法，但做法过头就有成为夸大广告令观众生厌的危险。

以上概述了电视广告的常用形式。但是，今后的电视广告必须注意的是作品中常常没有对现状的分析与批评，这样很难得到受众的共鸣。这样说，也并不是要求所有的电视广告都应该将现代的社会问题作为题目。

最主要的是，不管是洗涤剂的共鸣还是牙膏的共鸣，只有这一商品具备了存在于这个世界的足够理由，才能有效地与社会各个层面展开交流，并以附加在该商品上的新概念为武器，对既有商品和观念习惯等提出批评。通过服饰超越民族的、种族的界限，向人类打开回归自然大门的马里·匡德，通过新艺术（New Art）形式把社会方式教给青年的彼得·马克斯，以及进一步让世界青年再发现共通的喜悦和兴奋的甲壳虫，他们的思想和行动可以为撰稿人提供借鉴。批评精神与创意精神一脉相通，出色的批评是新生活和文明的价值观的创造。从这种观点出发来制作优秀的电视广告，会是一种先导文化。

在德国理性主义基础上产生的大众汽车广告登陆美国而发起的广告运动，间接而尖锐地批判了美国社会大肆浪费文明成果的现象。结果，坚持不做外形改变的大众汽车在美国市场人气旺盛，销售额大增，直至现在还很有名。这也是广告具有“批判眼”的好例子。

今天，从各企业不断产生的新产品，作为对旧产品的批评而出现，需要有前所未有的受消费者欢迎的新概念。今后的电视广告也需要把固有的习惯和想法，对生活和社会的尖锐批评精神植根在作品深处，在一种探索的气氛下进行创作。为此，撰稿人在考虑创意与表现形式时，必须有认真探索的思想准备。

二、影视广告创意的含义

我们生活的这个商业社会，广告充斥着每个角落。有人认为，广告就像空气，无所不在、无时不在。据统计，每个美国人平均每天要接触2000个广告左右，但这些广告给我们的印象却是不一样的，许多广告平淡无奇，令人不屑一顾，根本产生不了兴趣，更谈不上留下深刻的印象。甚至有的广告会引起人们的强烈反感，特别是那些忽视消费者心理和置社会传统文化于不顾的广告；相反有些广告却比较独特，比较有新意，看过之后不仅给人以美的享受，更能给人留下深刻的印象和久久的回味。为什么同样是广告，差别就如此之大呢？除了设计、制作方面的原因，最主要的还在于广告创意水平的高低。

“创意”一词在我国广告界是非常流行的常用词，但对于什么是广告创意，却有着种种不同的说法，至今也没有形成一个统一的认识。如刘志敏主编的《推销与广告》一书提出：“广告创意是通过特定的艺术构思，将与众不同的广告主题准确、凝练、引人入胜地表现出来的创造性的思维活动。广告创意是广告策划的核心，它决定着整部广告作品的优劣与否。在一个企业开展的经济活动中，一个优秀的广告创意可以给企业带来丰厚的利润，甚至能使濒临破产的企业起死回生。”屈云波、余卓立主编的《企划人实战手册》一书中对广告创意是这样理解的：“广告创意，它是以艺术创作为主要内容的广告活动，以塑造广告艺术形象为主要特征。广告创意就是广告构思。构——构造、结成的意思；思——思考、思索、主意、想象、联想、念头、点子的意思。”

目前，在我国广告领域，主要存在以下几种对于广告创意的看法：有人认为，所谓创意就等于“创异+创益”；还有人认为，广告创意就是一种“创”造“意”外的能力；更多人的观点则倾向于认为广告是把原来的许多旧元素进行新的组合。诚然，广告创意的确是为了创造利益，创造意外也是广告人应该具备的一种能力，至于“旧元素，新组合”也只是广告创意的一种方法而已。所以笔者认为，广告创意，就是广告主题确定以后，关于广告表现形式的艺术构思。当然，这种构思，必须是新颖的、独特的、创造性的，而且广告创意的目的是塑造品牌形象、体现品牌个性。

三、影视广告创意的原则

广告创意是广告活动的灵魂。而且当广告被称为一门独立的科学之后，无数广告从业者、广告理论家、广告教育家就在共同做着这样的努力，努力探讨在广告活动中广告创意是否有规律可循、广告创意究竟是科学还是艺术。关于这个问题，至今广告领域仍然没有一个统一的认识。在此，笔者也不愿就这个问题浪费太多的笔墨。笔者只来简单探讨一下在广告创意中应遵循的普遍原则。这就是著名的ROI法则，为著名的 DDB 广告公司董事长威廉·伯恩巴克所创。

（一）关联性（Relevance）

关联性是广告创意的首要原则，也是一个基础原则。广告不是一项独立的活动，它涉及整个市场经济的背景、企业的经营状况、广告目标，同时与产品的品质、消费者的特征以及市场上同类性质品牌的营销与广告情况及媒体的可信度、覆盖率等因素有不可分割的联系。从广告创意的作业环节上来讲，关联性主要指创意要与产品、消费者和竞争品牌都有关联。也就是说，在广告创意中，商品永远是主角，处于第一重要的位置。另外，虽然广告是由广告主付费的，但从本质上来讲，广告却不是做给广告主看的，也不是让广告人自我欣赏的，广告的沟通目标是消费者，所以广告创意一定要以消费者为中心。还有就是，我们都知道广告是社会经济竞争的产物，而且是在市场竞争中发展的，所以广告本身就是为竞争、为品牌、为企业的竞争服务的。所以在广告传播中广告创意与竞争品牌的关联性是必需的，也是必然的。

（二）原创性（Originality）

原创性是广告创意的核心原则，它指的是广告创意要突破常规，出人意料。毕竟，对于一个处于信息社会的消费者而言，他每天接触的广告信息不计其数，如果广告信息没有一定的原创性，那么它很快就会淹没在其他的广告信息中。广告创意的原创性反映在思维特征上，就是要求新、求异，就是要异想天开，想别人没有想的，说别人没有说的。广告界有一句至理名言“在广告业，与众不同就是伟大的开始，随声附和就是失败的根源”。

（三）震撼性（Impact）

震撼性指的是传播过程中独特的信息元素及组合对受众感觉器官的强烈刺激。这种刺激可以来自感觉表层，如视觉、听觉上的高度反应，也可以来自感觉深层，如心灵的颤动、精神的震动等等。要想让自己的广告创意有震撼性，必须对产品的个性有独特而透彻的理解，还有就是对消费者心里有准确的把握和细腻的挖掘。

四、影视广告创意创作过程

广告创作最好被视为一个过程，而且当一些组织化的方法被运用时创作更容易成功。

目前最流行的一个创作方法是由 J.Walter Thompson 广告代理公司前创作副总裁詹姆斯·韦伯·杨（James Webb Young）提出的。杨说：“创意的产生是一个像福特汽车的生产一样确定的过程，创意的产生也像流水线作业一样地运行。在此生产过程中，思维采取了一种能够学习并控制的操作技术，思维的有效使用是一种与有效使用任何工具一样的实践。”杨的创作过程模型包括以下五步：

（1）入迷（Immersion）：通过背景研究搜集原始材料和信息，使自己对该问题入迷。

（2）理解（Digestion）：整理信息，分析信息，对其好好进行斟酌。

（3）酝酿（Incubation）：将该问题从有意识的思维中抛开，用潜意识工作。

（4）启发（Illumination）：创意的诞生——“我想出来了！我找到了！”现象。

（5）实现或确认（Reality or Verification）：研究该创意，使它看起来出色或能解决问题，然后将该思想塑造成形。

创作过程模型对那些从事广告创作工作的人员是有价值的，因为它们提供了一种解决广告问题的有组织的方法。准备或搜集背景信息是创作过程的第一步。

（一）创作过程的准备、酝酿和启发

1. 背景研究

只有最愚蠢的创作人员或创作小组才会在对客户的产品或服务、目标市场、竞争状况及其他相关的背景信息还没有充分了解的情况下便想完成任务。创作专家还应熟悉整体趋势、环境、市场的发展，研究可能有效的、特别的广告方法和技术。创作专家能从许多渠道获得背景信息。常用的数据收集方法有：

（1）阅读与产品或市场有关的材料，如书、行业出版物、大众普遍感兴趣的文章、调研报告等。

（2）询问与产品有关的每一个人，如设计者、工程师、销售人员、消费者等。

（3）倾听人们在谈论什么。去商店、大型超市、餐馆甚至自助餐厅都可以使你得到原始资料。倾听顾客的诉说特别有价值，因为他们最了解产品和市场。

（4）使用产品或服务，并熟悉它。你使用的产品越多，你知道的越多，你能讲的也越多。

（5）学习客户的业务，这样会更了解你要接触的人群。

为了在准备（Preparation）、酝酿（Incubation）、启发（Illumination）阶段提供帮助，许多公司都为创作人员提供总体的和特定产品的预计投入。创作计划的总体信息投入（General preplanning）包括书、期刊、行业出版物、学术杂志、图片和剪辑服务，这些投入收集和整理产品、市场、竞争状况方面的报纸杂志文章，包括最新的广告。这些投入也可以从客户、广告代理公司、媒体等所做的调研结果中获得。

另一个对创作计划很有帮助的总体信息投入就是市场的趋势、发展和发生的事情。

信息可以从不同方面获得，包括政府的二手调研资料、各种行业协会及广告和媒体杂志。例如，广告业团体和媒体组织公布的研究报告和时事通讯，这些报告和通讯可能会提供市场趋势和发展及它们如何影响消费者的信息。

2. 特定产品（或服务）研究

除了总体的背景研究和信息投入外，创作人员还要研究特定产品（或服务）预计投入。一般地，这种信息来自对产品（或服务）、目标受众或两者兼有的特别研究。特定产品（或服务）预计投入的例子有：定性和定量的消费者研究（如态度研究），市场结构和定位研究（如知觉影射和生活方式研究），专题组座谈，特定产品、服务、品牌用户的人口统计和心理调查。

许多对创作小组有帮助的特定产品或服务的研究都是由客户或广告代理公司进行的。美国 BBDO 广告代理公司开发了一种发现创意的方法，围绕此创意，创作战略可以以问题检测为基础。此研究技术是询问熟悉产品（或服务）的消费者，让他们写出一个困扰他们，或者他们在用产品（或服务）时遇到的问题的详细清单。消费者按重要性程度给这些问题打分，与每个问题联系来评价各种品牌。问题检测研究可以为产品改进、产品再造或新产品开发提供有价值的投入。它也可以为创作人员提供确认产品重要属性或特征的创意，并且可以为创作人员提供新品牌或已有品牌定位的指导。

一些创作机构每年都进行心理研究，它们也进行对产品（或服务）用户的详细的心理或生活方式调研，以使创作人员对其开发的广告所面对的目标受众更加了解。

3. 定性研究投入

除了各种定量研究以外，定性研究方法（如深入访谈或专题组座谈）也能在创作过程的开始阶段给创作小组提供有价值的线索。专题组座谈是一种调研方法，通常是引导来自目标市场的消费者（一般 10 ～ 12 人）讨论一个特定的主题。通过专题组座谈能了解消费者为什么使用某种产品或服务、他们怎么使用、在他们选择特定品牌时什么因素对他们最重要、他们喜欢（或不喜欢）各种产品或服务的什么地方，以及他们也许还未得到满足的特殊需要。一个专题组座谈会议为了使用或评价各种公司的广告，也可能包括对广告诉求类型的讨论。

专题组座谈使创作人员和其他与创作战略开发有关的人员接触到消费者。倾听专题组座谈可能会使广告文案撰写人员、艺术总监和其他创作专家更好地感觉到谁是目标受众、这些受众有什么特征，创作一则广告信息需要何人动笔、何人来设计或者何人来导演。专题组座谈也能用于评价正值考虑中的不同的创作方法，并用于建议所追求的最佳方向。

一般地，创作人员欢迎任何能帮助他们更好地理解其客户的目标市场和指导创作过程的研究或信息。

下面是一广告公司运用定量和定性研究为一美国牛奶制造商委员会开发的流行的“喝过牛奶了吗？”的广告运动。

IMC 展望：对人们如何真正饮用牛奶的理解导致了一个有创意的广告运动。

假如与大多数消费者一样，在口渴时，你就可能去找一瓶软饮料、一杯果汁、一杯冰茶或仅仅一杯白开水。然而，当一块带果仁的黄油果冻夹心三明治、一块巧克力夹心饼干或一块胡桃巧克力小方饼摆在你面前，或者你准备吃一碗麦片粥时，你真的只有一个选择：要杯牛奶，其他任何东西都不管用。

那就是隐含在“喝过牛奶了吗？”广告运动后面的创意，该广告运动是 Goodby、是 Silverstein & Partners 为加州牛奶制造商委员会制作的。

牛奶的消费量在最近 30 年里持续下降，在加州下降得尤其快。从 20 世纪 80 年代初期开始，加州牛奶消费量平均每年下降二至三个百分点。由于此趋势的警告，加州牛奶制造商在 1993 年成立了专门委员会，聘请执行董事 Jeff Manning 开发一套营销计划来增加牛奶消费量，并给他三年时间来扭转这种颓势。当 Manning 聘请 Goodby、Silverstein 时，他清楚地指出此次广告运动的目的是增加牛奶销量，而不是提高形象。Manning 有一种强烈的预感，此预感后来被证实为异常准确。在原先的广告中，牛奶是作为一种单独消费的饮料出现的。但 Manning 认为，大多数人是在吃其他食物的同时饮用牛奶：“假如你问人们什么时候牛奶是必不可少的，他们会告诉你是在他们吃碗里的麦片粥时或嘴里嚼着饼干时。驱动力不是牛奶，而是食物。”Manning 的假设成为开发广告运动时实施定性和定量研究的指导。该小组决定以已经是牛奶饮用者的人群为目标受众，鼓励他们多喝，而不是力图说服非饮用者。

在加州进行的一项对 11 岁以上的人进行电话访谈方式的调研表明，88% 的牛奶是在家里消费的，而且通常是和食物一块被消费的。调研还表明，这些食物中最常见的是麦片粥，其他常见的食物还有饼干、糕点、胡桃巧克力小方饼、果仁果冻夹心三明治。尽管定量研究信息对于确定在广告中最好的食物特征是有价值的，但广告代理公司还想找出什么情况下最需要牛奶，以及在这些情况下没有牛奶人们有什么感受。

为了观察“缺乏牛奶（milk deprivation）”的影响，广告代理公司给专题组增加了一个特别的难题。在给专题组成员支付了一笔额外的费用之后，参加座谈的每个人都同意他们将一周不喝牛奶，并且对这一周中食用的食物或饮用的饮料做一个日记。结果，这些参加者都发现，这说起来容易做起来难。有个参加者描述了当他早上七点起床，倒了一碗麦片粥但不能在冰箱找到牛奶时不舒服的感受。其他人也写出了类似的困难。其中一个人说，“太糟了，你甚至想从你孩子那里偷牛奶喝”。另一个参加者着重指出，“别说从你的孩子那儿了，你都急得简直想偷喝你家猫的牛奶了”。专题组的故事成了一系列幽默的电视商业广告的基础，这些广告强调那种没有牛奶喝的人的极度痛苦。有一个镜头表现了一个没有牛奶的男士痛苦地面对着一碗麦片粥，心中暗想是去抢他婴儿的奶瓶呢，还是去抢他宠物的碗。在一个表现圣诞节的镜头中，圣诞老人走进一户人家，吃糕点时发现竟没有牛奶，于是很生气地将他的圣诞礼物带走了。每个镜头都以广告口号“喝过牛奶了吗？”作为结束语。

影视广告是广告运动中最大和最可视的部分，一个完整的整合营销战略一直是围绕“喝过牛奶了吗？”的广告口号而展开的：收音机广告提醒人们在回家的路上停下来喝点牛奶；广告牌战略性地列示在超市、杂货店、便利店周围；POP 广告展示设置在有饼干、麦片粥和其他类似食物的货架过道上方。还有一些诸如雀巢、通用面粉和纳贝斯克的食品公司加入了促销行列。广告运动“喝过牛奶了吗？”由于其出色的创意得到了广泛的认同，而且看起来也的确增加了牛奶的销量。在这次广告运动的第一年里，牛奶销量比前一年增加了约一个百分点；1996 年，销量又比 1995 年增加了约一个百分点。而且，这些增加是在牛奶价格上涨和加州经济大滑坡的情况下实现的。这次广告运动的另一个重要结果就是人均消费量在 1994 年至 1996 年间一直稳定在 23 加仑。牛奶制造商委员会决定在 1998 年推广这个广告运动，让其扩大到美国其他区域。

（二）影视广告创作过程的验证和修正

创作过程的验证和修正阶段、评价说明阶段产生的创意，是剔除不适当的创意，对余下的创意进行提炼和润色，然后给出最终的表达。在此阶段常要运用到以下技术：专题组座谈、信息沟通调研、抽样测试、评估（如对观众反应的抽样调查）。

在创作过程的这一阶段，可能要请大量的目标受众来评价创作安排，让他们指出从广告中看出的含义、对创作表现有什么想法以及对广告口号或主题的反应。通过让大量目标受众评价故事版形式的广告，创作小组能获得对影视商业广告应该如何传播其信息的启发。故事版是一系列图片，这些图片被用来展示一个商业广告提案的可视计划或安排。它由一系列速写图片构成，这些速写图片是一些关键性的画面或镜头，每个镜头都有文字和可视部分。

测试一则故事版形式的商业广告可能有些困难，因为故事版对于许多消费者来说太抽象、不易理解。为了使创作安排更接近现实和更易于评价，广告代理公司也许会制作一个动画，即一盘有声音的故事版录像。故事版和动画可用于研究目的，也可用于将创作思想展示给广告代理公司的其他人员或客户，以便得到他们的认同。在创作的这一阶段，创作小组总是力求在添加广告运动口号和进行广告的实际制作之前找到最佳的创作方法或表现方式。在最终决策做出之前，验证、评价过程可能也会经过更正式的、更大范围的前测。

五、影视广告创意的五种方法

（一）头脑风暴法（Brainstorming）

创意人使用最多的创意方法是 Brainstorming，即头脑风暴法。头脑风暴法是靠互补的、思考的个性集合而产生构思的创造方法，是基于几个成员共同来产生和选取构思，然后将其向更高立场推动的工作状态。

头脑风暴法本意是“向头脑发起冲击”，BBDO 的 Alex Osborn 担任该公司副总裁

40多年来，多次解释了头脑风暴法的必要性，并努力将其付诸实施，取得了很大的成就。

头脑风暴法最大限度地活用，发挥了小组成员思考的连锁反应作用，鼓励个人自由地思考，并使其源源不断地生发下去。通过这样的方法产生的构思，不管是数量还是质量，都有望得到几何级数的开发。头脑风暴法尽管也有各种问题存在，但是在现在的广告界里一直被频繁地使用，而且取得了诸多的成果。

那么，头脑风暴法有什么特点呢？

1. 通过复数来做的工作：其不是一个而是通过诸多成员来实施的，这是头脑风暴法最重要的特点。

2. 利用思考的连锁反应：通过利用小组成员潜意识的连锁反应产生构思。

3. 不点评构思：在头脑风暴法中，各成员提出的构思，全都不做点评。点评会中止构思的飞跃。点评和反驳只能在头脑风暴法结束后，或在其他场合中进行。

4. 构思的数量不限制：头脑风暴法中的构思数量是无限制的。随便想起的、浮现在脑海中的、潜意识来的直觉都可以原封不动地、自由地、无限制地发表出来。

5. 构思的质量也不做规定：头脑风暴法不要求决定一个最终的构思。即使是不可能被采用的构思也可以刺激其他的潜意识，有助于产生进一步飞跃。

以上是头脑风暴法的主要特点。通过这种方法产生的构思，可以被有效地利用并成为产生绝妙创意的基础。

同时，有关头脑风暴法的批评声也很强烈。批评的焦点集中在它阻碍了具有独创性广告撰稿人的创意力量，迫使优秀的撰稿人去迎合其他创造力欠缺的成员提出的构思。

但是，不管怎样，头脑风暴法只不过是构思发展的附加工具而已，我们不是仅仅依靠这种方法而是把它作为有效方法的一种来加以利用。一方面，头脑风暴法在中等程度创意能力的人中间非常起作用；另一方面对于那些有高水平创造力的人，自己一个人来做可能更佳。

（二）Gordon 法

此方法的创始人是 W.J.J.Gordon。该方法的特点是组建一个与广告课题有关联的小组，从中选出一个主持人，小组成员按照所给予的题目连续、自由地表达意见，通过成员相互联想刺激，从而产生诸多有关联性的构思。该方法与头脑风暴法很相似，但最大的差异在于出题方法。与尽量具体地提出问题的头脑风暴法不同，Gordon 法只是以抽象化的形式提出问题，这样可以使各个成员表达思想更无拘束。

例如，某化妆品制造厂要开发新的包装而实施 Gordon 法时，除了主持人，其他人只知道“包装”这个大题目。由于小组成员不知道具体的要求，就可能几乎从所有角度来提出构思，有时会产生意想不到的效果。然而，主持人的责任和任务就很重大了，他必须将成员想出的各种各样的创意很好地加以归纳。有时，为顺利起见，也将具体要求预先通知除了主持人之外的几个工作人员。

（三）KJ 法

1. 什么是 KJ 法

与头脑风暴法相比，KJ 法也很盛行。KJ 法是研究地理学和文化人类学的川喜多二郎教授设计出的创造性思维方法，KJ 就是川喜多二郎教授名字的字首。综合分析实地采访所得到的和观察到的丰富资料，激发人创造性的思维能力，“用资料使人领悟，是 KJ 法的本质”。

在这里简要介绍一下川喜多二郎教授的 KJ 法的概略。

研究事物的科学性程序通常被认为有以下步骤：

（1）提出问题；

（2）现象收集；

（3）整理、分类、保存；

（4）归纳；

（5）综合；

（6）副产品的处理；

（7）形势判断；

（8）决定；

（9）结构计划；

（10）次序计划；

（11）实施；

（12）结果。

以上程序中，川喜多二郎教授认为综合是最重要的，“综合”就是归纳散乱的资料，从中得出一个真理，即把杂乱的不同质的东西和只出现一次的东西组合搭配起来，综合研究出崭新的构思。

2.KJ 法的程序

第一阶段，首先必须明确“什么是问题的主体”。参加讨论的全体成员必须合力提出有助于解决问题的必要的事实、信息和见解等。在这个程序中关键是要有一个把参加人员陈述的意见全部记录在案的人。而且记录者要把每个人的发言内容压缩成“一句话标题”写在名片大小的卡片上。如果一行归纳不下，也不要限于一个单位，可以进一步分割成几个“一句话标题”。因此，KJ 法的记录者一定要集中思想领会每个发言者的精髓，另外在做“一句话标题”的记录时，不要过度的抽象化，尽量使用具体柔和的语言抓住发言的要点。

第二阶段是编制卡片小组。把内容或某些意见接近的一些卡片集中起来，数枚卡片一组，尽量考虑“这些卡片为什么有接近性”。然后，将这些卡片之间的关系进行压缩，制成“一句话标题”，用与以前不同颜色的笔写下来（这样做可以，为后面的程序带来便利）。“一句话标题”再按照以上程序，继续进行分类组合，再制成“一句话标题”。如此循环，卡片小组的数量就逐渐减少下来，余下的标题就成了讨论的主题。

在这里要注意以下两点：第一，不要组成庞大的卡片队伍，卡片小组的意见要具体，否则便扼杀了 KJ 法寻找独特构思的意义。在此，不要带有主观独断的框架，必须具备遵从事实的谦虚态度。第二，编卡片时，哪个小组都放不进的标题有时会剩下来，不要勉强把其塞进某个小组里去。

第三阶段，小组卡片编成后，KJ 法进一步提供了以下三种方法：

（1）根据卡片小组，进行图解化；

（2）根据卡片小组，进行文章化；

（3）根据卡片小组，进行图解化，而后再进行文章化。

图解化的方法，是把已经完成编组的卡片挑出来，考虑一下“这些卡片怎样排列，在理论上才可理解”，可以说是把各张卡片之间的相互关系勾画出空间上的联系。这样配置完成后，将其抄写在白纸上，可用圈圈也可用线把各关联的要点相连，原本杂乱无章的各种意见就可用图解化的方式做出理论上的清晰描写了。

下一阶段是文章化，把图解化时使用的卡片按图解得出的顺序来排列，这是 KJ 法最大的特点。在诉诸文字时，循着图解化圈圈线线的路线把围绕重要结论的一组卡片同时考虑进去，可以给文章化带来极大的便利。为什么？因为这种简单的直观描写可以直接为创意服务。

像这样不太复杂却有某种程度的亲近感的不同的资料结合，常常成为产生自然和新鲜的构思的源泉。文章化成了一种强烈的刺激，在文章化过程中累积的新的构思成了思维迸发出的火花。

总而言之，一方面，图解化帮助理解事实和材料的全部结构，把握问题实质；另一方面，文章化使关联的性质和强弱关系明确了，新的构思就会自然而然地浮现出来了。

3.KJ 法的应用

正确地把握 KJ 法，在产业界常常被利用来决定复杂的分工，可以迅速无误地理解自己在哪个部分、处于什么位置、从事什么工作。另外在会议上，对提高效率、加深相互的理解也有明显的效果。最后是与时间、经费的节约有关，内容再复杂的书籍和理论通过 KJ 法的图解化也能顺利又快速地得以理解。可见，KJ 法对解决问题和创造性地处理事务有很大的帮助。

(四)NM 法

NM 法出自中山正和所提出的构思技巧。根据他的著作《构思的理想》一书所说，NM 法着眼于人类具有的记忆本领，通过记忆的展开，可以了解自由联想性的构思具有哪些特色。记忆分为线性记忆和点性记忆。线性记忆是以意志、理论为契机产生的关系性联想，点性记忆是在断断续续中联想出意想不到的结果。

NM 法是通过对第一信号体系的“线性记忆”展开的构思。这其中有线形联想丰富的场合和不丰富的场合两种展开法。前者称为 T 型展开（具有比较抽象的特点），后者是适合于线索清晰、逻辑性较强的构思法，被称作 H 型展开。

1.T 型展开

（1）需要了解有关问题。设定一个关键词以易于进行类比和联想，关键词不用名词，而用动词和形容词，然后写在卡片上。

（2）从该关键词开始询问“联想什么？”“比如像什么什么一样”一类的问题。

（3）将被问者得出的类比和联想记在卡片上，排列在关键词的下面。接着再对其中的一个成员发问，“在那里发生了什么？”“那个怎么样了？”。这一阶段提出的问题没必要一个一个地做笔记。

（4）对联想产生的回答发问“那回答对问题意味着什么？”。不要固执于一个问题，如没有材料就按顺序对下一个记录进行同样的抽象。

（5）把自由的线性联想产生的这些构思卡片弄乱，然后，依靠想象力重新组合起来，引入到明确构思的道路上来。

以上是 T 型展开。此手法就是用一个关键词，然后用类比或者联想手法，进行阶段性的构思展开活动。

2.H 型展开

（1）H 型展开是“从逻辑性、理论性的记忆”中引出资料。

（2）明确需要了解的问题，将其记录在一张卡片上，放置在右边。

（3）有关这一问题设立几个关键词。这些按逻辑产生的提示，能够激起类比和联想。把这些排列在问题的左边。

（4）针对这些被排列出来的卡片，进行类比和联想，将类比和联想的结果排列在各张卡片的下边。

（5）对类比与现实问题的关系加以分析，这能作为深一步探索的线索。分析后将现实性构思和可能性联想排列在下边。这样集中起来的构思，依据中山正和的第二信号体系，是以意志的理论性记忆来处理的。

NM 法并不是经验性的东西，而是从信号模型中产生的方法，它不仅补充了 KJ 法中没能包括进去的“记忆检索”现象，而且考虑到了作为“被检索的记忆”的信息组合。

因此，撰稿人在构思过程中同时使用KJ法和NM法两种手法，确实能对问题解决有很大的作用。

（五）水平思考法

我们在解决问题时，理论性地有条理地按顺序寻找其解决方案是很平常的，那就是垂直性的思考。与此相对，完全不同的思考方法就是剑桥大学Edward DeBone博士提出的“水平思考法”（Lateral Thinking）的理论。在广告构思的开发中，水平思考法不仅在解决问题时，而且在产生与创意有关的新的构思时具有重要作用。

深入地观察、移动的视点和不受固有观念拘束的有宽度的领会方法是水平思考的特点。但是，如果仅仅提出毫无目的的众多构思，或是在某个大潮流中，盯着问题却不加联系的话，这样提出的诸多构思往往会无的放矢。

因而，水平思考时，不要急于拿出答案，而是把浮想出来的点子暂时作为解决策略（尽管认为该方法是不可能的）试着写出来。然后，对一个个策略，从上下左右、前前后后等所有角度来加以检讨，重要的是搜寻通往解决问题的道路，也就是说试着让该问题碰壁。DeBone博士主张的水平思考法可以归纳成这样几条原则：

（1）找到支配性的构思；

（2）寻求各种各样的看法；

（3）从垂直性思考的强烈习惯束缚中挣脱出来；

（4）有效地利用偶发性的机遇。

水平思考法第一个原则是首先找到支配性的构思，然后逃离其影响。在这里必须认清支配性的构思不是便利的手段，而是障碍。为此，运用水平思考的技术，有意识地抽取掉支配现状的构思。明确后，再来批判其弱点。

第二个原则是把重点从明晰的看法转换到其他尚不明确的看法上去。通过经验积累，这渐渐地会成为可能。为此，可以参照的方法有：事先决定对事物的看法，并有意识地形成数个不同范围的看法；有意识地把事物的关系颠转过来；把着眼点从一个问题的某个部分转移到别的部分上去。

第三个原则是要知道不仅垂直思考本质上很难产生清晰的构思，而且具有抑制构思产生的副作用。DeBone博士说，人们常常“接受现成的理论，并受其束缚，否定了混沌之中隐藏着的可能性”。

第四个原则是利用偶然因素创造新的构思。头脑风暴法也是在偶然的相互作用中促成构思的一种方法，把自己放在完全不着边际的现象中和充满刺激的场合下，或者把浮现在头脑中的每个意识流都有意识地联系起来，这也是产生新的构思的有效方法。

美国麻省理工学院的阿诺德教授列举了构思障碍的三个模块。一是认识块，包括错误认识问题、不注意问题自身、知识缺乏等等。二是文化块，用老一套的思考方法，过分偏于理论性，知识过于复杂。三是感情块，包括没有自信、动机定位不贴切、太介意周围等。此外，作为构思开发的重要阻碍还有太急于问题的解决而不愿从多方面来产生构思，满足于最后产生的点子，急于进行评价决定，不能从原来的解决策略和自身狭窄的经验框架中挤脱出来，撰稿人不注意保持身心的健康。

可见，今后撰稿人在工作中掌握各种构思方法进行实践的同时，重要的是要把自己经常放置在易于冒出创意的环境里。

第二节　广告创意策略的发展历程

一、USP 理论

20 世纪 50 年代，市场处于竞争初期，产品品种较为单一，同类同质商品较少；此外，受消费水平的限制，消费者更加重视产品的实效（实体利益），而不太在意品牌所创造的附加值（心理利益）。在这种情况下，市场竞争主要通过产品本身的性质特点及功能利益所造成的差异性来实现。

适合这一时代的特征，广告大师瑞夫斯提出了新颖的广告创意理论——“独特销售主张”（Unique Selling Proposition），简称 USP。

USP 的内容是：

1. 每一则广告必须向消费者“说一个主张”，必须让消费者明白，购买广告中的产品可以获得什么具体的利益。这就是说广告必须以产品的利益点为“主张”。

2. 所强调的主张必须是竞争对手做不到的或无法提供的，必须说出其独特之处，在品牌和说辞方面是独一无二的。也就是说广告的“主张”必须有其独特性。

3. 所强调的主张必须是强有力的，必须聚焦在一个点上，集中打动、感动和吸引消费者来购买相应的产品，即广告必须有强烈的感染力。

USP 以产品本身所能提供的实体利益为广告传播的基点，专注于实实在在、言之凿凿的理性诉求，故被称为“硬销售”。

USP 的经典广告可以瑞夫斯创作的 M&M 巧克力糖果广告案例为代表。

1954 年，M&M 糖果公司请瑞夫斯为新产品巧克力豆打开销路，该公司总经理亲自登门求教。瑞夫斯只与来访者交谈了 10 分钟，就发现了产品成功的重要因素——这是当时唯一用糖衣包裹的巧克力豆。瑞夫斯创作了这样一个电视广告片：画面是两只手，画外音：“哪只手里面有 M&M 巧克力豆？不是这只脏手，而是这只干净的手。因为，M&M 巧克力只溶在口，不溶在手。”

M&M 巧克力豆从此名声大振。以至于 M&M 公司不得不新建两个厂来满足日益增长的销售量。40 多年过去，M&M 公司的年销售额达 40 多亿美元，而“只溶在口，不溶在手”的广告词仍是该公司的促销主题。

瑞夫斯认为，广告要取得效果，关键在于产品过硬，具有自己的特点；否则，再高明的广告创作人员也无能为力。M&M 巧克力豆的成功基于商品本身的事实，而把这一事实表现出来是容易的事。

在 USP 理论的影响下，营销传播人士的主要任务就是不遗余力地发现、挖掘独特销售主张。但是，随着科技的发展，一种产品的各种替代品和模仿品不断涌现，产品同质化的时代到来了，要寻找独特销售主张实在是难而又难。瑞夫斯就曾说过：我们的问题是，一个顾客向我桌上扔下两个相同的硬币说，“我的一枚在右边，请你证明它更好一些”。产品同质化使得广告人无可奈何，而又不愿毫无意义地向消费者讲各种品牌共有的东西，于是只好像奥格威说的那样“专注于说那些微不足道的不同之处”，甚至发生了不惜夸大产品特性和功能的现象。

那么在产品同质化时代如何发展 USP 呢？瑞夫斯认为在高度同质化的产品中解决 USP 问题的方法有三：

（1）建议厂商改进产品和服务。无论产品的内质、外形、包装和服务的改进，都可以为形成 USP 创造条件，比如说新飞冰箱推出的绿色通道服务。

（2）发现并说明产品过去没有被提到的特性。例如在研究德国一种洗涤剂时，广告人发现并说明了这种洗涤剂可以杀灭下水道中的有害细菌，有一举两得之效，使产品畅销。还有就是北京的一家广告公司在给某化妆品进行广告创意时，惊奇地发现这种化妆品还有一种特殊的功效，就是鸟吃了这种化妆品之后，羽毛会更加漂亮。广告创意人员抓住这个 USP 也大赚了一把。

（3）说明大家忽略的东西。广告界“科学派”的鼻祖霍普金斯为喜立滋（Schlitz）啤酒提炼的广告主题是：“喜立滋啤酒瓶是经过蒸汽消毒的。”这使这种啤酒由第五位一跃而为第一品牌。达彼思公司给高露洁牙膏的广告这样描述产品：“清洁您的牙齿，同时使您口气芬芳。”虽说难以证明别的牙膏没有同样的效果，但高露洁是首先使用这个 USP 的。竞争在于如果再模仿的话就会给人一种东施效颦的感觉。同样还有农夫山泉做的广告“农夫山泉，有点甜”，实际上，如果把农夫山泉和其他品牌的矿泉水混在一块，消费者也很难分辨出“有点甜”的农夫山泉。

因此，USP 没有过时，至今仍是广告策略的瑰宝，特别是在产品同质化程度不高的情况下。例如美国 P&G 公司的系列洗洁用品在中国市场的广告就成功地运用了 USP。

P&G 各品牌的 USP 表现如下：

①海飞丝：去头屑。

②飘柔：洗发护发二合一，令头发飘逸柔顺。

③潘婷：含有维他命 B5，兼含护发素，令头发健康、加倍亮泽。

④舒肤佳：洁肤而且杀菌，唯一通过中华医学会认可。

⑤碧浪洗衣粉：对蛋白质污渍有特别强的去污力。

这些独特的对产品功效的承诺，由于植根于优质，使品牌一个个获得了成功。如今，P&G 产品狂潮般占领了中国市场，谁能怀疑 USP 的强大生命力呢？

但是，USP 毕竟不是全能的，在产品同质化程度较高的情况下，即便如里夫斯提出的三条对策也是乏力的。更重要的是，USP 只关注消费者的实体利益而忽视了消费者的心理利益，因此它不能适应以后到来的新时代，不能满足消费者的丰富需求。

二、品牌形象理论

我们知道，差异性是产品竞争力的关键。但是，20 世纪 60 年代以后，基于产品物理特性形成差异越来越难了，同类同质产品充斥了市场。另外，随着人们生活水平、文化水平的提高，消费观念也发生了重大变化，消费者日益重视在消费行为中获得精神和心理方面的满足。在这种情况下，奥格威提出的品牌形象理论，既为创造产品（品牌）的差异性找到了方法，又满足了消费者的需求，所以，品牌形象理论很快就大行其道了。品牌形象理论的基本要点是：

1. 为塑造品牌服务是广告最主要的目标。广告就是要力图使品牌具有并且维持一个高知名度的品牌形象。

2. 任何一个广告都是对品牌的长程投资。从长远的观点来看，广告必须去维护一个好的品牌形象，而不惜牺牲追求短期效益的诉求重点。

3. 随着同类产品差异性的减少，品牌之间的同质性增大，消费者选择品牌时运用的理性就越少，因此，描绘品牌形象比强调产品的具体功能特征更重要。

4. 消费者购买时追求的是“实质利益 + 心理利益”，对于某些消费者来说，广告尤其应该重视运用形象来满足消费者的心理需求。

品牌形象广告可以奥格威的经典作品为代表。

海赛威是一家生产衬衫的家族企业，年广告费不到 3 万美元，而它要与年广告费 200 万美元的箭牌衬衫一较高低。奥格威为海赛威广告创造了独特的模特造型。占广告 3/4 面积的是一张大照片，一中年男子神气活现地叉腰而立，身穿雪白的衬衫，旁边有两个人忙着为他量裁服装。最引人注目的是那男人右眼戴着一只黑色眼罩，显得很神秘，显示出他有不同寻常的经历、勇敢与洒脱的男人气质。这使得任何人看到这照片都不由得要多看一眼。照片下面是标题：“穿海赛威衬衫的人。”正文开头：“人们终于认识到，买一套好西服而穿大量生产的廉价衬衫，将会破坏整体形象，因此，个性化的海赛威衬衫日渐流行起来了。”后面详细介绍了海赛威的各种特点，如耐穿、用料考究、样式典雅等等。

在以后的 8 年中，奥格威用这个戴黑眼罩的男子形象为海赛威制作了一系列广告，塑造了富有品味的浪漫品牌形象。这些广告有戴黑眼罩的男人在指挥乐团演奏、在吹双簧管、在击剑、在驾驶游艇、在购买世界名画等等。

奥格威创作的品牌形象打出之后，海赛威品牌的知名度迅速大大提高，成为畅销货，使海赛威的销售量节节升高。这个默默无闻 100 多年的品牌一跃而成为风靡全美的畅销货。

三、定位理论

在 USP、品牌形象论面临发现和创造差别性的困难局面时，1969 年到 1979 年之间，A. 里斯和 J. 屈特提出和发展完善了新的广告理论——定位理论。他们宣称，定位是一种新的传播沟通方法，定位“改变了广告的本质”“改变了现今所玩的广告游戏的方法”。到 80 年代，定位理论得到业界充分尊重，被奉为经典。他们的著作《广告攻心战——品牌定位》（台湾，刘志毅译）成为业界人士必读之书。

1969 年，里斯和屈特在《定位是人们在今天的模仿主义市场上所用的竞争手段》一文中最早使用了“定位”概念。在 1981 年出版的《广告攻心战——品牌定位》一书中，里斯和屈特这样解释定位的概念：定位并不是要你对产品做什么事。定位是你对未来的潜在顾客的心智上所下的功夫，也就是把你的产品定位在你潜在顾客的心中。

营销大师科特勒说：定位是指公司设计出自己的产品和形象，从而在目标顾客心中确定与众不同的有价值的地位，定位要求公司能确定向目标顾客推销的差别数目及具体差别。

关于定位的定义有多种，但正如奥格威所说：“对于这个名词的定义却没有一个结论。”笔者依据上述两个定义来阐释定位的概念。

定位是针对消费者的心理下功夫，它把消费者的心灵变成了营销的终极战场。所以，定位特别注重研究消费者的心理，把它放在了中心位置上。定位理论突破了以往营销传播由内向外看（从传播者角度、从产品和公司立场出发）的框框，强调由外向内看，即从传播对象——消费者的角度出发，来确定产品（品牌）在消费者心中的位置。

定位要在消费者心中确定与众不同的有价值的地位，即表现甚至创造产品（品牌）的差异性。这种差异性并不是通过产品或品牌表现出来的，也不是由传播手段表现的，这样的状况没有经过目标受众的确认，有等于无。差异性最终必须通过目标受众的理解表现出来。概而言之，定位的本质是针对受众的心理位置，实现差异化的传播。

（一）定位理论与USP理论和品牌形象理论的比较

1. 定位属于战略范畴，而USP和品牌形象论都属于策略。也就是说，USP和品牌形象论都可以看作实现定位战略目标的手段（策略）。例如海飞丝、飘柔和潘婷各自以“去头屑专家、柔顺专家、营养专家”为定位，指明了产品的发展方向、明确了目标市场，是战略思想；而“去头屑、柔顺、营养”的USP功能诉求则把战略思想落在实处。万宝路香烟的定位是“真正男人的香烟”，而牛仔形象、西部风情则是把万宝路塑造成“真正男人的香烟”的方法。

2. 定位关注在消费者心中确定产品或品牌的位置，而不局限于某种利益的传播。USP侧重传播产品的实体利益，品牌形象侧重创造品牌的心理利益，各有所长，亦各有所偏。定位理论扬其长，纠其偏，涵容了USP与品牌形象论。当然，除了USP与品牌形象理论，定位的策略还有很多，所以，定位理论是高于USP和品牌形象策略的战略思想。

3. 定位不仅适用于产品、品牌、公司，对于每一个人、一项服务、一个机构都适用；而USP和品牌形象理论都只是围绕产品、品牌和公司进行的。这使定位超出了广告的范围，而进入更为广阔的营销活动领域。

（二）定位理论的基本观点

1. 广告的目标是使某一品牌、公司或产品在消费者心中获得一个据点、一个认定的区域位置，或者说占有一席之地。“只有可口可乐，才是真正可乐。”可口可乐是“真正可乐”，其他可乐都成了替代品。“百事可乐，新一代的选择。”百事是适合新一代人的可乐，可口可乐成了“老一代”的可乐。

2. 广告应将火力集中在一个狭窄的目标上，在消费者心智上下功夫，是要创造出一个心理位置。传播要集中于一点，可放弃某些利益或市场。当然，诉求的集中并不意味着诉求对象数量过少。沃尔沃汽车定位于安全、耐用，它就放弃了对外观、速度、性能等利益的诉求。Nyqnil定位于夜间服用的感冒药，它就放弃了白天服用感冒药的市场。

3. 应该运用广告创造出独有的位置，特别是“第一说法、第一事件、第一位置”。因为创造第一，才能在消费者心中造成难以忘怀的、不易混淆的优势效果。世界第一高峰是珠穆朗玛峰，可是第二高峰是哪个？最先进入人心的品牌，平均而言，比第二品牌在长期的市场占有率方面高出一倍。米克劳啤酒虽非美国第一个高价啤酒，但它却是第一个在消费者心中建立“第一等”位置的——“第一等啤酒是米克劳”。定位于高价啤酒，短短几年间成为美国销售量最大的啤酒之一。里斯和屈特称之为“伟大的成功”。

4. 广告表现出的差异性，并不是指出产品的具体的特殊的功能利益，而是要显示出和实现品牌之间的类的区别。舒立滋啤酒定位于“淡啤”，并不做功能利益性诉求，然而在消费者心目中“淡啤＝舒立滋”，从而实现了类的区别，避开了众多其他竞争对手，赢得了淡啤这一市场。

5. 这样的定位一旦建立，无论何时何地，只要消费者产生了相关需求，就会自动地首先想到广告中的这种品牌、这家公司或产品，达到“先入为主”的效果：当消费者想喝淡啤时，首先想到了舒立滋；当消费者想喝可乐时，首先想到了可口可乐；当消费者为头屑而苦恼时，首先想到了去头屑专家海飞丝。

（三）定位方法

1. 档次定位

档次定位是依据品牌在消费者心目中的价值高低区分出不同的档次。品牌的价值是产品质量、消费者的心理感受及各种社会因素如价值观、文化传统的综合反映。如茅台品牌反映了优秀的品质，凝聚着消费者的“正宗国酒”“高贵感、历史感”“醇香”等心理感受，体现着维系“国粹”的价值观并负载着酒文化的传统。这样，茅台就是一个高档次的品牌。劳力士手表定位于高档次，价格高达人民币几万元一只，是众多手表品牌中的至尊，成为财富与地位的象征。拥有它，使消费者获得自尊和优越感的心理满足，标志着自己是成功人士或上流社会的一员。广州五星级白天鹅宾馆定位于高档次，其品牌形象显示着幽雅的环境、优质的服务、优良的设备，同时涵盖着出入其中的都是高层人士、各界名流的意义。

定位于中低档的品牌，产品质量的印象可能不如高档品牌（事实上现在一些类别的产品难以区分中高档产品质量之间的差异），但给消费者“实惠”“物有所值”的心理感受，如果能够灌注一定的价值观、一定的文化传统（如前面我们提到的红豆衬衫），品牌的价值也会很高。

不同价位、不同品质的产品应该采用多元化的品牌策略，以免高档次产品受低档次产品的影响，使整体品牌形象受损。台湾顶新集团的中档方便面成功培育了“康师傅”品牌，在进军低档方便面时，不是简单地沿用“康师傅”品牌，而是推出新的品牌——福满多。

2.USP 定位

依据品牌向消费者提供的利益定位。这一利益点是其他品牌无法提供或没有诉求过的，是独一无二的。USP 突出了品牌的特点和优势，让消费者按自身偏好和对利益点的重视程度将品牌在头脑中排序，置于不同位置，在有相关需求时，可以便捷地选择商品。

摩托罗拉向目标消费群提供的利益点是“小、薄、轻”，而诺基亚则诉求“无辐射”，VOLVO 强调“安全与耐用”，奔驰则诉求“高贵、显赫”。这些 USP 诉求，使各自的品牌在消费者心中占据了位置。

江苏盖天力的“白加黑”感冒药是本土企业运用USP定位成功的典范。广告语:“白天服白片，不瞌睡；晚上服黑片，睡得香。清除感冒，黑白分明。”

3. 使用者定位

使用者定位是依据品牌与某类消费者的生活形态和生活方式的关联作为定位。如前面所说的劳斯莱斯轿车不仅是一种交通工具，也是英国富豪式生活方式的标志。90多年来，劳斯莱斯生产的劳斯莱斯和本特利豪华轿车总共才十几万辆，最昂贵的车价高达34万美元。这些车只卖给巨商大贾和社会名流。人们购买劳斯莱斯，似乎不是在买车，而是在买一枚超豪华的标签。成功地运用使用者定位，可以将品牌人性化，从而树立品牌形象和品牌个性。耐克依据喜好运动的人的特点定位，诉求“想做就做”的自由开放性格，并选择目标消费群的心中偶像乔丹为广告模特，取得了极大的成功。百事可乐依据年轻一代的生活方式和心理特点，请著名歌星麦克·杰克逊拍摄狂热奔放的影视广告，并极力诉求百事可乐是“新一代的可乐”，从而俘虏了年轻人，而百事也成了“年轻、活泼、时代”的象征。

4. 类别定位

类别定位是依据产品的类别建立品牌联想。类别定位力图在消费者心目中造成该品牌等于某类产品的印象，以成为某类产品的代名词或领导品牌，在消费者有某类特定需求时就会联想到该品牌。如在美国，舒立滋是最早大力诉求淡啤的，“淡啤就是舒力滋”，使消费者提到淡啤就想到舒立滋；德国产福斯金龟子车是最早大力诉求“小”的，“想想小的好处”，使消费者提到“小”车，就自然想到金龟子。

美国七喜汽水的类别定位是一经典案例。在美国市场上，可口可乐和百事可乐是领导品牌，市场占有率极高，在消费者心目中的地位不可动摇。七喜要与两乐正面交锋显然力不能及。而“七喜，非可乐”的定位，使七喜与两乐区别并对立起来，使可乐与非可乐处在并列的位置上。这样，在消费者有饮用“非可乐”的需求时，自然想到了七喜。七喜成了“非可乐”饮料的领导品牌。成功的类别定位使七喜在龙争虎斗的饮料市场上占据了老三的位置。

5. 情景定位

情景定位是将品牌与一定环境、场合下产品的使用情况联系起来，以唤起消费者在特定情景下对该品牌的联想。“After Eight”（八点以后）是英国一种全新的巧克力薄荷薄饼的品牌名称。“After Eight”让消费者觉察到八点以后有独特的薄饼，可供晚餐后或晚间其他轻松场合享用。八点以后是消费者放松休息的时候，“After Eight”与这个生活场合联系在一起，使自己获得了闲适、温馨的品牌印象。晚上八点以后，想吃点什么的时候，消费者就自然想到了“After Eight”。

美国维克制药公司的研究人员发明了一种感冒糖浆，既能祛痰又能止泪，就是有服用后昏昏欲睡的副作用。那么，这是一个问题产品了？不！维克不仅没有废弃这种药，反而想出了个绝妙主意：能让患者昏昏欲睡，那就把它定位为夜间使用的感冒药好了。于是，维克公司把这种感冒药命名为“夜宁”，打出广告强调它是“第一种夜间使用的感冒药”。“夜宁”成了史无前例的新产品，也成了维克公司最成功的产品，大受市场欢迎。

参考文献

[1] 菲利普·科特勒 . 市场营销 [M]. 北京：中国人民大学出版社，2015.

[2] 曹成 . 企业品牌营销策略 [J]. 中国物业管理，2017（6）：46-47.

[3] 王新新 .3.0 时代的品牌管理 [J]. 品牌研究，2016（2）：33-39.

[4] 邱丽娜，邱雪云 . 广东省中小企业品牌战略探析 [J]. 中国市场，2018（8）：138-139.

[5] 周云 . 品牌学：知识体系与管理实务 [M]. 天津：机械工业出版社，2014：2.

[6] 刘丽娴 . 基于动态多维定位的定制服装品牌设计模式 [J]. 纺织学报，2014，35（7）：117-122.

[7] 刘丽娴 . 定制服装的品牌模式研究 [J]. 丝绸，2013，50（3）：71-74.

[8] 刘丽娴，郑巨欣，许鸣迪 . 数字化定制化服装品牌要素与品牌演化 [J]. 纺织学报，2016，37（11）：154-158.

[9] 刘丽娴，郭建南 . 定制与奢侈：品牌模式与演化：brand model and evolution[M]. 杭州：浙江大学出版社，2014.

[10] 贾生华，刘勇，柳志明 . 房地产企业品牌价值的表现及提升机制 [J]. 中国房地产，2008，7.

[11] 范秀成，刘建华 . 顾客关系信任与顾客对服务失败的反应探讨 [J]. 南开管理评论，2004，6.

[12] 唐玉生，曲立中，孙安龙 . 品牌价值构成因素的实证研究 [J]. 商业研究，2013，9.

[13] 王晓灵 . 品牌价值的结构、影响因素及评价指标体系研究 [J]. 现代管理科学，2010，11.

[14] 王彦亮，林左鸣 . 广义虚拟经济价值理论视角的品牌价值研究 [J]. 广义虚拟经济研究，2013，4，1.

[15] 宁昌会 . 基于消费者效用的品牌权益模型及应用 [J]. 中国工业经济，2005，10.

[16] 张燚，张锐，刘进平 . 品牌价值来源及其理论评析 [J]. 预测，2010，29，5.

[17] 乔均 . 基于马克思主义市场价值理论的品牌价值研究 [D]. 南京师范大学，2007.

[18] 齐馨 . 第三部分：上期调查回顾市场调查业转型：冒死突围 [J]. 成功营销，2004，11.

[19] 蒋学模 . 马克思劳动价值理论在社会主义市场经济中的应用 [J]. 复旦学报（社会科学版），2004，1.

[20] 王成荣，邹珊刚 . 论品牌价值的来源及构成 [J]. 商业研究，2005，9.

[21] 王熹 . 品牌价值评估体系及其方法选择 [J]. 价格理论与实践，2012，3.

[22] 郭新华，冯帅，许梦宁 . 消费者视角下零售商品牌价值评价研究 [J]. 消费经济，2015，5.

[23] 卢帅 . 浅析消费心理对产品包装设计的方向定位 [J]. 教书育人，2010（6）：99-101.

[24] 陈勇军，刘晓静 . 水平思考法在包装创意定位设计中的应用 [J]. 包装工程，2015，17-20.

[25] 席跃良 . 色彩与设计色彩 [M]. 北京：清华大学出版社，2006.

[26] 李莉婷 . 色彩构成 [M]. 武汉：湖北美术出版社，2001.

[27] 王学青 . 新探索色彩 [M]. 北京：中国美术学院出版社，2007.